श्री राम कहानी

अशोक मिज़ाज

भारतीय ज्ञानपीठ

लोकोदय ग्रन्थमाला : ग्रन्थांक 1504

ISBN 978-93-90659-47-0

श्री राम कहानी
(कहानी)
अशोक मिज़ाज

प्रकाशक : **भारतीय ज्ञानपीठ**
18, इन्स्टीट्यूशनल एरिया, लोदी रोड, नयी दिल्ली–110 003

मुद्रक : भारतीय ज्ञानपीठ, नयी दिल्ली–110003

आवरण : चन्द्रकान्त शर्मा

SHAI RAM KAHANI
(Story)
By Ashok mizaj

Published by
Bharatiya Jnanpith
18, Institutional Area, Lodi Road, New Delhi-110 003
Ph. : 011-24698417, 24626467; 23241619 (Daryaganj)
Mob. : 9350536020; e-mail : bjnanpith@gmail.com
sales@jnanpith.net; website : www.jnanpith.net

First Edition : 2021
Price Rs. 250

तेरा तुझको अर्पण

प्राक्कथन

सबसे पहले इस पुस्तक के प्रकाशन के उद्देश्य के बारे में स्पष्ट करना चाहता हूँ। यह पुस्तक उन पाठकों के लिये है जो धर्म ग्रंथों को छूने में संकोच करते हैं, एक भय सा महसूस करते हैं। कम उम्र के लोग सोचते हैं कि ये तो पंड़ितों, बूढ़े लोगों और माता-पिता के पढ़ने के लिये है और वयस्क इसलिये नहीं छूते कि वे अपने आप को अपात्र मानते हैं। उनके मन में स्वयं अपने प्रति हीन भावनायें होती हैं। वे स्वयं को पापयुक्त और अनेक दोषों से भरा मानते हैं और रामायण, चालीसा आदि पुस्तकों को छूने में भी संकोच और ग्लानि का अनुभव करते हैं।

ऐसे पाठकों (भक्तों) के लिये यह पुस्तक एक सच्ची कहानी के रूप में प्रस्तुत की जा रही है जिसमें कोई चित्र इत्यादि भी प्रकाशित नहीं किये गये हैं। अतएव यह पुस्तक धार्मिक कथा होते हुये भी उतनी ही मान्यता और आदर चाहती है जितनी कि अन्य पुस्तकें।

दूसरा उद्देश्य यह है कि तुलसीदास जी ने अवधी में रामचरित मानस लिखी है। यह एक क्षेत्रीय भाषा है जो सभी के समझ में नहीं आती है। और यह पद्य रूप में है। सभी में कविता की समझ भी नहीं होती है। जब मैंने रामचरित मानस पढ़ी तो मुझे भी यही दिक्कतें आयीं। तब ईश्वरीय प्रेरणा से यह विचार आया कि क्यों न एक ऐसी कहानी इन्हीं दोहों, चौपाइयों और छंदों के अर्थ और भावार्थ के आधार पर लिखी जाये जिसमें उपर्युक्त दिक्कतें दूर हो जायें और वे लोग भी इस रस का सार पी सकें जो मेरी तरह दिक्कत महसूस करते रहे हों। मैंने इसे सरल हिन्दी में गद्य रूप में कहानी की तरह पिरोया है। यह राम कहानी मैंने पूज्य गोस्वामी तुलसीदास जी द्वारा रचित रामचरित मानस के गीता प्रेस गोरखपुर से प्रकाशित एवं श्री हनुमान प्रसाद पोद्दार की टीका सहित पुस्तक के आधार पर प्रस्तुत की है। यहाँ उनका हृदय से आभार व्यक्त करना परम आवश्यक समझता हूँ।

इसके अतिरिक्त इसमें कुछ ऐसे आश्चर्य और कौतुक भी होते हैं जिन पर

पाठक सहसा विश्वास नहीं कर पाता है। ऐसे पाठकों से मेरा निवेदन है कि वे इन पात्रों, घटनाओं, विमानों और अस्त्र शस्त्रों को और उनकी शक्तियों को शतप्रतिशत सच मानकर स्वीकार करें। ऐसे बहुत से चलचित्र और काल्पनिक कहानियां हमने देखीं सुनी हैं जिसका नायक सर्वशक्तिमान होता है। उसके लिये कुछ भी असंभव नहीं होता है। उसके पास तरह-तरह के यान और आधुनिक हथियार होते हैं। जो अदृश्य भी हो सकता है, उड़ भी सकता है आदि-आदि करतब कर सकता है। आज के युग में वैसे अब इस तरह के यान और हथियार आ चुके हैं इसलिये अब पुराने युगों के यान अस्त्र-शस्त्र आदि पर विश्वास करना उतना कठिन नहीं होगा।

जब हम चलचित्र के और काल्पनिक कथाओं के नायकों और उनके करतबों को चाव से देखते हैं और उस समय उसको जैसा का तैसा स्वीकार करके देखते पढ़ते हैं क्योंकि वह नायक सत्य के साथ होता है और हमारी संवेदनायें और प्रार्थनायें भी उसकी जीत के साथ जुड़ जाती हैं। फिर यह तो उस परमशक्ति की कथा है जिसने ब्रह्मा, विष्णु, महेश बनाये, पूरी सृष्टि की रचना की और जो कण-कण में विद्यमान है। उसकी मर्जी के बिना पत्ता नहीं हिलता और हवा भी नहीं चलती। उसकी सारी व्यवस्थायें कितनी सशक्त और संतुलित हैं जो चर और अचर सभी में सामंजस्य स्थापित करके सृष्टि को अपने अधीन चलाता है और प्रत्येक कर्म का लेखा-जोखा रखता है तदनुसार फल भी प्रदान करता है। जो सत्य की और धर्म की रक्षा के लिए मनुष्य शरीर धारण करता है। इस कहानी में जो वानर रूप पात्र हैं वे सब देवता ही हैं जो वानर रूप में श्री राम की सहायता के लिए पृथ्वी पर आये थे अतः उनकी क्रियाकलापों पर भी कोई शंका नहीं करनी चाहिए।

तीसरा उद्देश्य यह है कि इस कलयुग में जप, तप, वैराग्य आदि लगभग असंभव है। कोई विरला ही ये साधनायें कर सकता है, ऐसे में राम नाम ही श्रेष्ठ मंत्र है जो आपकी नैया पार लगाता है। तुलसीदास ने रामायण के प्रारंभ में और अंत में भी यह बात बलपूर्वक कही है कि सारे ग्रंथों का सार भी राम नाम का जाप ही है।

राम नाम की महिमा भी तुलसी जी द्वारा विशेष रूप से बतायी गयी है। किसी के नाम से ही उसके गुण और स्वभाव का पता चलता है। नाम लेते ही या स्मरण करते ही उसका स्वरूप, स्वभाव, गुण, बल, मूल्य आदि हमारे मन मस्तिष्क में आ जाते हैं। तुलसीदास जी ने तो राम के नाम को राम से भी बड़ा बताया है क्यूँकि स्वयं राम ने जिनका उद्धार किया वो तो शायद गिने भी जा सकते हैं लेकिन राम के नाम के जाप ने कितनों का उद्धार किया यह

गिनना असंभव है। यहाँ तक कहा गया है कि जम्हाई लेते वक्त भी अगर कोई राम नाम लेता है तो वह भी तर जाता है। वाल्मीकि उल्टा नाम जपते थे मरा मरा मरा मरा लेकिन लय में राम राम ही उच्चारित होता था। वे त्रिकालदर्शी हुये और अनेकों ग्रंथों की रचना की। गनका नामक वेश्या अपने तोते को राम राम रटवाती थी वह भी सद्‌गति को प्राप्त हुई। अतएव सहज में या बेबस होकर, संसार से दुःखी होकर, किसी कार्य विशेष के लिये आदि-आदि कारणों से भी अगर कोई राम नाम लेता है तो वह भी राम का प्रिय होता है फिर यदि कोई श्रद्धाभाव से पूर्ण समर्पण (बिना किसी कामना) के साथ नाम भजता है तो उसका तो कहना ही क्या।

पूर्ण समर्पण और श्रद्धाभाव पैदा करने के लिये हमें राम के संपूर्ण चरित्र, उनका स्वभाव और उनके विषय में जानकारी अतिआवश्यक है अतएव इस कथा में यथा संभव राम चरित का वर्णन किया गया है। जो व्यक्ति इसे बिना किसी संदेह के बिना किसी तर्क वितर्क के पढ़ेगा, स्वीकार करेगा उसे राम से सच्चा प्रेम होगा और सच्ची श्रद्धा और भक्ति प्राप्त होगी। प्रेम, श्रद्धा और समर्पण से ही शरणागति होगी। फिर उसके बाद कुछ करने को शेष नहीं रह जाता मात्र नाम का सहारा ही सबसे बड़ा सहारा बन जाता है।

कई बार हम देखते हैं कि भक्तों की निरंतर भक्ति के बाद भी उनकी कुछ कामनायें और कार्य आदि पूरे नहीं हो पाते हैं। इसका मुख्य कारण हमारा प्रारब्ध बताया गया है अर्थात् पूर्व जन्म के कर्म और इस जन्म के कर्म के आधार पर ईश्वर हमें शुभ और अशुभ फल देता है। ऐसे में यदि हमारा कोई कार्य नहीं बना तो उसे अपना कर्मफल मानकर स्वीकार करना चाहिए। किसी भी परिस्थिति में अनिष्ट फल का दोष ईश्वर पर नहीं मढ़ना चाहिए, उसे विधि का विधान मानकर चलना चाहिए। ऐसा करने पर ईश्वर पर हमारा विश्वास दृढ़ और अटल हो जाता है। किसी ने कहा भी है कि वक्त से पहले और किस्मत से ज़्यादा किसी को मिला है न किसी को मिलेगा। जो नहीं मिला उसकी शिकायत करने की जगह जो मिला है उसका धन्यवाद करना चाहिए और शिकायत की जगह प्रार्थना करनी चाहिए। प्रार्थना में अपार शक्ति होती है।

आशा करता हूँ मेरा यह प्रयास श्री राम की कृपा से अच्छा लगेगा और आने वाली पीढ़ी को राम की कथा से जोड़ेगा।

आशीषाकांक्षी

अशोक मिज़ाज

राम कहानी

कैलाश पर्वत सभी पर्वतों में श्रेष्ठ और रमणीय है जहाँ शिव पार्वती सदा निवास करते हैं। वहाँ का वातावरण सभी प्रकार से दिव्य रहा करता है। उस पर्वत पर एक विशाल बरगद का पेड़ है जो सभी ऋतुओं में नित्य नवीन सुंदर रहता है। एक बार प्रभु शिव जी उस वृक्ष के नीचे गये और उसे देखकर उनके मन में बहुत आनंद हुआ। वे अपने हाथ से बाघाम्बर (शेर की छाल) बिछाकर बिना किसी विशेष प्रयोजन के वहाँ बैठ गये।

अच्छा अवसर देखकर शिवपत्नी माता पार्वती उनके पास गयीं। अपनी प्यारी पत्नि का शिव जी ने सम्मान किया और अपनी बायीं ओर बैठने के लिये आसन दिया। पार्वती जी प्रसन्न होकर उनके पास बैठ गयीं। श्री शिव जी का अपने ऊपर अधिक प्रेम देखकर पार्वती जी हंसकर प्रियवचन बोलीं- जो कथा सब लोगों का हित करने वाली है वही मैं आपसे जानना चाहती हूँ। यदि आप मुझ पर प्रसन्न हैं और सचमुच मुझे अपनी सच्ची दासी जानते हैं तो हे प्रभु! आप श्री राम जी की नाना प्रकार की कथा कहकर मेरा अज्ञान दूर कीजिये। प्रभु, सभी ज्ञाता और वक्ता उन्हें अनादि ब्रम्ह कहते हैं और शेष, सरस्वती, वेद और पुराण सभी रघुनाथ श्री राम चंद्र जी के गुण गाते हैं और आप भी दिन-रात आदरपूर्वक राम-राम जपा करते हैं।

ये राम वही अयोध्या के राजा दशरथ के पुत्र हैं या अजन्मा, निर्गुण और अगोचर कोई और राम हैं? श्री राम के राजपुत्र के रूप में होने और उनके अपनी पत्नि के वियोग में बावलों की तरह घूमने आदि चरित्रों को सुनकर मेरी बुद्धि चकरा रही है। मुझे नादान समझकर क्रोध न कीजिये और मुझे समस्त कथा समझा कर कहिये जिससे मेरा भ्रम दूर हो जाये। पहले तो वह कारण बताइये जिससे निर्गुण (अदृश्य, अजन्मा निराकार) ब्रम्ह सगुण रूप (साकार) रूप धारण करता है? तत्पश्चात राम जन्म, राम विवाह, वनगमन, रावण बध आदि का वर्णन कीजिये एवं उनकी और भी लीलाओं को कहिये।

पार्वती जी के सहज सुंदर और छलरहित प्रश्न शिवजी के मन को बहुत अच्छे लगे। श्री शिव जी के मन में सारे राम चरित्र आ गये। प्रेम के मारे उनका शरीर पुलकित हो गया और नेत्रों में जल भर आया। श्री राम जी का रूप उनके हृदय में आ गया। दो घड़ी ध्यान मग्न रहने के पश्चात् उन्होंने अपने आप को बाहर खींचा और प्रसन्न होकर राम जी का गुणगान करने लगे।

हे पार्वती! तुम धन्य हो तुम्हारे समान कोई उपकारी नहीं है जो तुमने राम कथा प्रसंग पूछा है। तुमने जगत के कल्याण के लिये ही प्रश्न पूछें हैं। मेरे विचार में तुम्हारे मन में कोई संदेह या भ्रम नहीं है और यह शंका तुमने इसलिये की कि इस प्रसंग को कहने सुनने पर समस्त जगत का कल्याण होगा।

जिन्होंने यह कथा नहीं सुनी उनके कान साँप के बिल के समान हैं। जिन्होंने संतो का दर्शन नहीं किया उनके नेत्र मोर के पंख पर बनी दिखने वाली नकली आंखें हैं। वो सिर कड़वी तूंबी के समान हैं जो श्री हरि और गुरु के चरणों में नहीं झुकते। जिन्होंने भक्ति को हृदय में स्थान नहीं दिया वे प्राणी जीते जी मुर्दे के समान हैं। जो जीभ श्री राम चंद्र जी के गुणों का गान नहीं करती वह मेंढ़क की जीभ के समान है। वह हृदय वज्र के समान कड़ा और निष्ठुर है जो भगवान के चरित्र सुनकर हर्षित नहीं होता।

हे पार्वती! यह राम कथा अनंत है इसे संपूर्ण रूप से कोई नहीं कह सकता फिर भी तुम्हारी रुचि देख कर जैसा कुछ मैंने सुना है और जैसी मेरी बुद्धि है उसी के अनुसार कहूँगा।

तुमने पूंछा कि राम एक ही हैं अथवा राम कोई और भी हैं यह बात मुझे अच्छी नहीं लगी। राम तो राम हैं सगुण (साकार) और निगुर्ण (निराकार) में कोई भेद नहीं है जिस तरह जल और ओले में भेद नहीं है। भक्तों के प्रेमवश वह निराकार, साकार रूप में आता है।

हर्ष, शोक, ज्ञान, अज्ञान, अहंकार और अभिमान ये सब जीव के धर्म हैं। श्री राम तो व्यापक ब्रह्म, परमानंद स्वरूप और पुराण पुरूष हैं। वे माया के स्वामी और ज्ञान तथा गुणों के धाम हैं। यह संसार भगवान के आश्रित रहता है जिनका आदि और अंत किसी ने नहीं जान पाया। वेदों ने अपनी बुद्धि के अनुसार इस प्रकार गाया है कि वह (ब्रह्म) बिना ही पैर के चलता है, बिना मुँह (जिव्हा) के सभी रसों का आनंद लेता है, और बिना ही वाणी के बहुत योग्य वक्ता है, वह बिना ही शरीर के स्पर्श करता है, बिना ही आँखों के देखता है और बिना नाक के सब गंधों को ग्रहण करता है। उस ब्रह्म की

करनी सभी प्रकार से ऐसी अलौकिक है कि जिसकी महिमा कही नहीं जा सकती। वही मेरे प्रभु श्री राम चंद्र जी के रूप में जड़ चेतन के स्वामी हैं और सबके हृदय के भीतर की जानने वाले हैं। विवश होकर या बिना इच्छा के भी जिनका नाम लेने से मनुष्यों के अनेक जन्मों के पाप जल जाते हैं फिर जो लोग आदरपूर्वक उनका स्मरण करते हैं वो संसार रूपी समुद्र को बिना किसी परिश्रम के गाय के खुर से बने गड्ढे के समान पार कर जाते हैं। हे पार्वती! वही परमात्मा श्री रामचंद्र जी हैं।

पार्वती जी ने बार-बार उनके चरण कमल पकड़कर पुनः कहा कि यह सत्य मैं जान गई कि श्री राम चंद्र जी ब्रह्म हैं, अविनाशी हैं सबके हृदय में निवास करने वाले हैं फिर हे नाथ! उन्होंने मनुष्य का शरीर किस कारण से धारण किया यह मुझे समझाकर कहिये।

पार्वती के अत्यंत नम्र वचन सुनकर और श्री राम जी की कथा में उनका अनन्य प्रेम देखकर शिव जी बहुत हर्षित हुये फिर उनकी बड़ाई करते हुये बोले- हे पार्वती! निर्मल रामचरित मानस की वह निर्मल कथा सुनो। श्री राम ने मनुष्य जन्म क्यूँ लिया इसका कोई एक कारण नहीं है, अनेक कारण हैं और ऐसे भी हैं जिन्हें कोई नहीं जान सकता। बुद्धि और मन से श्री राम जी की तर्कना नहीं की जा सकती फिर भी संत, मुनि, वेद और पुराण अपनी-अपनी बुद्धि के अनुसार जैसा कहते हैं और जैसा कुछ मेरी समझ में आता है वही कारण मैं तुमको सुनाता हूँ।

जब-जब धर्म की हानि होती है और नीच अभिमानी राक्षस बढ़ जाते हैं और वो ऐसा अन्याय करते हैं जिसका वर्णन नहीं किया जा सकता तथा ब्राह्मण, गौ, देवता और पृथ्वी कष्ट पाते हैं, तब-तब वे कृपा निधान प्रभु भांति-भांति के दिव्य शरीर धारण कर सज्जनों की पीड़ा हरते हैं। वे असुरों को मारकर देवताओं को स्थापित करते हैं। अपने वेदों की मर्यादा की रक्षा करते हैं। और जगत में अपना निर्मल यश फैलाते हैं।

यहाँ मैं बहुत विस्तार में न जाकर संक्षेप में कहता हूँ कि एक बार त्रेता युग में रावण, कुंभकर्ण और मेघनाद आदि के आतंक से धरती पर अधर्म फैल गया। कुंभकर्ण और मेघनाद आदि राक्षसों ने समस्त देवताओं, ब्राह्मणों पर भी इतने अत्याचार किये कि धर्म वेद पुराण कोई नहीं पढ़ता। जप, तप, योग, वैराग्य सब नष्ट हो गये, संसार में भ्रष्ट आचरण फैल गया। धर्म का तो नामो निशान मिट गया। सूर्य चंद्रमा, वायु वरूण, कुबेर, अग्नि, काल और यम आदि अधिकारी एवं किन्नर, सिद्ध, मनुष्य, देवता और नाग सभी के पीछे वह

रावण पड़ गया। ब्रह्माजी की श्रष्टि में जहाँ तक शरीर धारी स्त्री पुरूष थे सभी रावन के अधीन हो गये। सब उसकी आज्ञा का पालन करते थे और उसे सर झुकाते थे। वह अपनी इच्छानुसार राज करने लगा। समस्त कन्याओं और नारियों को जीतकर उसने व्याह लिया।

इस प्रकार धर्म की हानि होते देख पृथ्वी अत्यंत भयभीत एवं व्याकुल हो गई। तब वह गौ का रूप धारण करके वहाँ गयी जहाँ सब देवता और मुनि छुपे थे। पृथ्वी ने रोकर अपना दुःखड़ा सुनाया, पर किसी से कुछ काम न बना। तब देवता, मुनि और गंदर्भ सब मिलकर ब्रह्मा जी के लोक गये, पृथ्वी भी गौ का रूप धारण किये साथ थी। ब्रह्मा जी सब जान गये। उन्होंने मन में सोचा इसमें मेरा कोई वश नहीं चल सकता। तब उन्होंने पृथ्वी से कहा जिसकी तू दासी है वही अविनाशी हमारा और तुम्हारा दोनों का सहायक है। हे धरती! मन में धीरज धारण करके श्रीहरि का स्मरण करो। प्रभु अपने दासों की पीड़ा जानते हैं वे तुम्हारी कठिन पीड़ा का नाश करेंगे।

सब देवता बैठकर विचार करने लगे कि श्रीहरि को कहाँ पावें। कोई कहता बैकुण्ठ पुरी चलो कोई कहता क्षीर सागर चलो। उन देवताओं के साथ हे पार्वती! मैं भी था। मैने (शिवजी) ने कहा भगवान सब जगह समान रूप से व्यापक हैं प्रेम से वे प्रकट हो जाते हैं। बताओ प्रभु कहाँ नहीं हैं? मेरी बात सुनकर ब्रह्माजी के मन में बड़ा हर्ष हुआ। उनका तन पुलकित हो गया, नेत्रों से आंसू बहने लगे फिर वो सावधान होकर हाथ जोड़कर स्तुति करने लगे।

देवताओं और पृथ्वी को भयभीत जानकर और उनके स्नेहयुक्त वचन सुनकर शोक और संदेह को हरने वाली आकाशवाणी हुई- हे मुनि, सिद्ध देवताओ! मत डरो तुम्हारे लिये मैं मनुष्य का रूप धारण करूँगा और पवित्र सूर्यवंश में अंशों सहित अवतार लूँगा। कश्यप और अदिति ने बड़ा भारी तप किया था, मैं पहले ही उनको वर दे चुका हूँ। वे ही दशरथ और कौशल्या के रूप में मनुष्य के राजा होकर अयोध्यापुरी में प्रकट हुये हैं। उन्हीं के घर जाकर मैं रघुकुल में श्रेष्ठ चारों भाइयों के रूप में जन्म लूँगा। और अपनी पराशक्ति के साथ अवतार लूँगा। मैं पृथ्वी का सब भार हर लूँगा। हे देववृंद! तुम निर्भय हो जाओ। आकाशवाणी सुनकर देवता तुरंत लौट गये। उनका मन शीतल हो गया। तब ब्रह्मा जी ने पृथ्वी को समझाया वह भी निर्भय हो गई।

ब्रह्माजी ने सभी देवताओं को वानर (बन्दर) का रूप धरकर पृथ्वी पर जाकर भगवान के चरणों की सेवा करने को कहा फिर वे ब्रह्मलोक चले गये।

पृथ्वी पर देवताओं ने वानर रूप धारण किया। उनमें अपार बल और प्रताप

था और सभी शूरवीर थे। वे सभी धीर बुद्धि थे। वे भगवान के आने की राह देखने लगे।

इधर अवधपुरी में रघुकुल शिरोमणि दशरथ नाम के राजा हुये। वे धर्म धुरंधर, गुणों के भण्डार और ज्ञानी थे। उनके हृदय में हमेशा धनुर्धारी भगवान की भक्ति थी। और उनकी बुद्धि भी उन्हीं में लगी रहती थी। उनकी, कौशल्या, सुमित्रा और कैकेयी प्रिय रानियाँ थी जो सभी हरिचरणों की प्रेमी थीं।

एक बार राजा के मन में बड़ी ग्लानि हुई कि मेरे पुत्र नहीं हैं। वे अपने गुरु के घर गये और उन्हें प्रणाम करके विनय की। सारा दु:ख उनको सुनाया।

गुरु वशिष्ठ ने उन्हें समझाया धीरज रखो, तुम्हारे चार पुत्र होंगे। जो तीनों लोकों में प्रसिद्ध होंगे। तब वशिष्ठ जी ने श्रृंगी ऋषि जी को बुलवाया और उनसे शुभ पुत्र कामेष्टि यज्ञ कराया। मुनि के भक्त सहित आहुतियाँ देने पर अग्नि देव हाथ में चरू (हविष्यान्न) खीर लिये प्रकट हुये। और दशरथ जी से बोले वशिष्ट ने जो कुछ हृदय में विचारा था, तुम्हारा वह काम सिद्ध हो गया है। हे राजन! इस खीर को जैसा उचित हो वैसा रानियों में बांट दो। अग्नि देव अंतर्ध्यान हो गये। राजा प्रसन्न हो गये। फिर राजा ने अपनी पत्नियों को बुलाया, कौशल्या जी वहाँ चली आयीं। राजा ने आधा भाग कौशल्या को दिया शेष आधे के दो भाग किये। उनमें से एक भाग कैकयी को दिया शेष बचे भाग के फिर दो टुकड़े किये फिर राजा ने उनको कौशल्या और कैकेयी के हाथ पर रखकर अर्थात उनकी अनुमति लेकर प्रसन्न करके सुमित्रा को दिया।

इस प्रकार तीनों रानियाँ गर्भवती हो गयीं और भगवान के गर्भ में आते ही सब लोकों में सुख और सम्पत्ति छा गयी। समय बीतने पर योग, लग्न, ग्रह, वार और तिथि सब अनुकूल हो गये। पवित्र चैत्र का महीना था नवमी तिथि थी। शुक्ल पक्ष और भगवान का प्रिय अभिजित सुंदर मुहूर्त था। दोपहर का समय था, न सर्दी, न धूप। वह पवित्र समय सबको आनंद देने वाला था। सुअवसर जानकर देवताओं के समूहों से आकाश भर गया। गंधर्वों के दल गुणों का गान करने लगे। सुंदर पुष्पों की वर्षा होने लगी। आकाश में नगाड़े बजने लगे। तब समस्त लोकों को शांति देने वाले जगदाधार प्रभु प्रकट हुये। उनका अद्भुत रूप देखकर माता हर्ष से भर गयी। मेघ के समान श्याम शरीर चारों भुजाओं में अपने खास आयुध (धारण किये हुये) थे। आभूषण और वन माला पहने हुये थे बड़े बड़े नेत्र थे। माता बोली किस प्रकार आपकी स्तुति करूँ आप गुणातीत हैं आप मेरे गर्भ में रहे यह सोचकर मेरी बुद्धि स्थिर नहीं रह पाती।

माता ने समझाते हुये कहा कि हे नाथ अपना यह रूप छोड़िये और शिशु रूप में आइये और बाल लीलायें कीजिये। यह सुनकर भगवान ने बालक के रूप में रोना आरंभ कर दिया। भगवान ने ब्राह्मण, गौ, देवता और संतों की रक्षा के लिये मनुष्य रूप में अवतार लिया। राजा दशरथ पुत्र रत्न का जन्म कानों से सुनकर ब्रह्मानंद में समा गये। सोचने लगे, आज भगवान मेरे घर आये हैं। उन्होंने गुरु वशिष्ठ जी को बुलवाया और अनुपम बालक को देखा। जो रूप की राशि है और जिसके गुण कहने से समाप्त नहीं होते। सारा नगर ध्वज पताकाओं से सज गया, ढोल बाजे बजने लगे। आकाश से फूलों की वर्षा होने लगी। नर नारी सभी आनंद में मग्न थे।

राजा ने नन्दी मुख श्राद्ध करके ब्राह्मणों को सोना, गौ, वस्त्र और मणियों का दान किया। कैकेयी और सुमित्रा ने भी सुंदर पुत्रों को जन्म दिया।

एक महीना बीत गया किसी को पता नहीं चला यानि महीने भर का एक दिन हो गया। सूर्यदेव अपने रथ सहित वहीं रुके रहे। लेकिन यह रहस्य किसी ने नहीं जाना शिवजी बोले- हे पार्वती! मैं भी कागभुसुण्ड जी के साथ उधर था। मनुष्य रूप में होने के कारण हमें कोई नहीं जान सका।

कुछ दिन बीत जाने पर राजा दशरथ ने नामकरण का सुअवसर जानकर मुनि वशिष्ठ जी को बुलावा भेजा। वशिष्ठ जी के आगमन पर राजा ने उनकी पूजा अर्चना की और बालकों के नाम रखने का आग्रह किया।

मुनि ने कहा- मैं अपनी बुद्धि के अनुसार नाम रखूँगा। ये जो आनंद के समुद्र और सुख की राशि हैं उनका नाम राम है। और जो संसार का भरण पोषण करते हैं उनका नाम भरत होगा जिनके स्मरण मात्र से शत्रु का नाश होता है वो शत्रुघ्न हैं। जो शुभ लक्षणों के धाम श्री राम जी के प्यारे जगत के आधार हैं वो लक्ष्मण हैं। गुरु जी ने कहा- हे राजन! तुम्हारे चारों पुत्र साक्षात भगवान हैं।

बचपन से ही श्री राम चंद्र जी को अपना हितैषी जानकर लक्ष्मण ने उनके चरणों में प्रीत जोड़ ली थी। भरत और शत्रुघ्न दोनों भाइयों में स्वामी सेवक की प्रीति हो गई। यों तो चारों ही पुत्र शील रूप और गुण के धाम हैं तो भी सुख के समुद्र श्री राम चंद्र जी सबसे अधिक हैं।

आज अवध में भगवान अपने अंशों सहित दशरथ के आंगन में माता कौशल्या के साथ बाल लीलायें कर रहे हैं। कौशल्या कभी उन्हें गोद में खिलातीं कभी पालने में झुलातीं। इस तरह कौशल्या को दिन और रात का जाना नहीं दिखाई पड़ता था।

एक बार माता ने श्री राम चंद्र को स्नान कराया और श्रृंगार करके पालने में बैठा दिया। और अपने कुल के इष्ट देव भगवान की पूजा के लिये स्वयं स्नान किया। पूजा कर नैवैद्य चढ़ाया और स्वयं वहाँ गयीं जहाँ रसोई बनाई गई थी फिर माता पूजा के स्थान में लौट आयीं और वहाँ आने पर पुत्र को इष्टदेव भगवान को चढ़ाया नैवैद्य का भोजन करते देख माता भयभीत होकर पालने के पास गयीं जहाँ उन्होंने उसे सुलाया था। वहाँ बालक को सोता देखकर फिर आकर देखा तो वही पुत्र वहाँ भोजन कर रहा है। अब उनका ह्रदय कांपने लगा और मन को धीरज नहीं रहा। यहाँ वहाँ दो बालक देखे तो सोचा ये मेरी बुद्धि का भ्रम है या कोई विशेष कारण है? प्रभु श्री राम ने माता को घबरायी हुई देखकर मधुर मुस्कान से हँस दिया। फिर उन्होंने माता को अपना अखण्ड अद्भुत रूप दिखाया, जिसके एक एक रोम में करोड़ों ब्रह्माण लगे हुये हैं। अगणित सूर्य, चंद्रमा, शिव, ब्रह्मा बहुत से पर्वत, नदियाँ, समुद्र, पृथ्वी, वन, काल, कर्म, गुण ज्ञान और स्वभाव देखे और वो पदार्थ भी देखे जो कभी सुने भी न थे। सब प्रकार से बलवती माया को देखा कि वह अत्यंत भयभीत हाथ जोड़े खड़ी है। जीव को देखा जिसे वह माया नचाती है और फिर भक्ति को देखा जो उस जीव को माया से छुड़ा देती है। माता का शरीर पुलकित हो गया, मुख से बचन नहीं निकलता। तब उन्होंने आँखें मूंदकर श्री राम चंद्र जी के चरणों में सर झुकाया। माता को आश्चर्य चकित देखकर प्रभु फिर बाल रूप में आ गये। माता डर गयी कि मैंने जगत पिता परमात्मा को पुत्र करके जाना। भगवान ने उन्हें समझाया और कहा- माता सुनो, यह बात किसी से न कहना। माता ने हाथ जोड़ कर कहा कि हे प्रभु! मुझे आपकी माया अब कभी न व्यापे। इस प्रकार चारों राजकुमार बड़े ही मनोहर अपार चरित्र करते रहे।

फिर गुरु जी ने उनका चूड़ामणि संस्कार किया। ज्यों ही सब भाई कुमारावस्था को प्राप्त हुये त्यों ही गुरु, माता और पिता ने उनका यज्ञोपवीत (जनेऊ) संस्कार कराया। तत्पश्चात प्रभु अपने भाइयों के साथ गुरु के घर में विद्या पढ़ने गये और थोड़े ही समय में उन्हें सब विद्यायें आ गयीं। चारों वेद जिनके स्वाभाविक स्वास हैं वे भगवान विद्या पढ़ें यह केवल अचरज ही है। यह मनुष्य लीलायें हैं।

चारों भाइयों के खेल भी राजाओं की तरह ही होते उनके हाथों में धनुष बाण बहुत शोभा देते हैं। वे वन में जाकर शिकार खेलते हैं और जो मृग उनके हाथ से मारे जाते वो सीधे परमधाम को प्राप्त होते थे। श्री रघुनाथ प्रातः

उठकर माता पिता और गुरु को मस्तक नवाते हैं और आज्ञा लेकर नगर का काम करते हैं। राजा दशरथ उनके चरित्रों को देखकर प्रसन्न होते हैं।

महामुनि, ज्ञानी विश्वामित्र जी वन में आश्रम बनाकर रहते थे। वहीं वे यज्ञ, जप, तप, और योग करते थे। वन में मारीच और सुबाहु आदि राक्षसों का आतंक था। सब उनसे डरते थे। वे यज्ञ आदि में विघ्न डाल देते थे जिससे मुनि दु:खी रहते थे।

मुनि ने विचार किया कि ये राक्षस भगवान के अलावा किसी के मारे नहीं मरेंगे। मुनि को ज्ञात था कि भगवान ने पृथ्वी का भार हरने के लिये अवतार लिया है। उन्होंने सोचा इसी बहाने उनके दर्शन कर आऊं और दशरथ जी से विनती करके दोनों भाइयों को ले आऊँ।

वे तुरंत अयोध्या पहुँच गये। सरयू नदी में स्नान करके राजा दशरथ के द्वार पर पहुँच गये। राजा मुनि का आगमन सुनकर ब्राह्मण समाज को साथ लेकर उनसे मिलने गये। दण्डवत करके और उनका सम्मान करके उन्होंने उन्हें अपने आसन पर बिठाया। चरणों को धोकर पूजा की और कहा कि मैं धन्य हो गया। भोजन आदि के पश्चात चारों पुत्रों को उनके चरण छूने को कहा। श्री राम को देखकर मुनि अपनी सुधि भूल गये। मग्न हो गये।

राजा ने विनम्रता पूर्वक मुनि से उनके आने की कृपा का कारण पूँछा। कहिये किस कारण आना हुआ है? मैं उसे पूरा करूँगा। मुनि ने कहा राक्षसों के समूह मुझे बहुत सताते हैं इस कारण मैं आपसे कुछ माँगने आया हूँ। छोटे भाई सहित रघुनाथ जी को मुझे दो। ताकि राक्षस मारे जायें और मैं सनाथ हो जाऊँ। हे राजन! प्रसन्न मन से संदेह और मोह छोड़कर इन्हें मुझे दो। इससे तुम्हें धर्म और सुयश की प्राप्ति होगी और इनका परम कल्याण होगा।

मुनि के वचन सुनकर राजा का हृदय काँप उठा। उनका मुख फीका पड़ गया। बोले हे ब्राह्मण! मैंने चौथेपन में चार पुत्र पाये हैं, आपने विचार कर बात नहीं कही।

आप, पृथ्वी, गौ, धन खजाना आदि माँग लें यहाँ तक कि मेरे प्राण माँग लें मैं सहर्ष आपको दे दूँगा, एक पल की भी देरी नहीं करूँगा। ये चारों पुत्र मुझे प्राणों से भी प्यारे हैं उस पर राम को तो किसी भी प्रकार देते नहीं बनता। कहाँ वो अत्यंत भयंकर राक्षस और कहाँ मेरे सुकुमार राम?

उनके अतिप्रिय वचन सुनकर मुनि को बड़ा हर्ष हुआ। तब गुरु वशिष्ठ जी ने राजा को समझाया जिससे उनका संदेह नष्ट हो गया। दशरथ जी ने बड़े ही

प्यार से दोनों पुत्रों को बुलाकर मुनि को सौंपा और कहा, ये दोनों पुत्र मेरे प्राण हैं, अब आप ही इनके पिता हैं। राजा ने पुत्रों को आशीर्वाद दिया। फिर दोनों पुत्र माता के महल में जाकर उनको शीश नवाया और आशीर्वाद लेकर विदा हुये।

दोनों भाई, राम और लक्ष्मण प्रसन्न होकर मुनि का भय हरने के लिये चल दिये। उनके लाल नेत्र चौड़ी छाती, विशाल भुजायें और उनमें धनुष, श्याम और गौर शरीर वाले सिंह के समान हैं उनके कांधे पर तरकश कसे हुये हैं।

मुनि को जैसे खजाना मिल गया वे सोचने लगे कि दोनों ने मेरे लिये अपने पिता को छोड़ दिया। रास्ते में मुनि ने उन्हें ताड़का नाम की राक्षसी को दिखलाया। श्री राम ने एक ही बाण से उसका बध कर दिया। और दीन हीन जानकर उसको निजपद दिया। तब मुनि ने उनको उनकी लीलायें पूर्ण करने के लिये ऐसी विद्या दी जिससे भूख प्यास न लगे और शरीर में अतुलित बल भी बना रहे और तेज का प्रकाश हो। सब अस्त्र शस्त्र देकर मुनि उन्हें आश्रम में ले गये। मुनि ने उन्हें कंद मूल का भोजन करवाया।

सवेरे श्री राम जी ने मुनि से कहा कि वे निडर होकर यज्ञ करें। यह सुनकर मुनि यज्ञ करने लगे और दोनो भाई रखवाली करने लगे।

यज्ञ शुरू होने पर मुनियों का शत्रु दुष्ट राक्षस मारीच अपने सहायकों सहित दौड़ पड़ा। श्री राम जी ने उसे बिना फल वाला बाण मारा तो वह सौ योजन विस्तार वाले समुद्र के पार जा गिरा। फिर सुबाहु को अग्नि बाण से मारा। इधर लक्ष्मण ने सारी राक्षस सेना का विध्वंस कर डाला। इस प्रकार दोनों भाइयों ने मुनि और ब्राह्मणों को निर्भय कर दिया। देवता आकाश से फूल बरसाने लगे। देवता और मुनि भगवान की स्तुति करने लगे।

भगवान वहाँ कुछ दिन तक रहे। तब मुनि ने कहा कि हे प्रभु! चलकर अब धनुष यज्ञ देखिये। धनुष यज्ञ की बात सुनकर दोनो भाई प्रसन्न होकर मुनि के साथ चले।

मार्ग में एक आश्रम दिखाई पड़ा। वह निर्जन था, यहाँ पशु पक्षी कोई भी जीव जन्तु न था। पत्थर की एक सिला को देखकर प्रभु ने पूछा- तब मुनि ने विस्तार से सब कथा सुनाई। यह गौतम ऋषि की पत्नी अहिल्या है जो ऋषि के शाप से पत्थर देह धारण किये हुये है। आपके चरण कमलों की धूलि चाहती है। इस पर कृपा कीजिये। श्री राम चंद्र जी के चरण की धूलि का स्पर्श पाते ही सचमुच वह तपोमूर्ति अहिल्या प्रकट हो गयी। वह भगवान के सामने हाथ जोड़कर खड़ी हो गई। अत्यंत प्रेम के कारण उसके मुँह से वचन भी न निकले।

वह प्रभु के चरणों से लिपट गयी। उसके नेत्रों से आंसुओं की धारा बहने लगी। फिर उसने अपने प्रभु को पहचाना और रघुनाथ जी से भक्ति प्राप्त की। फिर उन्होंने भगवान की स्तुति की। हे रघुनाथ! आपकी जय हो। आप जगत को पवित्र करने वाले हैं। मैं आपकी शरण में आयी हूँ। मुनि ने भला किया जो शाप दिया। इसे मैं उनकी कृपा मानती हूँ। इसी के कारण आपके दर्शन प्राप्त हुये। अब मैं आपसे केवल यही वर मांगती हूँ कि मेरा मन सदा आपके चरण कमलों में लगा रहे। बार-बार प्रभु के चरणों में गिर कर उसने यह वर प्राप्त किया और फिर अपने पतिलोक को गमन कर गयी।

श्री राम और लक्ष्मण मुनि के साथ आगे चले। वे गंगा जी पहुँचे। मुनि ने उनको पवित्र गंगा के पृथ्वी पर आने की संपूर्ण कथा सुनाई। फिर सबने गंगा जी में स्नान किया। फिर आगे चलकर उन्होंने जनकपुरी की शोभा देखी। जिस जगह जगदम्बा स्वयं माता सीता के रूप में प्रकट हुई हों उस जगह की शोभा का कौन वर्णन कर सकता है। नदी, तालाब, सारा नगर और नगरवासी सभी दिव्य रूप से शोभायमान थे। फिर सीता जी के महल की तो बात ही क्या की जाये। नगर के वन, बाग, पुष्प वाटिका, पशु पक्षी, फूल, फल वृक्षों आदि से सुसज्जित पूरा नगर ऐसा प्रतीत होता जैसे ब्रह्मा जी ने स्वयं अपने हाथ से बनाया हो। एक-एक घर मंगलमय और उनमें रहने वाले धर्म परायण साधु स्वभाव के ज्ञानी और गुणवान नगरवासी सभी अलौकिक और दिव्य रूप थे। राजमहल में घोड़े, हाथी, की शालायें थीं, रथों की कतारें खड़ी थीं और रत्न जड़ित दरवाजे और दीवारों की शोभा कही नहीं जा सकती है। शूरवीर मंत्री, सेनापति सभी के महल राजमहलों की तरह थे। और नगर के बाहर बहुत से राजा स्वयंवर के लिये डेरा डाले हुये हैं। वहीं आमों का एक बाग देखकर मुनि ने कहा कि यह स्थान सबसे सुहावना है। हे रघुवीर! मेरा मन कहता है कि यहीं रुका जाये। श्री राम जी ने बहुत अच्छा कहा और उनके साथ वहीं ठहर गये।

मिथिलापति जनक जी ने जब यह समाचार पाया कि महामुनि विश्वामित्र जी आये हैं तब वह अपने मंत्री, बहुत से योद्धा, गुरु शतानंद जी और बहुत से ब्राह्मणों के साथ आकर उनसे मिले। जनक जी ने मुनि के चरणों में शीश झुकाकर उनका आशीर्वाद प्राप्त किया। और अपना बड़ा भाग्य माना। कुशल आदि पूंछकर विश्वामित्र जी ने उन्हें बैठाया। उसी समय दोनों भाई राम और लक्ष्मण आ पहुँचे। वो फुलवाड़ी देखने गये थे। श्याम और गौर शरीर वाले सभी को मोह लेने वाले भाइयों को देखकर सभी खड़े हो गये। विश्वामित्र जी

ने उन्हें अपने पास बिठा लिया। उनको देखकर सभी मोहित हो गये, नयनों में जलभर आया और सभी रोमांचित हो उठे। राम चंद्र जी को देखकर विदेह जनक जी भी विशेष रूप से विदेह हो गये। अर्थात् अपनी सुध भूल गये। फिर धीरज रखकर गद्‌गद्‌ वाणी में पूछा- हे मुनिवर! ये दोनों सुंदर बालक कौन हैं? ये मुनिकुल के आभूषण हैं या किसी राजवंश के पालक? अथवा कहीं ब्रह्म तो युगलरूप धरकर नहीं आया है? मेरा मन तो स्वभाव से ही बैराग्य रूप है पर इन्हें देखकर मुग्ध हो रहा है। कृपया बताइये कोई दुराव न कीजिये। मुनि विश्वामित्र ने हंसकर कहा कि हे राजन! आपने ठीक ही कहा है। आपका वचन मिथ्या नहीं हो सकता। जगत में जितने प्राणी हैं ये सभी को प्रिय हैं। मुनि की रहस्यमयी वाणी सुनकर रामजी मन ही मन मुस्काते हैं। जैसे कह रहे हों कि रहस्य खोलिये नहीं। तब मुनि ने कहा कि ये रघुकुल मणि श्री महाराज दशरथ के पुत्र हैं। मेरे हित के लिये राजा ने इन्हें मेरे साथ भेजा है। ये राम और लक्ष्मण हैं। दोनों रूप, शक्ति और बल के धाम हैं। सारा जगत साक्षी है इस बात का कि इन्होंने मारीच, सुबाहु आदि राक्षसों को जीत कर मेरे यज्ञ की रक्षा की है। जनक जी ने कहा- आप सब के दर्शन करके मैं धन्य हो गया। जनक जी बार-बार प्रभु को देखते हैं उनकी दृष्टि वहाँ से हटती ही नहीं है। हृदय प्रफुल्लित है और बड़ा उत्साह से भरा हुआ है। तत्पश्चात् मुनि के चरणों में सर झुकाकर राजा उन्हें नगर में लिवा चले। एक सुंदर महल जो सभी ऋतुओं में सुखदायक था वहां ले जाकर राजा ने उन्हें ठहराया। और सेवा करके आज्ञा लेकर अपने घर गये।

लक्ष्मण जी के हृदय में लालसा थी कि जाकर नगर देख आयें मगर श्री राम और मुनि के संकोच के कारण कुछ कह नहीं पाये। श्री राम ने उनके मन की बात जानकर, मुनि से आज्ञा ली कि हे मुनि! आपकी आज्ञा हो तो मैं लक्ष्मण को नगर दिखा लाऊँ। आज्ञा पाकर दोनों भाई चल दिये। उनके पीले वस्त्र, धनुष और कमर के पीछे तरकश, सिंहों, जैसी गर्दन और छाती, विशाल भुजाओं, लाल कमल के समान नेत्र, सुंदर आभूषण आदि से उनका जो स्वरूप था उसकी शोभा का वर्णन नहीं किया जा सकता। बालकों के झुण्ड उनके पीछे लग गये। समस्त पुरवासी भी इस श्याम और गौर वर्ण की जोड़ी को देखकर मंत्रमुग्ध हो गये। युवतियाँ घर के झरोखे से उन्हें देख रहीं हैं। और आपस में उनकी अलौकिक सुंदरता की चर्चा कर रही हैं। कि ऐसा सुंदर तो तीनों लोकों में नहीं है। एक सखी बोली कि हे सखी मैंने सुना है ये राजकुमार दशरथ जी के पुत्र हैं। ये मुनि विश्वामित्र के यज्ञ की रक्षा के लिये

यहाँ आये हैं इन्होंने युद्ध करके कई राक्षसों को मारा है। इनमें से जिनका श्याम शरीर है, वो राम हैं और गौर वर्ण के लक्ष्मण हैं। इन्होंने गौतम ऋषि की पत्नि अहिल्या का उद्धार किया है। अब अपने राजा ने इन्हें धनुष यज्ञ देखने आमंत्रित किया है। एक सखी कहने लगी, यह वर तो जानकी योग्य है। यदि कहीं राजा इन्हें देख लें तो प्रतिज्ञा छोड़कर इन्हीं से जानकी का विवाह कर दें। पर राजा तो अपना प्रण नहीं छोड़ेंगे। दैव योग से अगर संयोग बना तो यही जानकी के वर होंगे। यदि इनका विवाह हुआ तो ये हमें देखने को मिलते रहेंगे। हमारा परम सौभाग्य होगा। दूसरी ने कहा कि शंकर जी का धनुष बहुत कठोर है और ये कोमल राजकुमार हैं। तब दूसरी सखी ने अहिल्या के तरने और राक्षसों के वध की बात बताकर कहा कि ये देखने में भले सुकुमार है मगर बड़े तेजवान और बलशाली हैं। तब वह बोली "ऐसा ही हो"।

दोनों भाई नगर के पूरब की तरफ गये जहाँ धनुष यज्ञ के लिये भूमि बनायी गई थी। लम्बा चौड़ा, ढाला हुआ पक्का आंगन था जिस पर सुंदर वेदी सजायी गई थी। चारों ओर सोने के बड़े-बड़े मंच बने थे जिन पर राजा लोग बैठेंगे। उनके पीछे चारों ओर दूसरे मचानों का मण्डलाकार घेरा सुशोभित था। वह कुछ ऊँचाई पर था जिस पर बैठकर नगरवासी यज्ञ देख सकें। उसी के पास सुंदर-सुंदर सफेद मकान थे जिन पर बैठकर स्त्रियाँ यज्ञ देखेंगी।

सारे बालक राम लक्ष्मण को घेरे हुये थे और छू-छू कर देख रहे थे। तब श्री राम ने लक्ष्मण से कहा कि बहुत देर हो गई है गुरु प्रतीक्षा कर रहे होंगे, अब हमें वापस चलना चाहिये। इस प्रकार सब कौतुक देखकर आश्चर्य चकित होकर दोनों भाई उन बालकों को प्रेमपूर्वक समझा कर मुनि के पास लौट आये। मुनि के पैर दबाकर उन्हें सुलाकर दोनों भाईयों ने शयन किया।

प्रातः मुनि से पहले उठकर दोनों भाई मुनि से आज्ञा लेकर फूल लाने के लिये चल दिये। उन्होंने राजा का सुंदर बाग देखा। जहाँ वसंत ऋतु छायी हुई थी। उत्तम वृक्ष और सुंदर लतायें, फलों और सुंदर फूलों से युक्त वृक्ष सुशोभित हैं। विभिन्न पक्षी सुंदर बोलियाँ बोल रहे हैं। मोर नृत्य कर रहे हैं। बीच में एक तालाब है जिसमें मणियों की सीढ़ियाँ लगी हुई हैं। उसमें अनेक रंगों के कमल खिल रहे हैं। दोनों भाई यह सब देखकर हर्षित हुये। चारों ओर देखकर माली से आज्ञा लेकर वे फूल चुनने लगे। उसी समय सीता जी वहाँ आयीं। माता ने उन्हें गौरी पूजन के लिये वहाँ भेजा था। उनके साथ में सुंदर और सयानी सखियाँ हैं। सखियों सहित सरोवर में स्नान करके सीता जी सरोवर के पास ही बने गिरजा जी के मंदिर गयीं। उन्होंने गिरजा की पूजा की

और अपने लिये योग्य वर माँगा।

एक सखी सीता जी का साथ छोड़कर फुलवारी देखने गयी थी। उसने वहाँ दोनों भाईयों को देखा और प्रेम से विव्हल होकर सीता जी के पास आयी। सखियों ने उसकी यह दशा देखी तो उसका कारण पूंछने लगीं। तब उसने बताया कि उसने फुलवारी में दो राजकुमार देखे हैं! श्याम और गौर शरीर वाले उन किशोरों की सुंदरता का वर्णन नहीं किया जा सकता। यह सुनकर सीता जी के मन में उत्कण्ठा जागी।

एक सखी कहने लगी ये वही राजकुमार होंगे जो मुनि के साथ आये हैं और अपने रूप से सारे नगर को मोहित कर रखा है। अवश्य उन्हें देखना चाहिये। सीता जी भी अत्यंत प्रसन्न हुई और उस सखी को आगे करके उस तरफ चल दीं। उनके कंकण और पायलों की धुन सुनकर रामचंद्र जी लक्ष्मण से बोले- लक्ष्मण! यह कैसी ध्वनि आ रही है। ऐसा कहकर रामजी ने उस ओर देखा। सीता जी को देखते ही उनके नयन चकोरे बन गये टकटकी लग गई और पलकों ने झपकना छोड़ दिया। वे हृदय में उनके सौंदर्य की सराहना करने लगे। थोड़ी देर बाद लक्ष्मण से बोले- हे तात! यही जनक नंदनी सीता है। जिसके कारण धनुष यज्ञ रखा गया है। यह गौरी पूजन हेतु यहाँ आयी है। इसकी अलौकिक सुंदरता देखकर मेरा मन क्षुब्ध हो गया है। कारण तो विधाता जाने। किंतु हे भाई! मेरे मंगलदायक अंग फड़क रहे हैं। मैंने तो स्वप्न में भी परायी स्त्री पर नजर नहीं डाली। मगर इनके रूप ने मझे लुभा लिया है। सीता जी चकित होकर देख रहीं हैं कि राजकुमार कहाँ चले गये? तब सखियों ने लताओं की ओट से दोनों भाइयों को दिखलाया। उन्हें देखकर उनकी भी वही दशा हो गई जो श्री राम की हुई। सीता जी ने उनके रूप को आखों के रास्ते हृदय में समा लिया और पलकें बंद कर लीं।

काफी समय बीत जाने पर एक सखी विनोद करते हुये बोली कि हे सीते! गिरजा का ध्यान बाद में कर लेना पहले इन्हें देख तो लो। तब वे सकुचा गई। नेत्र खोले तो दोनों को अपने सामने खड़े पाया। फिर सकुचा कर वापस चलने लगीं। उधर राम और लक्ष्मण भी वापस जाने लगे लेकिन राम और सीता दोनों पलट-पलट कर कई बार एक दूसरे को देखते जाते हैं। इधर सीता के मन में धनुष की कठोरता का विचार आया तो मन में विलाप करती हुई दोबारा गिरिजा के मंदिर में आयीं और प्रेमपूर्वक उनकी स्तुति करने लगीं। तब माता के गले की माला हिली और मूर्ति मुस्कुरायी। उन्होंने कहा- हे सीते! सुनो, मेरा आशीर्वाद है तुम्हारी मनो कामना अवश्य पूरी होगी और तुम्हें वह

सांवला वर मिलेगा। गौरी जी को अनुकूल जानकर सीता प्रसन्नचित होकर सखियों के साथ महल को चल पड़ीं। मंगल स्वरूप उनके भी बायें अंग फड़कने लगे।

इधर दोनों भाई सीता जी की सराहना करते हुये गुरु के निकट पहुँचे। स्वभाव से ही सहज, सरल और निश्छल रामजी ने गुरु से सब कह सुनाया। गुरु से प्रसन्न होकर कहा तुम्हारा मनोरथ सफल होगा। यह सुनकर राम और लक्ष्मण प्रसन्न हो गये। उस रात प्रभु सीता के सौंदर्य में ही खोये रहे दूसरे दिन जनक जी द्वारा भेजे सतानंद जी मुनि के पास आये और उन्होंने श्री राम और लक्ष्मण के साथ उन्हें जनक जी का आमंत्रण दिया और कहा कि जनक जी ने आपको बुलाया है।

प्रसन्न चित्त होकर वे मुनि के साथ स्वयंवर स्थल पर पहुँचे। दोनों भाइयों को आया जानकर सब नगरवासी बूढ़े जवान, बालक, स्त्री एवं पुरूष सभी काम काज छोड़कर वहाँ आ गये। जनक जी ने सभी को यथायोग्य स्थान दिये जाने का आदेश सेवकों को दिया।

राम और लक्ष्मण यज्ञ शाला में आये वे समस्त उपस्थित राजाओं में ऐसे सुशोभित हो रहे थे जैसें तारों के बीच दो पूर्ण चंद्र हों। सभी उनके रूप को मोहित होकर देख रहे थे। कुटिल राजा डर गये और भले लोगों ने उनको सम्मान के साथ देखा जिसके मन में जैसे भाव आये उन्होंने उसी रूप में उनको देखा। जनक जी समेत सभी रानियाँ उन्हें देख रहीं हैं। सीता जी जिस भाव से उन्हें देख रही थीं उसका तो वर्णन ही नहीं किया जा सकता। जनक जी ने मुनि के चरण धोये उन्होंने उन्हें सब कथा सुनाई और समस्त रंगभूमि दिखलाई। फिर सब मंचों से एक सुंदर उज्जवल और विशाल मंच पर उन्हें बैठाया। प्रभु को देखकर सब राजा हृदय में निराश एवं उत्साह हीन हो गये। उन्हें लगा कि सीताजी बिना धनुष तोड़े ही उनके गले में जय माला डाल देंगी। राजाओं में अनेक प्रकार के वार्तालाप होंने लगे।

इधर जनक जी के आदेश पर सीता जी सखियों के साथ आयीं। उनके रूप की शोभा का वर्णन करने का किसी में भी सामर्थ्य नहीं है। सभी उनको देखकर मोहित हो गये। उनके हाथों में जयमाला सुशोभित थी। उन्होंने श्री राम को मुनि के पास देखा तो देखते रह गयीं फिर लाज से सकुचाकर अपने स्थान पर बैठ गईं। यहाँ सब स्त्री पुरूष मन में सोच रहे हैं कि सीताजी श्री राम के गले में माला डाल दें। वे कह रहे हैं कि जनक जी कितने मूढ़ हैं भगवान इन्हें

सतबुद्धि दे जिससे यह प्रण छोड़कर सीता का विवाह श्री राम से कर दें।

जनक जी ने भाटों को बुलाया, वे स्तुति करते हुये आये तब राजा ने कहा कि मेरा प्रण सभा में सुनाओ। उन्होंने कहना शुरू किया कि यह शिव जी का धनुष है वह भारी है रावण और बाणासुर जैसे राक्षस भी इसे हिला नहीं सके हैं। महाराज का प्रण है जो इस धनुष को आज राजसभा में तोड़ेगा, जनक नंदनी सीता जी उसी का वरण करेंगी।

यह सुनकर अभिमानी राजा अपने इष्ट देवों को स्मरण करके शिव जी के धनुष को देखते हैं और उसे पकड़ते हैं करोड़ों जतन करते हैं जोर लगाते हैं पर वह उठता ही नहीं। बहुत से राजा तो धनुष के पास भी नहीं गये। सभी राजा जोर लगाकर हार गये। तब दस हजार राजाओं ने एक साथ मिलकर धनुष उठाना चाहा मगर वो इसे हिला भी नहीं सके। सब राजा उपहास के योग्य हो गये।

राजाओं को असफल होते देख राजा जनक रोष से भरे वचन बोले- मैंने जो प्रण ठाना था उसको सुनकर अनेकों राजा आये। देवता और दैत्य भी मनुष्य का शरीर धारण करके आये परंतु धनुष को तोड़ना तो दूर कोई हिला भी न सका। क्या मेरी कन्या को वरने वाला वीर ब्रह्मा ने रचा ही नहीं? अब कोई अभिमानी मेरी बात से नाराज न होवे। मैंने जान लिया पृथ्वी वीरों से खाली हो गई है। आप लोग अपने-अपने घर जाओ। ब्रह्मा ने सीता का विवाह लिखा ही नहीं।

जनक के वचन सुनकर समस्त राजा लजा गये लेकिन लक्ष्मण जी तमतमा उठे। उन्होंने श्री राम को सर नवाकर क्रोधित होकर कहा- रघुवंशियों में कोई भी जहाँ होता है उस समाज में ऐसे वचन कोई नहीं कहता जैसे वचन रघुकुल शिरोमणि राम चंद्र जी के होते हुये राजा जनक जी ने कहे हैं। सुनिये मैं स्वभाव से ही कहता हूँ कोई कुछ अभिमान करके नहीं। यदि आपकी आज्ञा पाऊँ तो मैं ब्रम्हाण्ड को गेंद की भांति उठा लूँ और कच्चे घड़े की तरह फोड़ डालूँ। मैं सुमेरू पर्वत को मूली की तरह तोड़ सकता हूँ। हे भगवान! आपकी कृपा से यह पुराना धनुष क्या चीज है। हे नाथ! आज्ञा हो तो कुछ खेल करूँ। धनुष को कमल की डंडी की तरह चढ़ाकर उसे सौ योजन तक दौड़ा लिये चला जाऊँ। हे नाथ! मैं धनुष को कुकुर मुत्ते की तरह तोड़ दूँ। यदि ऐसा न करूँ तो आपके चरणों की शपथ मैं फिर कभी धनुषबाण को हाथ न लगाऊँगा। लक्ष्मण जी के क्रोध भरे वचन सुनकर पृथ्वी डगमगा उठी। और दिशाओं के हाथी कांप गये। सभी लोग और राजा डर गये। सीता जी

हर्षित हुई और जनक जी सकुचा गये। गुरु विश्वामित्र श्री राम जी और सब मुनि मन में प्रसन्न हो गये। श्री राम जी ने लक्ष्मण को इशारे से मना किया और प्रेम से अपने पास बिठा लिया।

विश्वामित्र शुभ समय जानकर प्रेम भरी वाणी बोले- हे राम! उठो और शिवजी का धनुष तोड़ो और जनक का संताप मिटाओ। गुरु के वचन सुनकर श्री रामजी ने उनके चरणों में सर नवाया। उनके मन में न हर्ष है न विषाद, सहज भाव से वे उठ खड़े हुये। उनके उठते ही सब प्रसन्न हो गये और बाकी राजा तेजहीन हो गये। देवता आकाश से पुष्प वर्षा रहे हैं। श्री राम जी ने मुनियों से आज्ञा माँगी और मतवाले श्रेष्ठ हाथी के समान चाल में स्वाभाविक ही चले।

रामचंद्र जी को देखकर सीता जी की माता स्नेहवश विलाप करती हुई बोलीं- यहाँ सब तमाशा देखने वाले एकत्रित हैं कोई भी विश्वामित्र को नहीं समझाता कि श्री राम अभी बालक हैं जिस धनुष को रावण और दूसरे राजा हिला तक न पाये उसे तोड़ने के लिये आज्ञा देना, कम से कम राजा (जनक) को तो यह बात समझानी चाहिये थी। तब एक सखी कोमल वाणी से बोली। हे रानी! तेजवान को छोटा नहीं गिनना चाहिये। छोटे से ऋषि अगस्त जी ने अपार समुद्र सोख लिया था। सूर्य भी देखने में छोटा है किंतु उसके उदय होते ही तीनों लोकों का अंधकार भाग जाता है। एक छोटा सा मंत्र भी ब्रह्म, विष्णु, महेश को वश में कर लेता है ऐसा जानकर संदेह त्याग दीजिये। सखी के वचन सुनकर उन्हें संतुष्टि हुई और उनकी उदासी मिट गयी।

सीताजी यह सब देखकर मन ही मन जिस तिस देवता को मना रही थीं। विनती कर रही थीं कि हे महेश भवानी मुझ पर प्रसन्न होइये। मेरी सेवा का सुफल दीजिये और इस धनुष का भारीपन हर लीजिये। फिर गणेश भगवान से विनती की। अब तो तुम्हारा ही आसरा है। उनका एक एक क्षण युगों के समान बीत रहा है। अपनी बढ़ी हुई व्याकुलता को धीरज धरकर सोचती हैं कि यदि तन मन और वचन से मेरा प्रण सच्चा है तो श्री रघुनाथ अवश्य मुझे अपनी दासी बनायेंगे। क्योंकि जिस का जिस पर सच्चा स्नेह होता है वह उसे मिलता ही है।

कृपा निधान जी सब जान गये। उन्होंने सीताजी की ओर देखकर धनुष को ताका। इधर श्री रघुनाथ को धनुष की ओर देखते हुये देखकर श्री लक्ष्मण जी ने ब्रह्माण्ड को चरणों से दबा लिया और बोले हे दिग्गजो! हे कश्यप! हे शेष! हे वाराह! धीरज धरकर पृथ्वी थामे रहो। जिसमें यह हिलने न पाये। श्री

राम जी ने जब लोगों की ओर देखा तो चित्रलिखित से उन्हें बहुत व्याकुल देखा। मन ही मन उन्होंने गुरु को प्रणाम किया। और फुर्ती से धनुष को उठा लिया धनुष बिजली की तरह चमका और मण्डलाकार हो गया। उन्होंने प्रत्यंचा चढ़ाने का उपक्रम किया। धनुष दो टुकड़े हो गया। जिसे उन्होंने धरती पर डाल दिया। ये तीनों कार्य, उठाना, चढ़ाना और जोर से खींचना इतनी फुर्ती से हुये कि कोई देख भी न पाया। सबने रामजी को और टूटे हुये धनुष को देखा भयंकर कठोर ध्वनि से तीनों लोक भर गये। सूर्य के घोड़े मार्ग छोड़कर चलने लगे। शेष कश्यप और वाराह कलमला उठे। देवता राक्षस और मुनि कानों पर हाथ रखकर विचरने लगे। और सब लोग राम जी की जय बोलने लगे। आकाश में नगाड़े बजने लगे, देवाँगनायें गान करके नाचने लगीं। सभी श्री राम जी की प्रशंसा कर रहे हैं। फूलों की वर्षा कर रहे हैं।

सारे ब्रह्मण्ड में जय जयकार की धुन छा गयी। सब लोग दान पुण्य करने लगे। सखियों सहित रानी हर्षित हो गई। सीता जी की प्रसन्नता का तो वर्णन ही नहीं किया जा सकता। जनक जी भी अत्यंत प्रसन्न हो गये। बाकी सभी राजा तेजहीन और उदास हो गये। लक्ष्मण भी प्रसन्न होकर श्री राम को देख रहे हैं।

तब शतानंद जी (जनक जी के गुरु) ने आज्ञा दी और सीता जी श्री राम की ओर चलीं। साथ में सखियाँ मंगलाचार गा रही हैं। सीता जी सखियों के बीच ऐसे सुशोभित थीं जैसे बहुत सी छवियों के बीच महाछवि हो। हाथ में सुंदर जय माल है। मन में संकोच है मगर परम उत्साह भी है। राम जी के पास जाकर वो चित्रलिखित सी हो गई। सखियों ने कहा कि जयमाला पहनाओ तब सीता जी ने दोनों हाथ उठाकर श्री राम जी के गले में माला पहना दी।

यह दृश्य देखकर देवताओं ने फूल बरसा दिये। सारे नगर में उत्सव जैसा माहौल हो गया। तीनों लोकों में यश फैल गया कि श्री राम जी ने धनुष तोड़ दिया है और सीता का वरण कर लिया है। सखियों ने कहा कि रघुनाथ के पैर छुओ तो सीता जी गौतम नारी अहिल्या की गति का स्मरण करके स्पर्श नहीं कर रहीं है। राम जी मन में हँस रहे हैं। बहुत से तमतमाये राजा आपस में बात करते हैं कि श्री राम से युद्ध करके सीता जी को जीत लो तब अन्य राजा कहते हैं राम और लक्ष्मण से युद्ध का विचार छोड़ दो और अपने-अपने घर जाओ। इसी में भलाई है। सीता जी कोलाहल सुनकर डर गयीं, वहीं लक्ष्मणजी को ताकते हुये देखकर सभी चुप गये।

इसी समय शिव धनुष के टूटने की आवाज सुनकर परशुराम जी आ पहुँचे। उन्हें देखकर सब राजा सकुचा गये। परशुराम के गोरे शरीर पर भस्म बड़ी फब रही है। और माथे पर त्रिपुण्ड विशेष शोभा दे रहा है। सर पर जटा है। मुख क्रोध के मारे लाल है। चौड़ी छाती, विशाल भुजायें। हाथ में धनुषबाण और कंधे पर फरसा धारण किये हुये हैं। मानो वीर रस ही शरीर धारण करके आ गया हो। सब राजा भय से व्याकुल होकर पिता सहित अपना नाम बताकर दण्डवत प्रणाम करने लगे। फिर जनक जी ने सर नवाया और सीता जी को बुलाकर प्रणाम करवाया। परशुराम जी ने सीता को आशीर्वाद दिया। सखियाँ सीताजी को लिवा ले गयीं। फिर विश्वामित्र जी आकर मिले उन्होंने दोनों भाइयों को चरणों में गिराया। और कहा ये राम और लक्ष्मण हैं। राजा दशरथ के पुत्र हैं। परशुराम जी ने सुंदर जोड़ी को आशीर्वाद दिया। तब राजा ने सब वृत्तांत सुनाया कि किस कारण ये सब राजा यहाँ आये थे।

परशुराम जी ने दूसरी ओर देखा तो धनुष के दो टुकड़े धरती पर पड़े दिखाई दिये। अत्यंत क्रोध में भरकर वो कठोर वचन बोले। रे मूर्ख जनक! बता ये धनुष किसने तोड़ा? उसे शीघ्र दिखा नहीं तो जहाँ तक तेरा राज्य है वहाँ तक की पृथ्वी उलट दूँगा। राजा भयभीत हो गये। कोई उत्तर नहीं दिया। नगरवासी सोच में पड़ गये। देवता, मुनि आदि भी भयभीत हो गये, सीता की माता घबरा कर कह रहीं हैं कि विधाता ने बनी बात बिगाड़ दी। परशुराम का स्वभाव जानकर सीताजी का एक पल युगों के समान बीतने लगा।

श्री राम जी सब लोगों और सीता जी को भयभीत देखकर बड़े सहज भाव से बोले। हे नाथ! जिसने भी यह शिव धनुष तोड़ा है वह आपका कोई दास ही होगा। क्या आज्ञा है मुझसे कहिये। यह सुनकर क्रोधित स्वर में परशुराम जी बोले। दास का काम सेवा करना होता है। सुन लो जिसने भी यह धनुष तोड़ा है वह सहस्रबाहु के समान मेरा सबसे बड़ा शत्रु है। वह भीड़ से अलग हो जाये अन्यथा सारे राजा मारे जायेंगे।

यह सुनकर लक्ष्मण जी मुस्कुराये और उनका अपमान करते हुये बोले- हे गोसाईं! बचपन में तो हमने बहुत से धनुष तोड़े तब तो आपने इतना रोष नहीं किया। इसी धनुष पर आपकी इतनी ममता क्यूँ है। यह सुनकर परशुराम जी क्रोधित होकर बोले- रे बालक! तू काल के वश है इसीलिये तुझे होश नहीं है यह विश्वभर में विख्यात शिवजी का धनुष है जिसे तू धनुही के समान कह रहा है। लक्ष्मण जी ने हँसकर कहा- हे देव! हमारी समझ में तो सब धनुष एक समान हैं। पुराने धनुष को तोड़ने में क्या लाभ हानि? यह तो छूते ही टूट

गया था इसमें श्री राम जी का काई दोष नहीं। आप बिना कारण क्रोध कर रहे हैं। परशुराम जी अपने फरसे की तरफ देखकर कहते हैं कि अरे दुष्ट! तू मेरा स्वाभाव नहीं जानता। मैं तुझे बालक समझकर नहीं मारता। क्या तू मुझे सिर्फ मुनि ही समझ रहा है। मैं बाल ब्रह्मचारी और अत्यंत क्रोधी हूँ। और क्षत्रिय कुल के शत्रु के रूप में विश्वभर में विख्यात हूँ। अपनी भुजाओं के बल से मैंने पृथ्वी को राजाओं से रहित कर दिया और कई बार उसे ब्राह्मणों को दे डाला। हे राजकुमार! सहस्रबाहु (हजार हाथ वाला एक राजा) की भुजाओं को काटने वाले इस फरसे को देख। लक्ष्मण जी हँसते हुये कोमल वचन बोले– अहो मुनीश्वर! तो अपने आप को बड़ा भारी योद्धा समझते हो बार–बार मुझे कुल्हाड़ी दिखाते हो। फूँक से पहाड़ उड़ाना चाहते हो। याद रहे यहाँ कोई कुम्हड़े की बतियाँ नहीं है जो तर्जनी उँगली दिखाने से मर जायें। मैंने तो आपके हाथ में धनुष बाण देखकर कुछ अभिमान सहित कहा है अन्यथा आपका जनेऊ देखकर तो जो आप कहें मुनि समझकर मैं सब सह लूँगा। हमारे कुल में देवता, ब्राह्मण, भक्त और गौ पर वीरता नहीं दिखाई जाती। क्योंकि इन्हें मारने से पाप लगता है। इसलिये आप मारें तो भी आपके पाँव पड़ना चाहिये। आपका तो एक–एक वचन करोड़ों बज्रों के समान है धनुषबाण तो आप व्यर्थ ही धारण करते हैं। यदि धनुषबाण देखकर मैंने कुछ अनुचित कहा हो तो हे धीर मुनि! मुझे क्षमा कीजिये।

गंभीर होकर क्रोध भरी वाणी में परशुराम जी बोले– हे विश्वामित्र! सुनो यह बालक कुटिल है और काल के वश में होकर कुल घातक बन रहा है, यह सूर्यवंश पर कलंक है, उद्दंड है, मूर्ख है, निडर है। अभी यह क्षण भर में मारा जायेगा मैं कहे देता हूँ इसमें मेरा कोई दोष नहीं होगा। यदि तुम इसे बचाना चाहते हो तो मेरा बल प्रताप और क्रोध बताकर इसे मना कर दो। लक्ष्मण जी ने कहा कि अपना प्रताप तो कई बार आप स्वयं बता चुके हैं किसी और की आवश्यकता ही क्या है यदि कुछ रह गया हो तो वह भी कह दीजिये, व्यर्थ दिल पर बोझ न रखिये। आप वीर हैं, धैर्यवान हैं गाली देते शोभा नहीं देते। सूरवीर तो करनी करते हैं, कहकर अपने को नहीं जताते। शत्रु को देखकर कायर ही डींग मारते हैं। इतना सुनते ही परशुराम ने फरसा हाथ में ले लिया। बोले अब लोग मुझे दोष न दें यह बालक मारे जाने योग्य ही है।

विश्वामित्र ने कहा अपराध क्षमा कीजिये। बच्चों के दोष और गुण साधू लोग नहीं गिनते हैं। परशुराम जी बोले– इतना सब सुनने के बाद भी मैं इसे नहीं मार रहा हूँ तो विश्वामित्र यह आपके ही कारण जीवित है। नहीं तो इस गुरुद्रोही को मारकर गुरु के ऋण से मुक्त हो जाता।

मुनि विश्वामित्र मन ही मन समझ गये कि ये इन्हें सामान्य क्षत्रिय बालक ही समझ रहे हैं, इनकी प्रभुता का भान इन्हें नहीं है।

लक्ष्मण जी बोले- माता-पिता का ऋण तो तुमने भली भांति चुका ही दिया है रहा गुरु का ऋण जो आपने हमारे सर मढ़ा है तो ब्याज सहित अब वह बहुत हो गया होगा, किसी हिसाब करने वाले को बुला लाइये तो मैं तुरंत थैली खोल कर उसे दे दूँगा। लक्ष्मण जी के कटुवचन सुनकर परशुराम जी ने फरसा उठाया। सभी हाय हाय करने लगे। लक्ष्मण जी बोले- आप मुझे फरसा दिखा रहे हैं मैं आपको ब्राह्मण समझकर बचा रहा हूँ। आपको कभी बलवान और रणवीर नहीं मिले, आप खुद अपने घर में ही अपने को बड़ा समझ रहे हैं। तब श्री रघुनाथ जी ने इशारे से लक्ष्मण जी को रोक दिया।

लक्ष्मण के वचनों से बढ़ते हुये मुनि के क्रोध को देखकर श्री राम जल के समान शांत शीतल वचन बोले- हे नाथ! बालक पर कृपा कीजिये और इस दुध मुहे बच्चे पर क्रोध न कीजिये। यह आप का प्रभाव जानता तो क्या भला आपकी बराबरी करता? बच्चे अगर कुछ करते हैं तो माँ बाप और गुरु उसका आनंद लेते हैं। आप तो समदर्शी, सुशील और ज्ञानी हैं इस बालक पर कृपा कीजिये। श्री राम के वचन सुनकर मुनि कुछ ठंड़े हुये। लेकिन लक्ष्मण जी फिर कुछ कहकर मुस्करा दिये।

मुनि बोले- हे राम! तेरा भाई बहुत टेड़ा है यह तुम्हारा अनुसरण नहीं करता। लक्ष्मण जी बोले- हे मुनि! क्रोध पाप का मूल है यह अनुचित ही कराता है। मैं आपका दास हूँ दया कीजिये क्रोध करने से धनुष जुड़ तो नहीं जायेगा। यदि धनुष अत्यंत प्रिय है तो किसी कारीगर को बुलवाकर इसे जुड़वा दिया जाये। जनक जी बढ़ते हुये वार्तालाप को देखकर डर जाते हैं वे लक्ष्मण जी से कहते हैं चुप रहिये। तब परशुराम जी बड़े गर्व से बोले- हे राम! तेरा छोटा भाई समझकर मैं इसे छोड़ रहा हूँ। यह सुनकर लक्ष्मण जी फिर हँसे तो श्री राम ने तिरछी नजरों से उन्हें देखा तो वे सकुचाकर गुरु के पास चले गये।

श्री राम जी हाथ जोड़कर कोमल वाणी बोले- आप इस पर ध्यान न दीजिये अपराधी तो मैं हूँ आपका, उसने आपका कोई काम नहीं बिगाड़ा। अतः हे स्वामी! कृपा, क्रोध, वध आदि आप जो चाहें तो मुझे दास समझकर मुझपर कीजिये। बताइये मैं क्या उपाय करूँ जिससे आपका क्रोध शांत हो?

परशुराम जी लक्ष्मण की तरफ देखते हैं जो अभी भी उन्हें टेड़ी नजरों से देख रहे हैं। बोले- हे जनक! इसे मेरी नजरों से दूर क्यूँ नहीं करते। फिर रामजी से बोले- रे मूर्ख! तू शिवधनुष तोड़कर उल्टा मुझे ही ज्ञान सिखाता है।

तेरा भाई कटु वचन बोलता है और तू हाथ जोड़कर विनय करता है। या तो तू मेरे साथ युद्ध कर या राम कहलाना छोड़ दे। राम जी सर झुकाये हँस रहे हैं। बोले- क्रोध छोड़िये मेरा सर आगे है, आपके हाथ में फरसा है। जिस प्रकार आपका क्रोध जाये वही कीजिये। स्वामी और सेवक में युद्ध कैसा। आपका वीरों जैसा भेष देखकर अनुज ने कुछ कह डाला। आप अगर मुनि की तरह आते तो वह आपके चरणों में गिरता। हमारी और आपकी बराबरी कैसी? मैं सिर्फ राम हूँ, आप के आगे परशु भी है। आपका नाम बड़ा है। बार-बार राम के मुँह से मुनि शब्द सुनकर वो क्रोधित हो गये। तू ने मुझे केवल मुनि ही जाना। मेरा प्रताप नहीं सुना। तू धनुष तोड़कर अपने आप को विश्व विजेता समझ रहा है, ऐसा अहंकार? राम जी बोले मुनि विचार कर बोलिये, मेरी भूल छोटी सी है। धनुष तो छूते ही टूट गया था उसका अहंकार कैसा? हे मुनि! सुनिये संसार में ऐसा कौन सा योद्धा है, जिसे हम डर कर सर झुकायें हमने तो आपको ब्राह्मण समझकर आदर किया। यदि कोई योद्धा हमें युद्ध में ललकारे तो हम काल से भी लड़ जायें। रघुवंशी युद्ध में काल से भी नहीं डरते। रामजी के कोमल और रहस्यमयी वचन सुनकर परशुराम जी की बुद्धि के परदे खुल गये। वे बोले- हे राम! यह मेरा विष्णु का धनुष है, इसे हाथ में लीजिये और इसे खींचिये। वे धनुष देने लगे तो वह अपने आप उनके हाथों में चला गया। तब परशुराम के मन में बड़ा आश्चर्य हुआ। तब उन्होंने श्री राम जी का प्रभाव जाना। वे हाथ जोड़कर बोले- इतने प्रसन्न हुये कि प्रेम उनके मन में समाता न था। जयश्री राम और उनकी अनेक प्रकार से स्तुति और वंदना करने लगे। फिर बोले मैं आपकी क्या प्रशंसा करूँ। आप दोनों भाई मुझे क्षमा कीजिये। आपकी जय हो, जय हो, जय हो। ऐसा कहकर वो वन को चले गये।

यहाँ फिर उत्सव शुरू हो गया, जनक जी, सीता जी, आदि सभी खुश हो गये। जनक जी ने विश्वामित्र जी को प्रणाम करके कहा कि अब आगे क्या करना है आज्ञा दीजिये। विश्वामित्र जी बोले विवाह तो धनुष के टूटते ही हो गया। अब आप अपने कुल जैसा व्यवहार कीजिये। कुल के वरिष्ठ जनों, गुरुओं आदि से पूँछकर वेदों में वर्णित आचार से विवाह कीजिये। दूतों को भेजकर राजा दशरथ को बुलाइये। जनक जी ने दूत भेजे। महाजन बुलाये। सारा नगर सज गया। विचित्र मंडप सजाकर तैयार कर दिया गया। केले के खंभे, सोना, चाँदी, रत्नों, मणियों आदि से सुसज्जित मंडप का वर्णन नहीं किया जा सकता। चौक आदि पूर दिये गये। बंदरवार, सुंदर कलश, ध्वज,

पताका, परदे और चंवर आदि अत्यंत सुंदर दृश्य स्थापित करने लगे। पूरे नगर की शोभा भी जानकी जी के महल की तरह हो गई।

जनक जी के दूत अयोध्या पहुँचे। दूतों ने पहुँचकर उन्हें चिट्ठी दी। राजा ने स्वयं उसे उठकर लिया। भाव विव्हल होकर चिट्ठी पढ़ी। उनकी छाती भर आयी। हृदय में राम लक्ष्मण उभर गये। धीरज रखकर उन्होंने पत्रिका पढ़ी। सारी सभा चिट्ठी सुनकर हर्षित हो गई। जिस दिन से मुनि दोनों भाइयों को ले गये थे उसके बाद आज उनकी कोई खबर पाकर सभी प्रसन्न एवं प्रफुल्लित हो गये। भरत शत्रुधन वहाँ आ गये। राजा ने उन्हें पुनः चिट्ठी पढ़कर सुनायी। वे भी प्रफुल्लित हो गये। राजा ने दूतों को बुलाकर अपने पास बिठाया और सारा हाल पूँछ लिया। राजा ने दूतों को बहुत सा न्यौछावर दिया। राजा ने गुरु वाशिष्ठ के पास जाकर पत्रिका पढ़कर सुना दी। वाशिष्ठ जी बोले डंका बजाकर बारात सजवाओ।

राजा ने महल में आकर सब रानियों को पत्रिका पुनः पढ़कर सुनायी। राम जी की विजय और विवाह की बात सुनकर रानियाँ मोरों की तरह नाचने लगीं। अत्यंत आनंद विभोर होकर आशीर्वाद देने लगीं। तब रानियों ने ब्राह्मणों और भिक्षुओं को दान दिये। चौदहों लोकों में उत्साह भर गया। राम जानकी का विवाह समाचार पाकर सब प्रेम मग्न हो गये। सारे घर सज गये। मंगल गीत होने लगे। चारों तरफ सगुन होने लगे।

भरत जी ने सभी घोड़े, हाथी, और सभी रथ आदि विशेष वाहन सजवा कर तैयार करवा दिये उन पर यथा योग्य सवारियाँ चढ़ गईं। चतुर, शूर, वीर, युवक, ब्राह्मण आदि सब सजधज कर तैयार होकर नगर के बाहर एकत्र होने लगे। घोड़े और बैलों पर अनेकों प्रकार की सामग्रियाँ लाद दी गयीं। काँवरों में भी सामग्री भर भर कर चलने लगीं। असंख्य भीड़ राजा दशरथ के दरवाजे पर लगी है। स्त्रियाँ अटारियों से मंगलगान गाती हुई सब देख रही हैं। तब मंत्री सुमंत्र जी ने दो सुंदर रथ जिनमें सर्वश्रेष्ठ घोड़े जुते थे तैयार करवाये।

एक रथ पर राजसी सामान सजाया गया। एक पर गुरु वशिष्ठ जी को चढ़ाया और वशिष्ठ के साथ राजा दशरथ शोभायमान हुये। सब के तैयार होते ही राजा दशरथ ने शंख बजाकर प्रस्थान का संदेश दिया, गुरु गौरी और महेश का सुमिरन किया। आकाश से देवताओं ने पुष्प वर्षा की। शोर मच गया। घोड़े हाथी आवाजें करते हुये चल दिये। घंटे और शंख ध्वनि के साथ पैदल लोग करतब करते हुये चल रहे हैं, ध्वज पताकायें हाथ में हैं। तरह-तरह के तमाशे

और नाच गाने हो रहे हैं। घोड़े नचाये जा रहे हैं। ऐसा विवाह देखकर सभी नाच उठते हैं।

दशरथ जी को आता जानकर जनक जी ने नदियों पर पुल बनवा दिये। जगह-जगह पर उत्तम भोजनों की व्यवस्था कर दी। नगाड़ों की आवाज सुनकर अगवानी करने वाले घोड़े, हाथी और रथों पर बारात को लेने चले। सोने के कलशों में दूध, सर्वत, ठंडाई, जल आदि एवं भांति-भांति के पकवानों से भरे थाल, उत्तम फल, गहने, कपड़े, मूल्यवान मणियाँ आदि हाथी घोड़ों पर सजाकर ले चले।

बारात से मिलते ही सब परस्पर मिलने लगे आकाश से पुष्प वर्षा होने लगी। लोगों ने सब चीजें दशरथ जी के आगे रख दीं। उन्होंने प्रेमपूर्वक सब ग्रहण कीं। आदर सत्कार करने के बाद अगवानी करने वाले उन्हें जनवासे की ओर ले चले। पाँवड़े बिछे हुये हैं। जनवासा ऐसा कि जिसे देखकर कुबेर भी लजा जायें। बहुत सुंदर, भव्य एवं अलौकिक शोभा वाले जनवासे में सबको यथा योग्य स्थान दिया गया जिसमें हर प्रकार की सुविधायें थीं।

सीता जी ने बारात आयी जानकर कुछ अपनी महिमा भी दिखलायी। उन्होंने हृदय में स्मरण करके सब सिद्धियों को बुलाया और राजा दशरथ सहित समस्त बारात की सेवा में लगा दिया। वे विभिन्न प्रकार से सेवायें करने लगीं। यह चरित्र श्री रामजी के अलावा कोई समझ नहीं पाया। वे मन ही मन प्रसन्न हुये।

दशरथ जी को आया जानकर राम और लक्ष्मण उनसे मिलने के लिये व्याकुल थे मगर विश्वामित्र जी के संकोचवश कह नहीं पा रहे थे। विश्वामित्र ने यह दशा देखी तो वो उन्हें लेकर जनवासे की ओर चले जहाँ दशरथ जी ठहरे थे।

राजा दशरथ जी ने मुनि को आता देख उनकी चरण धूलि सर पर ली। दण्डवत प्रणाम किया। आपस में गले मिले। आशीर्वाद लिया। दोनों भाइयों ने राजा को दण्डवत प्रणाम किया। उन्होंने उठाकर हृदय से लगा लिया। मानो मृतक शरीर को प्राण मिल गये हों। दोनों भाइयों ने गुरु वशिष्ठ के चरणों में शीश नवाया। ब्राह्मण की वंदना की सभी का आशीर्वाद पाया। भरत और शत्रुघ्न ने भी रामजी को प्रणाम किया। फिर लक्ष्मण जी से मिले। उसके बाद वे अयोध्यावासी कुटुम्बियों और परिजनों से मिले।

श्री राम लक्ष्मण को देखकर बारात शीतल हुई। बारात लग्न के एक दिन पहले आ गई थी। यह देखकर चारों ओर परमानंद छा गया। सभी इस

विवाह के दर्शनों के लिये लालायित थे और अपने भाग्य को सराह रहे थे। सखियाँ आपस में बात कर रही हैं कि चारों भाई कितने सुंदर हैं राम और भरत एक रूप हैं और लक्ष्मण और शत्रुघ्न एक रूप हैं वे कहतीं हैं यदि चारों का विवाह यहीं हो जाये तो आते-जाते इनका दर्शन हुआ करेगा।

इस प्रकार आनंद में दिन बीते ओर लग्न का दिन आ गया हेमंत ऋतु, सुहावना अगहन का महीना, ग्रह तिथि, नक्षत्र, योग और वार श्रेष्ठ थे। लग्न मुहुर्त शोध कर ब्रह्मा जी ने उस पर विचार किया। उस पत्रिका को नारद जी के हाथों जनक जी के यहाँ भेज दिया। सभी ने पत्रिका बांची और तभी शतानंद जी बोले अब देर किस बात की। सारी सामग्री तैयार कर ली गयी। शंख नगाड़े बजने लगे मंगल कलश सजा लिये गये।

सब लोग आदरपूर्वक बारात को लेने चले। अवधपति राजा दशरथ का समाज देखकर सब दंग रह गये। सबने विनती की तो दशरथ जी गुरु वशिष्ठ एवं समस्त समाज को लेकर चले। जनकपुर को देखकर देवता भावविभोर हो गये उन्हें अपने-अपने लोक तुच्छ जान पड़े। वे विचित्र मण्डप को और नाना प्रकार की अलौकिक रचनाओं को चकित होकर देख रहे थे। नगर के नर नारियों को देखकर देवता और देवाँगनायें भी प्रभाहीन हो गये। तब शिवजी ने समझाया कि तुम लोग आश्चर्य मत करो जिस जगह श्री राम और जानकी का विवाह हो रहा हो वहाँ की महिमा और शोभा के बारे में क्या कहा जा सकता है।

इतना कहकर शिवजी नंदी पर सवार चल दिये। श्री राम की शोभा देखकर उनका शरीर प्रफुल्लित हो गया। और राम जी के घोड़े का तो वर्णन ही नहीं किया जा सकता, ऐसा दूल्हा ऐसी बारात और ऐसे समधी आज तक किसी ने न देखे होंगे। देवतागण कोई दो आँखों से, किसी की चार आँखें हैं, किसी की हजार किंतु आज वे सब और नेत्रों की चाहना कर रहे हैं कि और आँखें होतीं तो हम उनसे यह दृश्य देखते और अपनी आँखों में भर लेते।

बारात आई जानकर परछन हेतु सुंदर नारियाँ थाल सजाकर चलीं। इन्द्राणी, सरस्वती, लक्ष्मी, पार्वती आदि देवियाँ भी सुंदर स्त्रियों का वेश बनाकर रनिवास में शामिल हो गईं। रानी अति प्रफुल्लित अवश्था में श्री राम जी का परछन कर रही हैं, मंगलगान हो रहे हैं। फूलों की वर्षा हो रही है। सुंदर पावड़ों पर अर्घ्य देते हुये राजा जनक जी दशरथ जी को सादर मंडप में ले आये। अपने हाथों से ला ला कर जनक जी ने सबको सिंहासन दिये। वशिष्ठ जी की पूजा की। फिर समस्त लोगों की पूजा की। आशीर्वाद प्राप्त

किया। ब्रह्मा, विष्णु, शिव और दिगपाल आदि देवता जो कपट रूप धारण किये हुये थे श्री राम जी ने उन्हें पहचान कर प्रणाम किया और सबको मानसिक आसन दिये।

फिर वशिष्ठ जी ने शतानंद (जनकजी के गुरु) को आदरपूर्वक बुलाकर राजकुमारी सीता को मंडप में लाने का आग्रह किया। वे कुल की बूढ़ी स्त्रियों, से कुल की रीति पूंछी और सीता जी, सुंदर स्त्रियों के वेश में श्रेष्ठ देवाँगनाओं के साथ चल दीं। सोलह श्रृंगारों से सजी धजी स्त्रियों के बीच सीता जी ऐसे लग रहीं थीं जेसे छवियों के बीच साक्षात शोभा सुशोभित हो। सभी ने उन्हें मन ही मन प्रणाम किया।

रीति रिवाज अनुसार देवताओं की पूजा पाठ आरंभ हो गया। हवन में अग्नि देव स्वयं आकर आहुति ग्रहण करते हैं। सारे वेद ब्राह्मण का वेश धरकर सारी रीतियाँ बता रहे हैं। समय जानकर स्त्रियाँ सीताजी को ले आयीं। राजा जनक और रानी सुनयना रामजी के चरण पखार रहे हैं। चारों ओर जय जयकार हो रही है। दोनों कुलों के गुरु वर एवं कन्या की हथेलियों को मिलाकर शंखोच्चार करने लगे। राजा जनक ने लोक और वेद रीति से कन्यादान किया और सीताजी को रामजी को समर्पित किया। फिर विधि पूर्वक हवन करके भाँवरें होने लगीं। यह दृश्य देखकर सब तरफ अत्यंत हर्ष छा गया। न तो उस जोड़ी की सुंदरता का वर्णन किया जा सकता है न वहाँ के आनंद का। ये तो बस वही जानते हैं जिन्होंने यह सब देखा। मुनियों ने भांवरे फिरायीं। नेग सहित सब रीतियों को पूरा किया। श्री राम जी ने सीता जी की मांग में सिंदूर भरा। फिर वशिष्ठ जी की आज्ञा से दूल्हा और दुल्हन एक आसन पर बैठे। चौदहों लोकों में उत्साह भर गया।

राजा दशरथ के आनंद की सीमा नहीं रही। तब वशिष्ठ जी की आज्ञा पाकर जनक जी ने विवाह का सामान सजाकर माण्डवी जी, श्रुतिकीर्ति, जी और उर्मिला जी को बुलना लिया। तीनों गुण शील और सुंदरता की प्रतिमूर्ति थीं। कुशध्वज की बड़ी कन्या माण्डवी को प्रेमपूर्वक सब रीतियाँ करके भरत जी को विवाह दिया। जानकी जी की छोटी बहिन उर्मिला को लक्ष्मण जी को ब्याह दिया। श्रुतिकीर्ति का शत्रुघ्न के साथ विवाह किया। चारों युगल प्रफुल्लित हो गये।

दहेज आदि का तो वर्णन ही नहीं किया जा सकता। कंबल, वस्त्र, हाथी, रथ, घोड़े दास दासियाँ और अनेकों गौ दी गयीं। रत्न आभूषण आदि की तो गिनती भी नहीं की जा सकती। अवधराज दशरथ जी ने प्रेमपूर्वक सब

ग्रहण किया। और वह सामान याचकों को जिसे जो भाया दे दिया।

जनक जी ने हाथ जोड़कर सब की पूजा वंदना की। फिर राजा दशरथ जी से बोले- हे राजन! आपसे संबंध करके हम सब प्रकार से बड़े हो गये। मुझे अपना सेवक ही समझियेगा। इन लड़कियों को बच्चियाँ मानकर नित नई दया करके पालन कीजियेगा। तब दशरथ जी ने उनका संपूर्ण सम्मान किया। देवता फूल बरसाने लगे।

मुनीश्वर की आज्ञा पाकर स्त्रियाँ मंगलगान करती हुई दुल्हनों सहित दूल्हों को लिवाकर (मेहर) कोहबर को चलीं। सुंदर स्त्रियाँ कुमार और कुमारियों को कोहबर (कुलदेवता का स्थान जिसे मेहर भी कहते हैं) में लाकर लौकिक रीतियाँ करने लगीं। सभी मंगलगान कर रहीं हैं। चारो जोड़ियों की अलौकिक सुंदरता का वर्णन नहीं किया जा सकता। सब भावविभोर होकर देख रहे हैं। आशीर्वाद दे रहे हैं। चारों ओर जय जयकार हो रही है देवता फूलों की वर्षा कर रहे हैं। फिर चारों राजकुमार बधुओं सहित पिता के पास आये। पूरा जनवासा आनंद से भर उठा। फिर जनक जी ने सभी को भोजन का निमंत्रण दिया। आदर के साथ सबके पैर धोये। सभी को उचित आसन दिये फिर भोजन परसा जाने लगा। अनेकों प्रकार के पकवान और मिष्ठान आदि जिनके नाम भी लिये जाना असंभव है, पलभर में अनेकों सेवकों द्वारा परसे गये। भोजन करते समय नारियाँ परंपरागत गारियाँ गा रहीं हैं। जिन्हें सुनकर सब आनंद ले रहे हैं। भोजन के पश्चात् जनक जी ने पान देकर दशरथ जी और सभी का पूजन किया फिर सभी जनवासे की ओर चल दिये।

राजा दशरथ जी ने कोमल वाणी से कहा कि हे मुनिवर! आपकी कृपा से सब कार्य संपन्न हो गया। ब्राह्मणों, याचकों आदि को गौ, रत्न, धन वस्त्र आदि यथोचित दान दिया गया। ब्राह्मणों से आशीर्वाद पाकर राजा धन्य हुये। पुनः दशरथ जी ने विश्वामित्र जी से कहा कि आपकी कृपा से सब कार्य संपन्न हुआ अब हम विदा चाहते हैं। हर सुबह दशरथ जी विदा माँगतें हैं और जनक जी प्रेमवस उन्हें रोक लेते हैं।

फिर विश्वामित्र जी ने शतानंद और जनक जी से कहा कि अब दशरथ जी को विदा की अनुमति दे दी जानी चाहिये। हे नाथ 'बहुत अच्छा' कहकर विदा की तैयारियों के लिये रनिवास में समाचार पहुँचाया। समाचार सुनकर बारात को जाता सुनकर सब उदास हो गये। फिर जहाँ बारात ठहरी थी वहाँ सीधा एवं अन्य खाद्य सामग्री पहुँचा दी गई। साथ ही जनक जी ने एक लाख

घोड़े, पच्चीस हजार रथ, सब सजाकर भेज दिये। दस हजार सजे हुये हाथी, गाड़ियों में भरकर सोना-चांदी, वस्त्र, रत्न, भैंसें, गायें आदि चीजें भी दीं। सारा सामान जनक जी ने आयोध्यापुरी भेज दिया।

बारात जाती देखकर सब रानियाँ सीता जी व अन्य को अशीर्वाद देती हैं और पतिव्रत धर्म की सिखावन दे रहीं हैं। बार-बार उन्हें हृदय से लगा रहीं हैं उसी समय श्री राम चंद्र जी विदा कराने हेतु भाइयों सहित जनक के महल को चले। रूपवान चारों भाइयों को देखकर रनिवास हर्षित हो गया। सासुयें आरती उतारने लगीं। फिर सब रीति रिवाज के बाद श्री राम जी बोले- महाराज अब अयोध्या जाना चाहते हैं। अतः आप हमें विदा की आज्ञा दीजिये। हमें अपना बालक जानकर सदा स्नेह बनाये रखिये। माताओं ने बधुओं को राजकुमारों को सौंप दिया और कौशल्या सामान्य माताओं की तरह विनती करने लगीं- हे राम! सीता मुझे प्राणों से भी प्यारी है, आप इसे अपनी दासी मानियेगा। इसके दोषों को क्षमा कीजियेगा। वे भाव विव्हल हो गयीं तो राम जी ने उन्हें समझाया फिर हाथ जोड़कर विदा माँगी। सब स्त्रियाँ विव्हल हो गईं, पाले पोशे हुये पक्षी भी सीता को जाता हुआ देखकर व्याकुल हो रहे हैं फिर नर नारियों की बात ही क्या की जाये। परम वैराग्यवान जनक जी भी सीता को देखकर धीरज खो बैठे उन्होंने पुत्री को हृदय से लगा लिया। नेत्रों में जल भर आया। तब बुद्धिमान मंत्रियों ने उन्हें समझाया।

सुंदर सजी हुई पालकियाँ मंगवाई गई। सुंदर मुहुर्त देखकर उनमें चारों कन्याओं को चढ़ाया गया। राजा ने पुत्रियों को बहुत प्रकार से समझाया और धर्म और कुल की रीति की शिक्षा दी। सीता जी के विश्वास पात्र और प्रियसेवक और दासियाँ साथ में कर दी गयीं। राजा ब्राह्मणों सहित पहुँचाने के लिये साथ में चल दिये। हर्षित होकर देवता फूल वर्षा रहे हैं, अप्सरायें गान कर रही हैं, ढोल बाजे बज रहे हैं। थोड़ी देर बाद राजा दशरथ ने सभी को लौटाया- जनक जी को भी स्वयं खड़े होकर लौट जाने को कहा। जनक जी सबका एक बार पुनः सम्मान करके और दशरथ जी व राम चंद्रजी से प्रेमपूर्ण भेंट करके उनके गुणगान करते हुये लौट चले।

बारात आगे चल दी। बीच-बीच में सुंदर मुकाम करती हुई अयोध्या जी के पास पहुँची। बारात को आती जानकर समस्त अयोध्यावासी प्रसन्न हो गये। सबने नगर के द्वारों को और अपने-अपने घरों को सजा लिया। जहाँ-तहाँ सुंदर चौक पूरे गये। नगर बाजार, गलियों और चौराहे भी सजा दिये गये। तोरणों,

ध्वज, पताकाओं और मण्डपों से बाजार सजा दिया गया। राजमहल की शोभा तो देखते ही बन रही है। उत्साह का शोर मच रहा है। मातायें प्रेम और खुशी के मारे सुधबुध भूल गयीं हैं। उन्होंने ब्राह्मणों और याचकों को ढेर सारा दान दिया। सुमित्राजी ने मंगल थाल सजाये। शगुन की वस्तुओं से सारा वातावरण सुगंधित हो गया। मंगलगान की धुन बिखर रही है। नगर में प्रवेश का समय जानकर गुरु वशिष्ठ जी ने राजा दशरथ को नगर में प्रवेश की आज्ञा दी। दशरथ जी ने, गणेश, शिव और पार्वती का स्मरण करके आनंदित होकर नगर में प्रवेश किया। दसों दिशाओं में जय जयकार की ध्वनि फैल गयी। देवता फूल बरसाने लगे। गाजे बाजों का शोर गूँज उठा।

नगर में भी सभी बनठन कर तैयार थे। रामचंद्र को देखकर नगरवासी, सुखी हो गये। स्त्रियाँ आनंदित होकर आरती कर रहीं हैं। चारों राजकुमारों को देख रहीं हैं और दुल्हनों के घूंघट हटा हटाकर देख रहीं हैं। इस तरह वे सब राजद्वार तक आ गये। मातायें बहुओं सहित राजकुमारों का परछन कर रहीं हैं। आरती कर रहीं हैं। उनके आनंद की सीमा नहीं है। अनेक प्रकार के धन रत्न आदि न्यौछावर कर रही हैं। वेद की विधि और कुलरीत के अनुसार अर्घ्य पांवड़े देती हुई मातायें चारों जोड़ी को महल में लिवा ले चलीं। वहाँ चार सिंहासन थे। माताओं ने उनको उनपर बैठाया और चरण धोये। फिर धूप, दीप, नैवैद्य से उनकी पूजा की। मातायें लोक रीत करती हैं तो चारों सकुचा जाते हैं। रामचंद्र जी मन ही मन में हँसते हैं।

राजा ने बारातियों को बुलवा लिया। गुरु और ब्राह्मणों सहित राजा ने महल में प्रवेश किया। चरण धोकर स्नान करवा कर सबको भोजन कराया। उनका भलीभांति पूजन करके दान पुण्य किया। सब आशीर्वाद देते रहे। उन्हें महल के भीतर ही ठहरने का स्थान दिया गया।

राजा ने गुरु वशिष्ठ की पूजा की और आशीर्वाद लिया। गुरु वशिष्ठ अपना नेग लेकर अपने स्थान को चले गये। फिर राजा ने सभी को नेग अपनी शक्ति के अनुसार वितरित किये। फिर राजा रनिवास की ओर गये पुत्रवधुओं को गोद में बैठाकर दुलार किया। उनके आनंद की सीमा न रही। राजा ने सभी रानियों को विवाह का संपूर्ण विवरण सुनाया। यह सुनकर सभी हर्षित हो गये। राजा जनक के व्यवहार, शील और उनके वैभव को भी विशेष रूप से बखान किया। फिर सभी ने साथ मिलकर भोजन किया। राजा ने रानियों को समझाया कि ये परायी कन्यायें अभी बच्ची हैं हमको इनको ऐसे रखना है जैसे पुतली को पलकों के बीच रखा जाता है। ये सब थके हुये हैं अतएव

अब विश्राम किया जाना चाहिये। इतना कहकर वो अपने शयन कक्ष में चले गये।

राजा की आज्ञानुसार रानियों ने रत्नजड़ित सोने के पलंग बिछवाये गद्दों पर सफेद चादरें तकिया आदि रखे। रामजी को पलंग तक पहुँचाया फिर रामजी ने भाईयों को आज्ञा दी वो भी शयन के लिये चले गये।

सब मातायें रामचंद्र जी के कोमल शरीर को देखकर कह रही हैं कि किस प्रकार तुमने मारीच, सुबाहु, ताड़का आदि राक्षसों को मारा होगा। चरण धूलि लगते ही अहिल्या तर गयी और शिव जी का कठोर धनुष कैसे तोड़ा। दोनों भाइयों ने यज्ञ की रक्षा करके मुनि से सब विधायें सीखीं हैं। गुरु वशिष्ठ ने उन्हें शिक्षा दी है। आज हमारा जन्म सफल हो गया। रामजी ने कोमल वचन कहकर सबको संतुष्ट किया। फिर रामजी सो गये।

प्रातः जल्दी उठकर चारो भाई स्नान आदि करके पिता के पास पहुँचे। राजा ने उन्हें हृदय से लगा लिया। फिर गुरु वशिष्ठ और गुरु मुनि विश्वामित्र जी आ गये, राजा ने उन्हें आसन दिया। पुत्रों सहित उनके चरण छुये। इस तरह आनंद में दिन बीतते गये। अंत में विश्वामित्र जी आज्ञा लेकर प्रस्थान कर गये फिर आज्ञा पाकर सब लोग अपने अपने घर लौट गये। राजा पुत्रों सहित अपने महल में आ गये। श्री राम जी का सुयश तीनों लोकों में छा गया। जब से राम व्याह कर आये हैं तब से नित नया आनंद अयोध्या में बसने लगा। प्रभु का विवाह जिस तरह हुआ वह शब्दों में नहीं कहा जा सकता फिर भी एक हल्का सा चित्रण खींचने की कोशिश की गई है।

रामजी भाइयों सहित व्याह कर जब से अयोध्या आये हैं चारों तरफ मंगल ही मंगल है। आनंद की वर्षा हो रही है। नगरवासियों में भी अत्यंत प्रसन्नता व्याप्त है। सब सोच रहे हैं कि राजा दशरथ अब राम को राजपाठ सौंप दें तो अति उत्तम रहेगा। इसी तरह दिन बीतते गये।

एक दिन राजा दशरथ सभा में बैठे थे। स्वाभाविक ही उन्होंने दपर्ण उठाया और अपना मुकुट सीधा किया। तभी उन्हें कानों के पास सफेद बाल नजर आये। वे मन में विचार करने लगे कि राम सब तरह से योग्य हो चुके हैं अब राजपाठ उन्हें सौंप दिया जाना चाहिये।

एक दिन शुभ समय देखकर प्रफुल्लित होकर यह विचार गुरु वशिष्ठ को सुनाया। यह सुनकर गुरु वशिष्ठ गद्‌गद हो गये उन्होंने राजा की प्रशंसा की और कहा कि आपका विचार अति उत्तम है, अब इस शुभ कार्य में देरी नहीं की जानी चाहिये। शीघ्र ही सामान तैयार करवाइये। राम के राजतिलक के लिये सभी दिन शुभ हैं मुहूर्त की आवश्यकता नहीं है।

राजा प्रसन्न होकर महल में आये उन्होंने मंत्री सुमंत्र को बुलवाया। तब उन्होंने उसे सुंदर वचन सुनाये। यदि पंचों को मेरा मत अच्छा लगे तो राम के राजतिलक की तैयारी कीजिये। यह सुनकर सुमंत्र खुश हो गये और उन्होंने कहा कि आपने बड़ा ही मंगलकारी कार्य सोचा है। आपकी जय हो आप दीर्घायु हों। अब देर नहीं की जानी चाहिये। राजा ने कहा कि गुरु वशिष्ठ जी की जो-जो आज्ञा हो वह आप लोग तुरंत करें।

मुनि राज ने कहा कि आप लोग समस्त तीर्थों का जल ले आओ। फिर औषधि फूल, फल, पत्र, चवँर, सब तरह के वस्त्र एवं अन्य मंगल वस्तुएं एकत्रित कीजिये। उन्होंने वेदों में कहे गये सब विधान बताये। नगर में बहुत से मंडप सजाओ, अनेक फलों समेत आम, सुपारी और केले के वृक्ष नगर में चारों तरफ रोप दो। मनोहर चौक पुरवाओ, श्री गणेश, गुरु और कुलदेवता की पूजा करो। ब्राह्मणों आदि को दान का प्रबंध करो। ध्वज पताका हाथी-घोड़े रथ आदि सजाओ।

मुनि ने जो-जो कहा वह बिना किसी विलंब के पूरा कर दिया गया। श्री राम के राज्याभिषेक का समाचार सुनते ही अवध में धूम मच गयी, ढोल नगाड़े बजने लगे। राम और सीता को भी शुभ शकुन होने लगे। राम ने कहा कि लगता है यह भरत के आगमन का संकेत है। उनको मामा के घर गये बहुत दिन हो गये। अब उनसे मिलने की प्रबल इच्छा हो रही है। इसी समय यह मंगल समाचार सुनकर रनिवास में हर्ष व्याप्त हो गया। समाचार देने वालों को ढेर सारा दान दिया गया। सुमित्रा जी ने अत्यंत मनोहर चौक पूरे। कौशल्या जी ने भी साथ दिया, देवी देवताओं और नागों की पूजा की गई और कार्य के संपन्न होने की मनौती माँगी। मंगल गान होने लगे। तब राजा ने गुरु वशिष्ठ से आग्रह किया कि वे राम के पास जाकर उन्हें शिक्षा दें।

गुरु के आगमन का समाचार पाते ही श्री राम ने दरवाजे पर आकर उनके चरणों में मस्तक नवाया और विनम्र वचन बोले आपने क्यूँ कष्ट किया मुझे बुला लिया होता? परंतु आपने स्वयं यहाँ पधारकर इस घर को पवित्र किया है अब जो आज्ञा हो मैं वहीं करूँ। राम के कोमल व्यवहार की सराहना करते हुये गुरु बोले- राजा दशरथ ने राज्याभिषेक की तैयारी की है वह आपको युवराज पद देना चाहते हैं। इसलिये हे राम! आज आप उपवास, हवन आदि विधिपूर्वक कीजिये जिससे विधाता इस कार्य को सफल करें।

यह बात सुनकर रामजी के मन में दु:ख हुआ कि हम सब भाई एक साथ पैदा हुये, खाना-पीना, खेलना साथ-साथ, शिक्षा साथ-साथ पायी,

यज्ञोपवीत, विवाह आदि भी साथ-साथ हुये पर इस निर्मल वंश में यही एक अनुचित बात हो रही है कि सब भाइयों को छोड़कर राज्याभिषेक सिर्फ बड़े का ही होता है। उसी समय लक्ष्मण जी आये। रामजी ने उनका सम्मान किया। सभी नर-नारी कल का मुहूर्त जानकर बहुत प्रसन्न हैं, सब भरत के आगमन की प्रतीक्षा कर रहे हैं।

इधर प्रसन्नता छाई हुई है और उधर देवताओं को यह सब नहीं सुहा रहा है वे अपना स्वार्थ देख रहे हैं। उन्होंने सरस्वती को बुलाया उनके पैरों पर गिरते हुये कहा कि माता हमारी विपत्ति को देखकर वही कीजिये जिससे रामजी राज्य त्याग कर वन को चले जायें जिससे देवताओं का सब कार्य (राक्षसों का वध) सिद्ध हो। सरस्वती जी पछता रही हैं कि हाय मैं इस सुअवसर पर कुठार हुई। उन्हें पछताते देख देवताओं ने फिर विनती की और कहा कि हे माता! इसमें आपको जरा भी दोष नहीं लगेगा। श्री राम जी सुख और दु:ख, हर्ष और विषाद से रहित हैं। अतएव आप देवताओं के हित के लिये अयोध्या जाइये। उनकी बार-बार की विनती ने सरस्वती जी को संकोच में डाल दिया वे सोचने लगीं कि देवताओं की बुद्धि ओछी है इनका निवास तो ऊँचा है परंतु करनी नीची है। ये किसी का ऐश्वर्य नहीं देख सकते। किंतु यह सोचकर कि श्री राम के वन जाने से राक्षसों का वध होगा जिससे सारा जगत सुखी हो जायेगा। सरस्वती जी अयोध्या गईं।

मंथरा नाम की एक कुबड़ी, जो मंदमति थी रानी कैकेयी की दासी थी। सरस्वती जी उसकी बुद्धि फेरकर चली गयीं।

मंथरा ने देखा कि राम के राज्याभिषेक के लिये सारा नगर सजाया हुआ है। वो मन ही मन विचार करने लगी कि कैसे इस काम को बिगाड़ा जाये। उसका हृदय जल रहा था। वह उदास मन से भरत जी की माता कैकेयी के पास गयी।

कैकेयी ने उसे देखकर पूछा- कि तू उदास क्यूँ है बोलती क्यूँ नहीं, लंबी-लंबी सांसे ले रही है और आंसू बहा रही है। क्या लक्ष्मण ने तुझे कुछ सीख दी है। दण्ड दिया है? तब भी वह कुछ नहीं बोली- नागिन की तरह फुफकार रही थी। रानी बोली कुछ कहती क्यूँ नहीं, राम, लक्ष्मण, भरत, शत्रुघ्न सब ठीक तो हैं न? तब वह बोली मुझे कोई क्यूँ दंड देगा वैसे आज राम को छोड़कर किसका कुशल है जिसे राजा युवराज पद दे रहे हैं। आज कौशल्या को विधाता अनुकूल हुये हैं। वह बहुत गर्वित है। तुम खुद जाकर

सब शोभा देख क्यूँ नहीं लेतीं? यह देखकर मेरे मन में बड़ा क्षोभ हुआ है। तुम्हें कोई परवाह नहीं है। तुम्हारा पुत्र परदेश में है। मैं जानती हूँ कि स्वामी राजा दशरथ तुम्हारे बस में हैं। तुम तो पलंग पर पड़ी-पड़ी सोती रहती हो। राजा की चतुराई तुम नहीं देखतीं।

रानी उसे डाँटकर बोली- चुप रह घरफोड़ी कहीं की जो फिर ऐसा कहा तो तेरी जीभ निकलवा लूँगी। इतना कहकर वो मुस्कुरा दीं। ये काने, लगड़े, कुबड़े कुचाली ही जाने जाते हैं। वे बोलीं- अरे पागल! सबसे शुभ दिन वही होगा जब राम राजा बनेंगे। बड़ा भाई स्वामी और छोटा भाई सेवक होता है यही रघुकुल की रीत है। इस खुशी में तू कोई वस्तु मांग ले मैं दूंगी। राम तो कौशल्या की तरह सब को प्यारे हैं। मुझ पर तो उनका विशेष प्रेम है मैं परीक्षा कर के देख चुकी हूँ। मैं तो यह कहती हूँ कि विधाता मुझे फिर जन्म दे तो राम सा पुत्र और सीता सी बहू दे। राम मुझे प्राणों से भी प्रिय हैं। उनके तिलक की बात सुनकर तुझे क्षोभ कैसा? तुझे भरत की सौगंध सच-सच बोल।

मंथरा बात घुमाकर बोली कुछ कहूँ तो मेरी जीभ निकलवाने की बात करती हो, अब तो मैं भी मुंह देखी बात किया करूँगी या चुप रहूँगी। कोई राजा बने मुझे क्या मैं तो रानी बन नहीं जाऊँगी, दासी ही रहूँगी। तुम्हारा अहित मुझसे देखा नहीं जाता इसलिये बात चलायी थी। क्षमा करो।

देवताओं की माया के वश में होने के कारण कैकेयी ने उस पर विश्वास कर लिया। होनहार के कारण वह बार-बार उससे पूंछ रही है। मंथरा अपना दाँव लगा जानकर हर्षित हुई और बोली अच्छा तुम पूंछती हो लेकिन मैं कहते हुये डरती हूँ। तुमने मुझे घर फोड़ी तक कह दिया फिर भी मैं कहती हूँ। तुमने कहा कि राम सीता तुम्हे प्रिय हैं सो यह सच्ची बात है परंतु यह बात पहले थी। अब दिन बीत गये समय बदलने पर सब बदल जाता है, मित्र भी शत्रु हो जाते हैं। तुमको अपने सुहाग के झूठे बल पर कुछ भी सोच नहीं है। राजा को अपने वश में जानती हो। किंतु राजा मुँह के मीठे हैं उनके मन में मैल है। और आपका सीधा स्वभाव है। राम की माता चतुर है और गंभीर भी, उसने मौका पाकर बात बना ली राजा ने भरत को ननिहाल भेज दिया। इसमें आप बस राम की माता की सलाह ही समझिये। सब जानते हैं कि तुम राजा की प्रिय हो और इसी बात पर गर्वित रहती हो इसलिये कौशल्या को तुम खटकती हो। किंतु वह कपट करने में चतुर है इसलिये उसके हृदय के भाव समझने में नहीं आते। उसने जाल रचकर, राजा को वश में करके राम को

राज्य तिलक का लग्न निश्चय करा लिया। राम का तिलक हो यह तो मुझे भी अच्छा लगता है लेकिन आगे की बात सोचकर मुझे डर लगता है। मंथरा ने और भी तरह-तरह के सौतों के किस्से सुना सुनाकर कैकेयी पर अपना विश्वास जमा लिया। बोली अरे अभी भी तुम नहीं समझीं अपना भला बुरा तो पशु भी पहचानते हैं। यदि मैं कुछ बनाकर कहूँ तो विधाता मुझे दण्ड दे यदि कल राम को तिलक हो गया तो तुम्हारे लिये विपत्ति का बीज डल गया समझो। मैं यह बात लकीर खींचकर, बलपूर्वक कहती हूँ कि हे रानी! तुम तो अब दूध में से मक्खी की तरह निकाल दी जाओगी। अगर पुत्र सहित चाकरी करोगी तो ही घर में रह पाओगी। भरत कारागार का सेवन करेंगे और लक्ष्मण राम के नायब (सहकारी) होंगे।

कैकेयी यह सुनते ही सूख गयी। थर-थर काँपने लगी। मंथरा भी उनको देखकर डर गयी और समझाने लगी धीरज रखो। अब कैकेयी उसकी सराहना करने लगी। कहने लगी मुझे भी कुछ दिन से अपशकुन हो रहे हैं। पर मैं क्या करूँ मेरा सीधा स्वभाव है। मैंने आज तक किसी का बुरा नहीं किया। विधाता क्यूँ मुझे दुसह दुःख दे रहा है। मैं भले ही मायके चली जाऊँगी पर सौत की चाकरी नहीं करूँगी। शत्रु के वश में रहकर जीने से तो मर जाना बहुत अच्छा है।

मंथरा ने उसे समझाया। जिसने तुम्हारी बुराई चाही है वही इसका फल पायेगी। मैं ने ज्योतिषियों से पूँछा है वह भी कह रहे थे कि भरत ही राजा होंगे। हे रानी! अगर तुम करो तो उपाय मै बताऊँ। राजा तो तुम्हारे वश में हैं ही।

रानी पूर्णतः उसके वश में हो गयी थी। बोली तुम कहो तो मैं कुए में कूद जाऊँ मैं अपने हित के लिये सब कुछ करूँगी। रानी को पूर्णतः अपने वश में देखकर वह कोमल वचन बोली- रानी तुमने मुझे एक कथा सुनाई थी उसकी याद है कि नहीं? राजा ने तुम्हें दो वरदान मांगने को कहा था वो वरदान आज भी राजा के पास धरोहर हैं। तुम उन्हें राजा से मांग लो अपने पुत्र को राज और राम को बनवास और सौत का सारा आनंद तुम ले लो। ध्यान रहे जब राजा, राम की सौगंध खा लें तभी माँगना। जिससे बात टलने न पाये। आज की रात ही सब करना है। कोप भवन में जाओ और जब राजा पूर्ण वश में हो जायें, राम की सौगंध खायें तब सावधानी से पूरी बात बताना। रानी ने दासी की बहुत प्रकार से सराहना की और उसे इस कठिन समय में अपना एक मात्र हितैषी माना।

कैकेयी गहने आदि उतारकर कोप भवन में पड़ गयी। नगर में धूम धाम मची है मगर इस कुचाल का किसी को पता नहीं है।

संध्या के समय राजा दशरथ बड़े आनंद के साथ कैकेयी के महल में गये। उन्हें पता चला कि रानी कोप भवन में है, यह जानकर वो सहम गये। डर के मारे आगे कदम नहीं बढ़ पा रहे हैं। इतने बलशाली राजा और एक स्त्री के मोह जाल में फंसकर इस दशा को पहुँच गये कि उसके क्रोध की बात सुनकर सूख गये। डरते डरते अपनी रानी के पास गये।

उनकी दशा देखकर उन्हें बड़ा दुःख हुआ। कैकेयी जमीन पर अस्त-व्यस्त पड़ी थीं। राजा उनके पास जाकर कोमल वाणी से बोले- हे रानी! किसलिये रूठी हो। उन्होंने उसे छूना चाहा मगर उसने हाथ झटक दिया और क्रूर दृष्टि से राजा की तरफ देखा। राजा बार-बार कहते हैं हे सुमुखी! गजगामिनी, कोकिल बयनी मुझे अपने क्रोध का कारण तो सुना। किसने तेरा अनिष्ट किया है किस की शामत आयी है। बता किसको क्या कर दूँ? तेरा शत्रु अमर हो, देवता हो मैं उसे भी मार दूँ। तू जानती है मेरा मन सदा तेरे मुख चंद्र का चकोर है। मेरा सब कुछ और मेरे प्राण तक तेरे बस में हैं। यदि कुछ कपट कर के मैं यह कह रहा हूँ तो मुझे सौ बार राम की सौगंध है। तू हंसकर अपनी मन चाही बात मांग ले। और अपने अंगों को आभूषणों से सजा।

यह सुनकर और राम की सौगंध विचारकर रानी हँसती हुई उठी और गहने पहनने लगी उसे प्रसन्न देख राजा बोले- रानी, नगर में उत्सव हो रहा है मैं कल ही राम को युवराज पद दे रहा हूँ इसलिये तू मंगल वेश बना। यह सुनते ही वह फिर क्रोधित हो गयी, पर अपनी बात को छुपा गई। वह भी गुरु मंथरा की पढ़ाई हुई थी। अतः हंसकर बोली आप माँग-माँग तो कहते हैं मगर देते लेते कुछ नहीं। आपने मुझे दो वरदान दिये थे मुझे तो उनके मिलने में भी संदेह है। राजा बोले अब मैं समझा। तुमने उन वरों को कभी मांगा ही नहीं और मैं भी भूल गया था। लेकिन अब दो के बदले चार माँग लो। रघुकुल रीत यही है कि प्राण चले जायें लेकिन वचन नहीं जाता। उस पर मेरे द्वारा रामजी की शपथ भी कहने में आ गयी।

यह सुनकर तो कैकेयी पूरी बात को पक्की जानकर बोलीं- हे प्राण प्यारे! मेरे मन को भाने वाला एक वर तो दीजिये भरत को राजतिलक और हे नाथ! दूसरा वर भी मैं हाथ जोड़कर माँगती हूँ मेरा मनोरथ पूर्ण कीजिये। तपस्वियों के वेष में, विशेष उदासीन भाव से (अर्थात कुटुम्ब, राज्य आदि सब से मुनियों की तरह विमुख होकर) राम को चौदह वर्ष का वन में निवास।

यह सुनकर राजा शोक में डूब गये। उनसे कुछ कहते नहीं बना। वे सहम गये। माथे पर हाथ रखकर गहरे सोच में पड़ गये। चेहरे का रंग उड़ गया। सोचने लगे मेरा मनोरथ रूपी कल्पवृक्ष फूल चुका था मगर कैकेयी ने उसे हथिनी की तरह जड़ से उखाड़ डाला। किस अवसर पर क्या हो गया? स्त्री का विश्वास करके मैं मारा गया। यह देखकर कैकेयी क्रोधित होकर बोली– भरत आपके पुत्र नहीं हैं क्या? और क्या आप मुझे मोल खरीद कर लाये हो? मैं आपकी विवाहिता पत्नी हूँ। क्यूँ मेरा वचन सुनते ही सोच में पड़ गये। उत्तर दीजिये– हाँ कीजिये या न कह दीजिये। आप रघुवंश में सत्य प्रतिज्ञा वाले प्रसिद्ध हैं। आपने ही वर देने को कहा था अब भले ही न दीजिये। सत्य को छोड़ दीजिये और जगत में अपयश लीजिये। आपने अपने सत्य की सराहना करते हुये ये वर देने को कहा था। क्या समझा था कि यह चना चबेना माँग लेगी?

राजा शिबि, दधीचि और बलि ने जो कुछ कहा शरीर और धन त्यागकर भी उन्होंने अपनी प्रतिज्ञा को निबाहा। इस तरह कड़वे वचन रानी बोल रही है जैसे जले पर नमक छिड़क रही हो।

राजा ने धीरज धरकर आँखे खोलीं विचारा कि ऐसी कठिन स्थिति उत्पन्न कर दी रानी ने कि उससे बच निकलना मुश्किल है। राजा को कैकेयी नंगी धारदार तलवार के रूप में दिख रही थीं।

फिर वे विनम्र स्वर में बोले राम और भरत मेरी दो आँखें हैं। मैं अवश्य सवेरे दूत भेजकर भरत को बुलवा लूँगा। वो तुरंत ही आ जायेंगे फिर मैं अच्छा सा दिन देखकर डंका बजाकर भरत को राज्य सौंप दूँगा। राम को राज्य का लोभ नहीं है। मैं ही राजधर्म का पालन करके उन्हें राज्य सौंप रहा था इसमें कौशल्या की भी कोई सलाह नहीं है। यह जरूर है कि मैने तुझसे सलाह नहीं ली जिसका कोप अब मुझे सहन करना पड़ रहा है। अब क्रोध त्याग दो कुछ दिन बाद भरत युवराज हो जायेंगे। एक ही बात का दुःख है कि तूने दूसरा वरदान बड़ा अड़चन भरा माँगा। क्रोध को त्यागकर राम का अपराध तो बता। सब कहते हैं राम तो बड़ा साधू है। तुम भी राम की सराहना करती थीं तो क्या वह सब झूठ था। मछली चाहे बिना जल के रह सकती है मगर मेरा जीवन राम के बिना नहीं रह सकता। कैकेयी क्रोध से भरकर बोली। आप करोड़ो उपाय कर लें मगर आपकी एक भी चालबाजी न चलेगी। या तो जो मैंने माँगा है वह दीजिये या मना करके अपयश लीजिये। मैं और प्रपंच नहीं जानती। राम साधू हैं, राम की माता भली हैं, आप सयाने साधू हैं,

मैंने सबको पहचान लिया है। अब राम की माता ने जो किया है अब उसका परिणाम उसे मिलेगा। सवेरा होते ही यदि राम मुनि वेष रख के वन को नहीं गये तो आप मुझे मरा पायेंगे। आपका अपयश होगा। इतना कहकर वह उठ खड़ी हुई।

राजा ने समझ लिया कि यह स्त्री के रूप में मेरी मृत्यु ही मेरे सामने खड़ी है। राजा ने चरण पकड़कर कई प्रकार से विनती की। राम! हा राम! कहते हुये वे जमीन पर गिर पड़े। उनका शरीर शिथिल पड़ गया। वो तड़पने लगे। वह फिर कठिन वाणी बोली- यदि अंत में ऐसा ही करना था तो आपने माँग-माँग किस बल पर कहा था। या तो वचन छोड़ दीजिये या धैर्य धारण कीजिये। असहाय स्त्री की भांति रोइये पीटिये नहीं। सत्यव्रती के लिये तो स्त्री पुत्र-धन घर और पृथ्वी तो सब तिनके के समान कहे गये हैं। राजा बोले- तू जो चाहे कह मेरा काल ही तुझ से सब कहलवा रहा है। भरत तो कभी राज पद नहीं चाहता यह तेरी ही कुमति है और मेरे पापों का परिणाम है जो विधाता विपरीत हो गया। तेरा कलंक और मेरा पछतावा मरने के बाद भी नहीं मिटेगा। अब तुझे जो दिखाई दे वह कर। मेरे सामने से हट जा और अब कभी कुछ न बोलना जब तक मैं जीवित रहूँ। अभागिनी तू अंत में पछतायेगी।

राजा राम-राम रट रहे हैं। मना रहे हैं कि सवेरा ही न हो और राम तक यह समाचार पहुँचे ही न। हे रघुकुल के गुरु सूर्य भगवान! आप अपना उदय न करें। इसी तरह रोते रोते सवेरा हो गया।

मंत्रियों ने देखा कि आज राजा अभी तक नहीं जागे, सुमंत्र जी से कहा। सुमंत्र राजमहल में गये। वहाँ की भयानकता को देखकर वो डर से गये उस भवन की तरफ गये जहाँ राजा थे। राजा को प्रणाम किया। उनकी दशा देखकर वो सूख गये। राजा शोक से व्याकुल हैं, चेहरे का रंग उड़ गया है, मुर्झाये पड़े हैं। मंत्री डर के मारे कुछ पूछ भी नहीं सकते तब अशुभ से भरी हुई कैकेयी बोली। राजा रात भर सोये नहीं हैं राम-राम रटते सवेरा कर दिया परंतु इसका भेद कुछ नहीं बताते- तुम जल्दी से राम को बुला लाओ। तब आकर समाचार पूंछना।

राजा का रुख जानकर सुमंत्र जी चल दिये वे समझ गये कि रानी ने कुछ कुचाल चली है। सोच से व्याकुल सुमंत्र राम के पास पहुँचे। राम ने पिता की तरह उनका आदर किया। तब समुंत्र राजा की आज्ञा सुनाकर उन्हें साथ लिवा चले।

रामचंद्र जी ने जाकर देखा राजा अत्यंत बुरी हालत में पड़े हैं। मानो

सिंहनी को देखकर कोई वृद्ध हाथी सहमकर गिर पड़ा हो। पास ही क्रोध से भरी हुई कैकेयी बैठी थी मानो साक्षात मृत्यु ही बैठी हो। राम ने जीवन में पहली बार दुःख देखा किंतु धीर और कोमल स्वभाव वाले राम ने मीठे वचनों से कैकेयी से पूँछा कि हे माता! पिता जी के दुःख का कारण कहो। जिससे उसका निवारण किया जाये। कैकेयी बोली सारा कारण यही है कि इनका आप पर बहुत स्नेह है। मुझे दो वरदान देने को कहे थे सो मुझे अच्छा लगा मैंने मांग लिया। यह सुनकर राजा को सोच हो गया क्योंकि वो तुम्हारा संकोच नहीं छोड़ सकते। इधर पुत्र का स्नेह और उधर वचन, राजा इसी धर्म संकट में पड़ गये हैं। यदि तुम कर सकते हो तो राजा की आज्ञा सिरोधार्य करो और इनके इस कठिन दुःख को मिटाओ। कड़वी वाणी में रामजी को सब हाल कह सुनाया।

आनंद निधान रामचंद्र जी मन में मुस्कुरा कर सब दोषों से रहित कोमल और सुंदर वचन बोले माता सुनो- वही पुत्र बड़भागी है जो पिता माता की आज्ञा पालन करने वाला है। वन में विशेष रूप से मुनियों का मिलाप होगा जिससे मेरा सभी प्रकार से कल्याण होगा। उसमें फिर पिता की आज्ञा और माता आपकी सहमति है और भरत राज्य पायेंगे। यह लगता है कि विधाता आज मुझ पर सब प्रकार से अनुकूल हैं। यदि ऐसे काम के लिये मैं वन को न जाऊँ तो फिर मूर्खों के समाज में सबसे पहले मेरी गिनती की जानी चाहिये। कोई महामूर्ख भी ऐसा अवसर न चूकेगा। हे माता! मुझे एक ही बात का दुःख है कि इतनी सी बात का पिताजी को इतना दुःख हो इस पर मुझे विश्वास नहीं होता। अवश्य मुझसे कोई बड़ा अपराध हुआ है जिसके कारण महाराज मुझसे कुछ नहीं कह रहे हैं। महाराज तो बड़े धीर और गुणवान हैं। सच कहो माता क्या बात है। कैकेयी रामचंद्र जी का रुख देखकर प्रसन्न हो गयीं। बोली, तुम्हारी और भरत की सौगंध मुझे और कोई कारण नहीं पता। तुम तो आज्ञाकारी हो, सत्यवान हो, सभी को सुख देने वाले हो तुमसे क्या अपराध हो सकता है? तुम पिता को समझाकर कहो जिससे चौथेपन में इनका अपयश न हो।

इतने में महाराज की मूर्छा दूर हुई, उन्होंने राम-राम कहकर करवट ली। मंत्री ने राम के आगमन की सूचना दी। राजा ने राम का आगमन सुनकर धीरज धरकर आखें खोलीं। मंत्री ने सहारा देकर उन्हें बैठाया। राजा ने राम को अपने चरणों में पड़ते देखा। उन्होंने विकल होकर उन्हें हृदय से लगा लिया। जैसे किसी सर्प ने अपनी खोयी हुई मणि पा ली हो। वे उन्हें देखते ही रह गये।

आंसुओं की धार बह निकली। कुछ बोल नहीं पा रहे है बार-बार राम को हृदय से लगा रहे हैं। मन ही मन ब्रह्मा जी को मना रहे हैं कि राम वन को न जायें। फिर भगवान शिव को स्मरण करते हैं। हे आशुतोष! तुम तो अवढर दानी हो मेरी इस दुःखद स्थिति को दूर कीजिये। श्री राम को ऐसी बुद्धि दीजिये कि वह मेरा वचन त्यागकर घर में ही रहें। मेरा चाहे अपयश हो जाये मैं नरक में चला जाऊँ सब प्रकार के दुःख मुझे दे दे पर राम मेरी आँखों से दूर न हों।

राजा काँप रहे हैं देश काल और परिस्थिति को विचार कर श्री राम कोमल वचन बोले- हे तात! मैं कुछ कहूँ मुझे बालक जानकर क्षमा कीजियेगा। इस अत्यंत तुच्छ बात के लिये आपने इतना दुःख पाया। मुझे किसी ने पहले क्यूँ नहीं बताया? मैं ने माता से पूँछा जब जाना तो मैं प्रसन्न हो गया। आप इस मंगल के समय सोचना छोड़िये और मुझे आज्ञा दीजिये। फिर बोले इस पृथ्वी पर उसका जन्म धन्य है जिसके चरित्र सुनकर पिता को परम आनंद हो। जिसको माता पिता प्राणों के समान प्यारे हों, चारों पदार्थ- अर्थ, धर्म, काम और मोक्ष उसकी मुट्ठी में रहते हैं। अतः आज्ञा दीजिये आपकी आज्ञा का पालन करके शीघ्र लौट आऊँगा। माता से विदा माँगकर आता हूँ फिर आपसे मिलकर जाऊँगा। राजा ने शोक वश कोई उत्तर नहीं दिया। राम उठकर माता के पास गये।

नगर में यह समाचार फैलते ही जैसे सब को बिच्छू काट गया। सभी दुःखी हो गये, धीरज खो बैठे। सब सोचने लगे कि किस समय क्या हो गया? कैकेयी को भी सब बुरा भला कहने लगे। कहने लगे स्त्री का स्वभाव हर प्रकार से पकड़ में न आने योग्य होता है। एक अबला क्या नहीं कर सकती। राजा को भी कहा कि उन्होंने सोच विचारकर वर नहीं दिये। स्त्री के वश में रहे। कुछ बोले कि इसमें भरत की भी सहमति होगी तो सब ने कहा कि नहीं भरत सपने में भी राम से विमुख नहीं हो सकते। कुछ विधाता को दोष दे रहे हैं कि उन्होंने सुख की इस घड़ी में कैसा दुःख दे दिया।

ब्राह्मणों की स्त्रियाँ और कुल की बड़ी बूढ़ी महिलाओं ने कैकेयी को बहुत समझाया कि वह जिद छोड़कर कोई दूसरा वर माँग ले भले ही भरत को राज मिल जाये मगर राम वन को न भेज। तुम तो राम को बहुत चाहती हो आज क्या हो गया? कौशल्या ने क्या बिगाड़ा जो तुम उसको ऐसा दुःख दे रही हो? क्या सीता जी राम का साथ छोड़ देगी? क्या लक्ष्मण राम के बिना

रह पायेंगे? ये सब भी चले जायेंगे तो अवध खाली हो जायेगा। ऐसा विचार कर क्रोध छोड़ दो और कलंक मत लो। तुम्हारे हाथ कुछ नहीं लगेगा। दूसरा वर माँग लो, राम यहाँ नहीं रहेंगे वे गुरु के घर चले जायेंगे, भरत निष्कपट राज्य करेंगे वे कोई विघ्न नहीं डालेंगे, वे राज्य के भूखे नहीं हैं। इतना सब सुनकर भी मंथरा की सिखाई पढ़ाई कैकेयी ने उनकी एक न सुनी। कोई उत्तर न दिया। इस प्रकार नगर के नर नारी भी कैकेयी को करोड़ों गालियाँ दे रहे हैं। सब ऐसे व्याकुल हो गये जैसे सूखा पड़ने पर होते हैं।

श्री राम माता कौशल्या के पास गये। वे प्रसन्न भी हैं और उत्साहित भी। वे अपने राजतिलक से खुश भी नहीं थे और अब पिता की आज्ञा और माँ की सम्मति पाकर उनका सोच मिट गया था। वे अपने आप को बंधन मुक्त समझ रहे थे। उन्होंने माता के चरणों में सर नवाया। माता ने उन्हें हृदय से लगाया, गहने कपड़े न्यौछावर करके आशीर्वाद दिया। वे बार-बार राम को चूम रहीं हैं। उनका प्रेम और महानंद कहा नहीं जा सकता। और पूँछती हैं कहो वह आनंदकारी लग्न कब है जो मेरे पुण्यकाल की पूर्ण सीमा है। जिसकी सभी नर-नारी प्रतीक्षा कर रहे हैं। मैं बलैंया लेती हूँ तुम जल्दी से नहा लो। फिर पिता के पास जाना है। माता के इनने सुंदर और मधुर वचन सुनकर धर्मधुरीण श्री राम चंद्र धर्म की गति को जानकर कोमल वचन बोले। हे माता! पिताजी ने मुझे वन का राज दिया है। वहाँ सब प्रकार से मेरा बड़ा काम बनने वाला है तू प्रसन्न मन से मुझे आज्ञा दे जिससे मेरी वन यात्रा में आनंद मंगल हो। चौदह वर्ष वन में रहकर पिता के वचन का पालन करके मैं फिर वापस तेरे चरणों में आऊँगा। तू मन को मलिन न कर।

माता को श्री राम के इतने कोमल वचन भी बाणों के समान लगे। उनके हृदय का विषाद कहा नहीं जा सकता। नेत्रों में जल भर आया। फिर धीरज धरकर बोलीं- हे तात! तुम तो पिता को प्राणों के समान प्रिय हो उन्होंने ही तुम्हें राज्य देने के लिये दिन सुधवाया था अब किस कारण से तुम्हे वन जाने को कह रहे हैं? मुझे कारण बताओ? कौन सूर्यवंश को जलाने के लिये अग्नि हो गया?

श्री राम चंद्र का रुख टटोल कर मंत्री ने सारी बात माता को समझायी। जिसको सुनकर वो अवाक रह गयीं। उनकी दशा का वर्णन नहीं किया जा सकता। न रख सकतीं हैं न वन जाने को कह सकती हैं हृदय में बड़ा संताप है। सोचने लगीं अगर मैं रोक लेती हूँ तो भाइयों में विरोध होता है यदि वन जाने को हाँ कहती हूँ तो बड़ी हानि होती है। बड़े धर्म संकट में पड़ गयीं।

फिर धीरज धरकर बुद्धिमति माता बोली– मैं तुम्हारी बलिहारी जाती हूँ तुमने अच्छा किया पिता की आज्ञा पालन करना ही सर्वोपरि धर्म है। तुम्हारे वन जाने का दु:ख तो तनिक भी नहीं है दु:ख तो इस बात का है कि तुम्हारे बिना भरत को महाराज को और प्रजा को बहुत कलेश होगा। यदि केवल पिता की आज्ञा हो तो माता को बड़ी जानकर वन मत जाओ। यदि माता पिता दोनों ने कहा हो तो वन जाना तुम्हारे लिये सैकड़ो अयोध्या के समान है।

वन के देवता तुम्हारे पिता होंगे, वन देवियाँ माता होंगी, वहाँ के पशु पक्षी तुम्हारे सेवक होंगे। राजा को अंत में वन जाना ही चाहिये लेकिन तुम्हारी अवस्था को देखकर दु:ख होता है। इस समय वन बड़ा भाग्यशाली है और अवध बड़ा अभागा है जिसे तुम त्याग रहे हो। यदि मैं कहूँ कि मुझे भी साथ ले लो तो तुम्हें संदेह होगा कि मैं तुम्हें इस बहाने रोकना चाहती हूँ। यह सोचकर मैं हठ नहीं करूँगी किंतु हे तात! बन जाकर मुझे भूल न जाना। मेरा आशीर्वाद है कि सब देव और पितर तुम्हारी रक्षा करें। तुम्हारे बिना सबका जीवन जल बिन मछली के समान होगा अतएव ऐसा करना कि सबके जीते जी तुम लौट आओ। मैं बलिहारी जाती हूँ तुम सबको अनाथ करके वन जाओ। आज सब के पुण्यों का फल पूरा हो गया कठिन काल हमारे विपरीत हो गया। माता बहुत विलाप करके और अपने आप को परम अभागिनी मानकर श्री राम के चरणों से लिपट गयीं। श्री राम ने उन्हें हृदय से लगा लिया और कोमल वचनों से उन्हें बहुत समझाया।

उसी समय सीता जी यह समाचार सुनकर अकुला उठीं। और सास के पास जाकर सर नीचा करके बैठ गयीं। सास ने उन्हें आशीर्वाद दिया। वो सीता को देखकर व्याकुल हो उठीं। सीता जी पैरों के नाखून से धरती कुरेद रहीं हैं। सोच रहीं हैं कि प्राण अकेले वन को जायेंगे या किस पुण्यवान को उनका साथ होगा। विधाता की करनी को कौन जानता है। वे नेत्रों से जल बहा रहीं हैं। सीता को देखकर माता सोचती हैं कि इस रूप की राशि को मैंने पुत्रवधू के रूप में पाया, इसे पलकों तले रखा और इसके फलने फूलने से पहले ही विधाता वाम हो गया। क्या जाने अब परिणाम क्या होगा? इसने तो कभी जमीन पर पैर नहीं रक्खा और वहीं अब राम के साथ वन जाना चाहती है। हे रघुनाथ! आपकी क्या आज्ञा है? मेरी सीता तो वन में रहने योग्य नहीं है। ये महाराज जनक जो राजाओं में शिरोमणि हैं उनकी पुत्री है और राजा दशरथ की पुत्र वधु है। बड़े लाड़ प्यार से पली है। यह यदि घर में रह जाये तो मुझे बड़ा सहारा हो जायेगा। यह सुनकर श्री राम जी ने माता को संतुष्ट किया और

सीता जी को वन के गुण दोष समझाने लगे।

हे राजकुमारी! मेरी सिखावन सुनो और मेरे वचनों को अन्यथा न लेना, जो अपना और मेरा भला चाहती हो तो घर में रहो। मेरी आज्ञा का पालन होगा और सास की सेवा भी कर सकोगी। घर रहने में ही सब प्रकार से भलाई है। आदरपूर्वक सास ससुर की सेवा करने से बड़ा धर्म नहीं है। जब-जब माता मुझे याद करें तो उनका ढाढ़स बँधाना। मेरी आज्ञा का पालन करने से तुम्हें सब पुण्य फल सहज में ही प्राप्त हो जायेगा। फिर उन्होंने वन की कठिनाई बताई। हे हंसगवनी! तुम वन के योग्य नहीं हो। वन में बड़ा कष्ट है। मैं तुम्हें माता के लिये ही घर रहने को कह रहा हूँ गुरु और स्वामी की आज्ञा जो नहीं मानता उसकी बड़ी हानि होती है।

सीता जी के आँखों से अश्रु बहने लगे वे सोचने लगीं कि नाथ मुझे छोड़कर जाना चाहते हैं। फिर हृदय में धीरज धरकर सास के पैर पकड़कर कहने लगीं- हे देवी! मेरी इस ढिठाई को क्षमा कीजिये। मुझे प्राणपति ने सही शिक्षा दी है जो मेरे हित में है किंतु मैंने समझकर देख लिया कि पति के वियोग के समान संसार में कोई दु:ख नहीं है। हे प्राणनाथ! आपके बिना स्वर्ग भी मेरे लिये नरक के समान है। सारे रिश्ते नाते पति के बिना सूर्य से भी अधिक तपाने वाले हैं। बाकी वैभव भी पति के बिना स्त्री को शोक का कारण ही है। आपके बिना जगत में मुझे कुछ भी सुखदायी नहीं है। हे नाथ! आपके साथ रहकर, आपका मुख देखकर मुझे सब सुख प्राप्त होंगे। आपके साथ पशु पक्षी ही मेरे कुटुम्बी होंगे। वन ही नगर, वृक्षों की छाल ही सुंदर वस्त्र होंगे और पर्णकुटी ही स्वर्ग होगी। वन के देवी देवता सास ससुर की भाँति मुझे रखेंगे, कुशा और पत्तों का बिछौना ही कामदेव के मनोहर बिस्तर सा होगा। कंद मूल फल ही अमृत के समान आहार होंगे। आपने वन के जो कष्ट और संताप बताये वो आपके विरह के दु:ख के सामने तिनके के बराबर भी नहीं है। ऐसा जानकर हे नाथ! मुझे साथ ले लीजिये। आप तो सबके हृदय की जानने वाले हैं मैं आपसे और क्या विनती करूँ? यदि चौदह वर्ष तक मुझे अवध में रखोगे तो जान लीजिये मेरे प्राण नहीं रहेंगे। मैं सभी प्रकार से आपकी सेवा करूँगी। आपकी सेवा और आपके दर्शन करते हुये मुझे दु:ख के लिये समय ही कहाँ मिलेगा। आपके साथ होने पर मेरी ओर आँख उठाकर देखने वाला कौन होगा? इतना कहकर वो बहुत व्याकुल हो गयीं।

यह देखकर श्री राम समझ गये कि हठपूर्वक उन्हें यहाँ रखने से ये प्राण त्याग देंगी। तब श्री राम ने कहा सोच छोड़ दो और मेरे साथ वन को चलो।

उन्होंने माता के पैर लगकर आशीर्वाद लिया। हे तात! जल्दी आना। श्री राम ने उन्हें फिर बहुत समझाया। इस अलौकिक प्रेम का वर्णन नहीं किया जा सकता। सीता ने माता के पैर छुये और कहा आपकी सेवा करने के समय दैव ने वनबास दे दिया। आप कृपा न छोड़ियेगा। कर्म की गति कठिन है इसमें मेरा कोई दोष नहीं है। यह सुनकर सास भी व्याकुल हो उठीं। उन्होंने सीता जी को बार-बार हृदय से लगाया। धीरज धरकर शिक्षा दी और आशीर्वाद दिया जब तक गंगा जमना में धारा बहे तेरा सुहाग अमर रहे।

जब लक्ष्मण जी ने यह समाचार पाया वो भी दौड़े आये। शरीर कांप रहा है, रोमांचित हैं और आंखों में आंसू भरे हुये हैं। उन्होंने रामजी के चरण पकड़ लिये। मुझे आप क्या कहेंगे? घर पर रखेंगे या साथ ले चलेंगे। रामजी बोले तुम अधीर मत हो, अरे जो लोग माता पिता गुरु और स्वामी की आज्ञा को सिरोधार्य करते हैं वो जन्म लेने का लाभ पाते हैं। नहीं तो जन्म व्यर्थ है। हे भाई! मेरी सीख सुनो और माता पिता के चरणों की सेवा करो। भरत और शत्रुघ्न भी घर पर नहीं हैं। महाराज वृद्ध हैं और उन्हें मेरा दु:ख भी भारी है। अगर तुमको साथ ले जाऊँ तो अयोध्या अनाथ हो जायेगी। सभी को दु:ख का असहय बोझ उठाना पड़ेगा। अत: तुम यहीं रहो। यह सुनकर लक्ष्मण जी सूख गये व्याकुल हो गये। उन्होंने रामजी के चरण पकड़ कर कहा- हे नाथ! आप स्वामी हैं छोड़ भी दें तो मेरा क्या वश? आपने मुझे सीख तो अच्छी दी है। पर वह मेरी पहुँच से बाहर है। श्रेष्ठ पुरूष वही हैं जो धीर हैं और धर्म धारण करते हैं पर मैं तो आपकी क्षत्र छाया में पला बच्चा हूँ। मैं स्वभाव से ही कहता हूँ कि मैं आपके अलावा गुरु पिता माता किसी को नहीं जानता। आज तो सबके हृदय की जानने वाले हैं मेरे तो सब कुछ आप ही हैं। धर्म का पालन वे करें जिन्हें कीर्त, विभूति, एश्वर्य या सदगति चाहिये हो। किंतु मैं तो मन वचन और कर्म से आपके चरणों में ही प्रेम रखता हूँ, उनको विव्हल देखकर हृदय से लगाया और बहुत समझाया। फिर बोले हे भाई! माता से आज्ञा माँग लो और शीघ्र ही वन को चलो। यह सुनकर लक्ष्मण जी प्रसन्न हो गये।

वे माता सुमित्रा के पास हर्षित मन से गये। चरणो में मस्तक नवाया। पर अब मन तो श्री राम जी के साथ था। माता ने उन्हें उदास देखकर पूँछा तो उन्होंने विस्तार से सब वृतांत सुनाया। सुमित्रा जी सहम गयीं। लक्ष्मण को लगा कि ये स्नेह वश काम बिगाड़ देंगी। माता ने कुसमय जानकर धैर्य धारण किया और कोमल वाणी से बोली- हे तात! जानकी जी तुम्हारी माता हैं और राम

स्नेह की मूर्ति तुम्हारे पिता हैं जहाँ श्री राम का निवास हो वहीं अयोध्या है। यदि राम वन को जाते हैं तो अयोध्या में तुम्हारा कोई काम नहीं है। गुरु, पिता माता, भाई, देवता और स्वामी इन सब की सेवा प्राण देकर भी करनी चाहिये। श्री राम तो तुम्हारे प्राण हैं, हृदय में ऐसा जानकर हे तात! तुम वन को जाओ और जीवन का लाभ उठाओ। मैं बलिहारी जाती हूँ मेरे समेत तुम बड़े भाग्यशाली हो जो तुम्हारे चित्त ने छल छोड़कर श्री राम के चरणों में स्थान प्राप्त किया। संसार में वही स्त्री पुत्रवती है जिसका पुत्र रघुनाथ का भक्त हो। अन्यथा वह बांझ अच्छी। लक्ष्मण को समझाते हुये उन्होंने सीख दी कि सब प्रकार से उनकी सेवा करना उन्हें वन में कोई कलेश न आये यही मेरा उपदेश है। फिर उन्होंने आशीर्वाद दिया कि श्री सीता राम के चरणों में तुम्हारा निर्मल प्रेम नित प्रगाढ़ हो। आशीर्वाद पाकर लक्ष्मण जी तुरंत चल दिये जैसे हिरन कोई फंदा छुड़ाकर भागा हो। फिर वो राम सीता के पास गये और वहाँ से उनके साथ राजमहल में पिता के पास पहुँचे।

राजद्वार पर दुःखी नगर वासियों की भीड़ लगी थी। मंत्री ने राजा से कहा कि श्री राम पधारे हैं और उन्हें उठाकर बैठाया। सीता समेत तीनों पुत्रों को देखकर राजा विकल हो गये। बार-बार हृदय से लगाते हैं मगर मुंह से कुछ बोल नहीं पाते। तब रामचंद्र जी ने चरणों से लगकर विदा मांगी। पिता जी आज्ञा दीजिये और इस अवसर पर शोक न कीजिये। प्रेमवश शोक करने से यश जाता रहेगा और निंदा होगी। राजा बोले- हे तात! तुम तो चराचर के स्वामी हो किंतु यह भगवान की लीला विचित्र ही है कि अपराध कोई और करे और फल कोई और भोगे। उन्होंने राम को बहुत समझाया मगर वो समझ गये कि राम नहीं मानेंगे फिर उन्होंने सीता को हृदय से लगाकर वन की कठिनता समझाई सास ससुर की सेवा का सुख समझाया किंतु सीता को कुछ अच्छा नहीं लगा वो तो राम चरण की अनुरागी है। स्त्रियों ने भी बहुत समझाया। सीताजी किसी को उत्तर नहीं देतीं। तब कैकेयी ने ताककर कहा कि राजा तुम्हें किसी भी हाल में आज्ञा नहीं देंगे अब तुम्हें अपने भाव से जो अच्छा लगे वह करो। राजा उसके कड़वे वचन सुनकर मूर्छित हो गये। कैकेयी ने उनके समक्ष मुनियों के वस्त्र आदि सामग्री रख दी। तीनों ने वह धारण करके आज्ञा ली और चल दिये।

महल से निकल कर तीनों गुरु वशिष्ठ के दरवाजे पर रूक गये, उन्होंने देखा नर-नारी बहुत व्याकुल हैं, उन्होंने सब प्रकार से उन्हें समझाया। ब्राह्मणों

आदि को बुलाकर सबको एक वर्ष का अनाज आदि दान देकर विनय से उन्हें वश में किया। फिर सबको गुरु को सौंपकर बोले– हे गुरु! आप इनकी माता पिता की तरह सार सम्हार करना। फिर प्रजा से बोले आप सब वही करिये जिससे महाराज को सुख पहुँचे और मातायें मेरे विरह से दुःखी न हों। फिर गणेश पार्वती और शिव का स्मरण करके आगे चल दिये।

मूर्छा दूर होने पर राजा जागे फिर मंत्री सुमंत्र से बोले कि तुम रथ लेकर साथ जाओ उन्हें वन तक पहुँचाकर दो चार दिन में लौट आना यदि राम लक्ष्मण वापस न आयें तो सीता से मेरी सीख कहना और उसे लौटा लाना। कभी पिता के घर, कभी यहीं पर रहेगी मेरा सहारा हो जायेगा। बहुत उपाय करना।

सुमंत्र जी आज्ञा पाकर तुरंत रथ सजाकर उस पर राम सीता और लक्ष्मण को सवार कर के चल दिये– सारे नगरवासी साथ हो लिये। बहुत समझाने पर लौटते और फिर वापस आ जाते राम के साथ। उन्हें राम के बिना जीवन व्यर्थ जान पड़ रहा था। सारे स्थान और पशु पक्षी दुःखी दिखाई दे रहे थे। वृक्ष और बेलें कुम्हला गयीं। सारे दृश्य भयावह लगने लगे। सारे नर नारी प्रण करके श्री राम जी के साथ हो लिये। पहले दिन रामजी ने तमसा नदी के किनारे निवास किया। वो दूसरों के दुःखों को पहचान लेते हैं। नगर वासियों का दुःख उनसे देखा नहीं जा रहा है। वे दुविधा में पड़े हैं। थकन के कारण सारे लोग जल्दी सो गये। रात के दो पहर बीत जाने पर राम ने मंत्री सुमंत्र से कहा– चलो रथ के पहियों को इस तरह घुमाओ कि किसी को दिशा का ज्ञान न हो सके। और कोई उपाय नहीं है। तीनों रथ पर सवार हुये मंत्री ने रथ उसी प्रकार हांका और इधर–उधर चलाकर आगे निकाल लाये। सबेरा होते ही जागने पर सब हा राम! हा राम! कह कर पुकारने लगे फिर समझ गये कि राम उन्हें छोड़कर चले गये हैं। सब लोग विलाप करते हुये अयोध्या आ गये। और सब ने राम के दर्शन के लिये व्रत और नियम धर्म करना शुरू कर दिया।

राम, सीता, लक्ष्मण, मंत्री सहित श्रृंगबेरपुर जा पहुँचे। वहाँ गंगा जी के दर्शन किये श्री राम ने अनेक कथा प्रसंग द्वारा गंगा जी की महिमा सुनायी। स्नान आदि किया। उसी समय निषाद राज को उनके आगमन की सूचना मिली तो वह भाई बंधुओं सहित कंद मूल फल आदि लेकर सहर्ष आ गया। दण्डवत करके अपने भाग्य को सराहने लगा। श्री राम ने उन्हें प्रेमवश बुलाकर अपने पास बिठा लिया और कुशल पूँछी। निषाद राज बोला– हे प्रभु! आज

तो मेरी गिनती सौभाग्यशालियों में हो गयी। यह सारा संसार आपका है और मैं आपका नीच सेवक हूँ। अब कृपा करके श्रृंगबेरपुर पधारिये। रामजी बोले- हे सखा! आपका कथन सत्य है पर पिता ने मुझे चौदह वर्ष तक मुनियों का व्रत और वेश धारण कर वन में बसने की आज्ञा दी है, गाँव में निवास करना उचित नहीं है। यह सुनकर निषाद को बड़ा दुःख हुआ। उसके साथ आये हुये नर नारी सोचने लगे कि इनके माता पिता कैसे हैं जो इन सुकुमारों को वन भेज दिया? निषाद ने रामचंद्रजी को एक स्थान दिखाया जो मनोहर था अशोक का वृक्ष भी सुंदर लगा हुआ था। रामजी ने कहा यह स्थान सुंदर है। निषाद ने कुश और पत्तों की चादरी बिछा दी और कंद मूल फल रख दिये। दोनों में पानी भर लाया। उन्हें खाकर प्रभु लेट गये लक्ष्मण पैर दबाने लगे।

उनके सो जाने पर लक्ष्मण जी ने सुमंत्र को सोने के लिये कहा और खुद धनुषबाण लेकर दूर एक सिला पर पहरा देने बैठ गये। निषाद राज गुह ने भी कुछ पहरेदार लगा दिये और खुद धनुषबाण लेकर लक्ष्मण जी के पास बैठ गया। प्रभु को जमींन पर सोता देख वह लक्ष्मण जी से बोला। दशरथ जी के महल में उत्तम बिछौने पर सोने वाले आज धरती पर सो रहे हैं। सीता जनक की पुत्री, दशरथ की पुत्रवधु और रामजी की पत्नी क्या यह बन के योग्य हैं। सच मुच भाग्य ही प्रधान है। कैकेयी को भी बुरा भला कहा। तब लक्ष्मण जी ने कहा भाई कोई किसी को सुख या दुःख देने वाला नहीं होता। सब अपने अपने कर्मों का फल भोगते हैं। यहाँ हानि लाभ कुछ भी नहीं है। स्वप्न में राजा भिखारी हो जाये या निर्धन राजा हो जाये और जागने पर कुछ हानि या लाभ नहीं होता वैसे ही यह दृश्य सांसारिक प्रपंच ही है। इस संसार रूपी रात में वही जागते हैं जो परमार्थी हैं और प्रपंच (माया) से छूटे हुये हैं। जागा हुआ उसी को कहते हैं जो भोग विलास से वैराग्य रखता है। विवेक होने पर हर भ्रम भाग जाता है। ईश्वर के चरणों में प्रेम होना चाहिये यही सर्वश्रेष्ठ पुरूषार्थ है। श्री राम परब्रह्म हैं वे अनादि हैं और गौ, ब्राह्मण और देवता के हित के लिये मनुष्य शरीर धारण करके लीलायें करते हैं जिसे सुनने से जंजाल मिट जाते हैं। हे सखा! ऐसा समझकर मोह त्याग कर श्री रामजी के चरणों में प्रेम करो।

इस प्रकार सबेरा हो गया। सबने स्नान ध्यान किया- जटा संवारे। यह देख सुमंत्र जी द्रवित हो कर बोले- हे नाथ! महराज दशरथ ने मुझे यह आज्ञा दी थी कि श्री राम को वन दिखाकर गंगा स्नान कराकर लक्ष्मण और सीता के साथ लौटा लाना। ऐसी विनती करके वह चरणों में गिर पड़ा और रोने लगा। हे नाथ! वैसा ही कीजिये जिसमें अयोध्या अनाथ न हो। श्री राम ने उन्हें उठाया और

समझाया आप तो धर्म का मर्म जानते हैं। शिव, दधीचि और राजा हरिश्चंद्र ने भी धर्म के लिये करोड़ों कष्ट सहे थे। राजा रतिदेव और बली भी बहुत से संकट सहकर भी धर्म को पकड़े रहे। सत्य के समान दूसरा धर्म नहीं है और धर्म को छोड़ने से तीनों लोक में अपयश छा जायेगा। जो मृत्यु के समान कष्टकारी होगा। आप जाकर पिता जी के चरणों में मेरे करोड़ों नमस्कार करके कहियेगा कि वे मेरी किसी बात की चिंता न करें। आप भी पिता समान हैं आपसे यही विनती है कि वही कीजिये जिसमें पिता जी हम लोगों के दुःख से दुःखी न हों। फिर लक्ष्मण जी ने कुछ कड़वी बात की तो रामचंद्र जी ने उन्हें मना किया और सुमंत्र से कहा कि यह बात पिता जी से न कहियेगा। सुमंत्र ने फिर राजा का संदेश सुनाया कि यदि सीता वन के कलेश न सह सके तो उन्हें साथ ले आना। नहीं तो मैं जीवित नहीं रह पाऊँगा। श्री राम ने भी सीता को बहुत समझाया पर उन्होंने सब प्रकार से समझाकर कहा कि मेरा तो सब कुछ आपके चरणों में ही है। वो मंत्री जी से सुहावनी वाणी में कहने लगी। पिता का ऐश्वर्य और ससुर जी का चौदह लोकों में प्रभाव और सासुओं का प्रेम भी मुझे श्री राम के बिना सुखदायक नहीं लगते। आप मेरी ओर से विनती कीजियेगा कि मैं सब प्रकार से वन में सुखी हूँ। तब सुमंत्र जी कर्म की गति जानकर तीनों के चरणों में सर नवाकर लुटे पिटे से लौट पड़े। रथ के घोड़े भी राम के वियोग में हिनहिनाकर पीछे पलट पलट कर देखने लगे। जिसके वियोग में पशु पक्षी की यह दशा है उसके वियोग का दुःख बाकी लोगों पर कितना भारी होगा यह अनुमान लगाना भी कठिन है।

श्री राम गंगा के किनारे आ गये उन्होंने पार जाने के लिये केवट से नाव मांगी। तो वह कहने लगा कि मैं आपका मर्म जानता हूँ जिसके छूते ही पत्थर की सिला सुंदर स्त्री हो गई तो मेरी नाव तो काठ की है जो पत्थर से कठोर तो नहीं होती। मेरी नाव भी स्त्री हो गई तो मैं बर्बाद हो जाऊँगा इसी से मैं पूरा परिवार पालता हूँ। और कोई धंधा मुझे नहीं आता। यदि आप पार जाना ही चाहते हैं तो पहले मुझे अपने चरण कमल पखारने के लिये कह दो। पांव धोकर मैं आप सब को नाव पर चढ़ा लूंगा। कोई उतराई नहीं लूँगा। लेकिन भले ही लक्ष्मण मुझे तीर मार दें बिना पाँव धोये मैं पार नहीं उतारूँगा।

केवट के अटपटे वचन सुनकर रामजी ने कहा कि ठीक है तू वैसा ही कर जिससे तेरी नाव न जाय। जल्दी पानी ला और पैर धो ले। प्रभु की यह नर लीला देखिये जिनके नाम का स्मरण करने से लोग भव सागर से पार हो जाते हैं वही राम गंगा पार उतारने के लिये मना रहे हैं केवट को। गंगा जी

भी प्रभु की यह लीला देखकर हर्षित हो गयीं। केवट कठौते में पानी भर लाया और बड़े प्रेम से श्री राम के पांव धोने लगा और भाग्य को सरहाने लगा। फिर उस जल को पीकर सबको गंगा पार ले गया। निषाद राज गुह, लक्ष्मण और सीता सहित श्री राम पार उतर कर खड़े हो गये। सीता जी ने अंगूठी उतराई देना चाही परंतु केवट ने कहा कि लौटती बार आओगे तो जो देंगे वो ले लूँगा। श्री राम ने उसे निर्मल भक्ति का वरदान दिया। सीता जी ने गंगा जी से विनती की और गंगा ने उन्हें आशीर्वाद दिया- हे जानकी! तुम्हारी सारी मनोकामनायें पूर्ण हों तुम्हारा सुंदर यश जगत में छा जाये।

फिर श्री राम ने निषाद से कहा कि अब तुम घर लौट जाओ। सुनते ही निषाद राज सूख गया। विनती करने लगा कि कुछ दिन और आपके साथ रहूँगा- जहाँ आप रहेंगे पर्णकुटी बनाया करूँगा और जब आप कहेंगे तब लौट जाऊँगा। श्री राम ने उसका निःश्चल प्रेम देखकर साथ ले लिया।

फिर सब वन को चल दिये। उस दिन एक पेड़ के नीचे विश्राम किया। सुबह उठकर श्री राम ने प्रयाग राज का दर्शन किया। तीर्थ राज प्रयाग में गंगा, यमुना और सरस्वती का संगम है। अक्षय वट है। प्रयागराज की महिमा कौन गा सकता है। श्री राम चंद्रजी ने अपने श्रीमुख से सीता जी, लक्ष्मणजी और गुह को तीर्थराज की महिमा कहकर सुनायी। भगवान ने त्रिवेणी (संगम) का दर्शन किया। स्नान करके शिवजी एवं देवताओं का पूजन किया। फिर वे भरद्वाज जी के पास आये। दण्डवत प्रणाम किया। मुनि ने उन्हें हृदय से लगा लिया। मुनि ऐसे प्रसन्न हुये जैसे उन्हें ब्रम्हानंद की राशि मिल गयी हो। उन्हें लगा जैसे उनके समस्त पुण्यों को सामने ला कर खड़ा कर दिया गया हो। उन्होंने श्री राम को आशीर्वाद दिया एवं कंद मूल फल आदि भेंट किये। मुनि और श्री राम एक दूसरे का आदर सहित गुणगान कर रहे हैं एवं सुख का अनुभव कर रहे हैं।

समाचार पाकर प्रयागवासी भी दर्शनों के लिये आ गये। सब उनके दर्शन पाकर आनंदित हो गये। रात रामजी ने विश्राम किया। सुबह उठकर उन्होंने मुनि से आज्ञा मांगी और पूँछा कि मुझे किस मार्ग से जाना चाहिये। उनके साथ जाने के लिये मुनि ने शिष्यों को बुलाया जिस पर पचासक शिष्य आ गये। फिर मुनि ने चार ब्रह्मचारियों को उनके साथ कर दिया। प्रणाम करके और आज्ञा लेकर श्री राम सबको साथ लेकर चल दिये। जब वे किसी गांव से गुजरते सब नर-नारी उन्हें देखने लगते। तब वे यमुना जी पहुँचे।

शिष्यों को विदा किया। यमुना पार उतर के उन्होंने निषाद राज गुह को समझाया, वह प्रभु की आज्ञा पाकर घर को लौट गया। यमुना जी को प्रणाम करके श्री राम, लक्ष्मण और सीता के साथ आगे चल दिये।

रास्ते में नर-नारी साथ चलने के लिये कहते हैं मगर श्री राम सबको लौटा देते हैं। कोई कहता कि इस बड़ की छाया के नीचे विश्राम कर लीजिये फिर चले जाइयेगा। रामजी विश्राम करके फिर आगे चल देते हैं। नारियाँ पूंछती तो सीता जी इशारों से राम का पति के रूप में और लक्ष्मण का देवर के रूप में परिचय करवा देतीं। इस प्रकार सब को आनंदित करते हुये वे चल रहे हैं आगे श्री राम हैं पीछे लक्ष्मण जी हैं और बीच में सीता जी ऐसे सुशोभित हैं जैसे ब्रह्म और जीव के बीच में माया हो। सीता जी रामजी के चरण चिन्ह बचाकर चल रही हैं। और पीछे लक्ष्मण इन दोनों के पद चिन्ह बचा के चल रहे हैं। बीच में किसी बड़ के पेड़ के नीचे विश्राम करते फिर चल देते हैं।

चलते-चलते वे वाल्मीकि के आश्रम पहुँच गये। आश्रम और वहाँ के समस्त वातावरण को देखकर रामजी हर्षित हो गये। श्री राम का आगमन सुनकर मुनि आगे आये। राम ने उन्हें दण्डवत किया। मुनि ने उन्हें आशीर्वाद दिया और उन्हें आश्रम ले आये। कंद मूल फल आदि भेंट किये। वाल्मीकि के आनंद का बखान नहीं किया जा सकता। फिर श्री राम ने कहा आप त्रिकालदर्शी हैं फिर उन्होंने पूरा वृतांत सुनाया किस प्रकार उन्हें रानी ने वनवास दिया। मुनि बोले- हे तात! यह वनवास होना और आपका दर्शन होना ये सब मेरे पुण्यों का प्रभाव है। श्री राम ने कहा अब कृपा करके वह स्थान बतायें जहाँ किसी मुनि को कष्ट न पहुँचे और मैं लक्ष्मण और सीता के साथ पर्णकुटी बनाकर रह सकूँ।

राम की सहज सरल वाणी सुनकर मुनि बोले आप चराचर के स्वामी हैं, घट-घट के वासी हैं, कौन सी जगह है जहाँ आप नहीं हैं फिर भी आपने पूँछा है तो बताता हूँ बड़े संकोच के साथ क्यूँकि आप इस समय नर रूप में हैं और मनुष्य लीला कर रहे हैं अतएव आपका व्यवहार उचित है। हे राम! सुनिये, जिनके कान आपकी कथा रूपी रस से सदा भरते रहते हैं परंतु कभी तृप्त नहीं होते उनके हृदय आपके लिये श्रेष्ठ घर हैं और जिन्होंने अपने नेत्रों को आपके दर्शन का चातक बना रक्खा है तथा जो आपके सौंदर्य की एक झलक से भी सुखी हो जाते हैं- हे रघुनाथ! उनके हृदय में आप सीता जी और लक्ष्मण सहित निवास कीजिये। जो निरंतर आपके गुणों का गान करते हैं

आप उनके हृदय में बसिये। जिनकी नासिका (नाक) आपके पवित्र प्रसाद को सूंघती है और जो आपको अर्पण करके भोजन करते हैं और प्रसाद मानकर ही वस्त्र धारण करते हैं। जिनके मस्तक देवता गुरु और ब्राह्मणों के चरणों में विनम्र होकर प्रेम से झुक जाते हैं। जिनके हाथ नित्य आपकी पूजा करते हैं और जिन्हें सिर्फ आपका भरोसा है और किसी का नहीं। जिनके चरण तीर्थों में चलकर जाते हैं, हे राम! आप उनके मन में निवास कीजिये जो नित्य आपके नाम का मंत्र जपते हैं और परिवार सहित आपकी पूजा करते हैं। जो अनेक प्रकार से तर्पण और हवन करते हैं ब्राह्मणों को भोजन कराकर दान देते हैं तथा गुरु को हृदय में आपसे भी अधिक बड़ा जानकर सम्मान और सेवा करते हों और ये सब काम करके यही मांगते हों कि श्री राम के चरणों में हमारी प्रीति हो। उन लोगों के मन रूपी मंदिरों में आप सीता जी और लक्ष्मण जी के साथ निवास कीजिये। जिनके हृदय में कपट दम्भ (अभिमान) राग, द्वेष, माया आदि नहीं हो। हे प्रभु! उनके हृदय में निवास कीजिये। जो सबके प्रिय और सब का भला करने वाले हैं। प्रशंसा और गाली, दुःख और सुख जिनके लिये समान हैं जो विचार करके सत्य और प्रिय वचन बोलते हैं तथा सोते जागते आपकी ही शरण में हैं आपको छोड़कर जिनकी दूसरी कोई गति नहीं है, हे रामजी! उनके मन में बसिये। जो परायी स्त्री को माता के समान और पराये धन को विष के समान जानते हों। जो दूसरों की संपत्ति देखकर खुश होते हैं और हे राम! जिन्हें आप प्राणों के समान प्रिय हैं उनके मन आपके रहने योग्य शुभ भवन हैं। जिनके माता, पिता सखा और गुरु सब कुछ आप ही हैं। हे प्रभु! आप दोनों भाई सीता सहित उनके मन में निवास कीजिये। जो अवगुणों को छोड़कर सबके गुणों को ग्रहण करते हैं। ब्राह्मण और गौ के लिये संकट सहते हैं। नीति निपुण में जिनकी मर्यादा है। उनका सुंदर मन आपका घर है। जो गुणों को आपकी देन मानता है और दोषों को अपना समझता है। जिसे सब प्रकार से आपका ही भरोसा है। राम भक्त जिसे प्यारे लगते हैं उसके हृदय में निवास कीजिये। जाति-पांति, धन, धर्म बड़ाई, प्यारा परिवार और सुख देने वाला घर, सबको छोड़कर आपको हृदय में धारण किये रहता है हे प्रभु! वहाँ निवास कीजिये। स्वर्ग नर्क जिसके लिये समान हैं मन क्रम वचन से आपका दास है आप उसके हृदय में डेरा कीजिये। जिसे कुछ भी नहीं चाहिये और जिसका आपसे स्वाभाविक प्रेम है उसके मन में निरंतर निवास कीजिये।

इस प्रकार मुनिवर ने उन्हें रहने के लिये घर बताये। सुनकर रामजी

प्रसन्न हुये। मुनि ने कहा- हे प्रभु! सुनिये मैं इस समय के लिये आपको सुखदायक स्थान बतलाता हूँ। आप चित्रकूट पर्वत पर निवास कीजिये वहाँ सब प्रकार की सुविधा है। सुहावना पर्वत सुंदर वन है। वहाँ पवित्र नदी है जिसको अत्रि जी की पत्नि अनसुइया अपने तपोबल से लायीं थीं। वह गंगा जी की धारा है उसका नाम मंदाकिनी है। अत्रि आदि ऋषि वहाँ निवास करते हैं। हे प्रभु! आप चित्रकूट का गौरव बढ़ाइये।

श्री राम, लक्ष्मण और सीता सहित चित्रकूट पहुँचे। उन्होंने मंदाकिनी में स्नान किया और लक्ष्मण से कोई श्रेष्ठ स्थान देखने के लिये कहा। तब लक्ष्मण जी ने पयश्विनी (मंदाकिनी) के एक ऊँचे किनारे को देखा वहाँ चारों ओर धनुष के आकार का एक नाला फिरा हुआ है। मंदाकिनी उसकी प्रत्यंचा है। यह देख राम प्रसन्न हुये। तब देवताओं ने विश्कर्मा जी को साथ लेकर कोल भीलों के वेष में आकर पत्तों और घास की दो सुंदर कुटियाँ बनायीं, एक बड़ी और एक छोटी। बड़ी में राम जी सीताजी के साथ और छोटी में लक्ष्मण जी सुशोभित हुये। फूलों की वर्षा करके देवताओं ने कहा प्रभु हम धन्य हो गये फिर उन्होंने अपने दुसह दुःख सुनाये और हर्षित होकर अपने-अपने स्थानों को चले गये।

राम का आगमन सुनकर बहुत से मुनि उनसे मिलने आये राम ने सभी को प्रणाम किया और उनका आशीर्वाद लिया। वे सब तीनों के दर्शन करके धन्य भाग के अधिकारी हो गये। सारे मुनि निडर होकर जप तप करने लगे। बहुत से कोल भील भी समाचार पाकर कंद मूल फल आदि लेकर राम जी के पास आये। श्री राम सबका मान रखते और अपने कोमल वचनों से उन्हें प्रसन्न कर देते हैं। वे भी अपने भाग्य को सराहते हुये वापस जाते हैं। चित्रकूट के तो कण, कण, का भाग्य खिल उठा मानो। राम तो केवल प्रेम के प्यारे हैं यह बात समझ लेनी चाहिये उन्होंने कोल भील एवं वन में रहने वाले सभी को संतुष्ट किया। सारा वातावरण मंगलमय हो गया था।

लक्ष्मण जी मन क्रम वचन से श्री राम की सेवा करते हैं और सीता जी श्री राम को देखकर परम प्रसन्न रहती हैं किसी को अयोध्या की या कुटुम्बियों की याद तक नहीं आती। पर्णकुटी प्यारी लगती है। कंद मूल फल का आहार अमृत के समान लगता है। सुंदर साथरी (बिछाई) सुंदर सेजों के समान लगती हैं। श्री राम वही करते हैं जिससे लक्ष्मण और सीता को सुख हो और लक्ष्मण और सीता प्रभु को प्रसन्न रखते हैं यदि उन्हें अयोध्या की याद आती है तो वो उन्हें समझाते हैं। इस प्रकार पर्णकुटी में श्री राम ऐसे निवास

करते रहे हैं जैसे इंद्र अपनी पत्नि शचि के साथ अमरावती में निवास करते है।

अब मंत्री सुमंत का हाल सुनिये किस प्रकार वह अयोध्या लौटे। श्री राम को पहुँचाकर जब निषाद राज लौटा तो उसने मंत्री सुमंत्र को रथ सहित वहाँ देखा। वह बहुत विकल थे। फिर उन्हें निषाद ने ढाढ़स बंधाया चार सेवक साथ में किये और रथ पर सवार कर के वापस अयोध्या भेजा। दु:खी मन से मंत्री दिन में ही अयोध्या की सीमा तक पहुँच गये। मगर दिन के उजाले में उनकी हिम्मत नहीं पड़ रही है कि कैसे नगर में जाऊँगा। सब नर-नारी राम के बिना रथ देखकर व्याकुल हो जायेंगे सब मुझसे पूंछेगें। राम के बिना कोई मेरा मुख भी नहीं देखेगा। माताये पूंछेंगी तो मैं क्या जवाब दूँगा? और फिर राजा से क्या कहूँगा वो तो राम को न देखकर प्राण ही त्याग देंगे। उनका रंग फीका पड़ गया जैसे कोई अपनी संपूर्ण संपत्ति लुटा कर आ गया हो। मंत्री ने निषाद के चारों सेवकों को विदा किया।

अंधेरा होने पर अयोध्या में प्रवेश किया। रथ को पहचान कर नर-नारी ऐसे तड़पने लगे जैसे जल के बिना मछलियाँ तड़पती हैं। मंत्री का आना सुनकर रनिवास व्याकुल हो गया। महल सुनसान शमशान की भांति हो गया। बहुत दु:खी मन से रानियाँ पूंछती हैं पर सुमंत्र कोई उत्तर नहीं देते हैं। सुमंत्र को उदास देखकर दासियाँ उन्हें कौशल्या जी के महल में लिवा ले गयीं।

सुमंत्र ने वहाँ राजा को ऐसे देखा जैंसे बिना अमृत का चंद्रमा हो। वो धरती पर अस्त व्यस्त पड़े थे। मंत्री ने उन्हें दण्डवत प्रणाम किया। सुनते ही वे व्याकुल होकर उठे और बोले कहो सुमंत्र राम कहाँ हैं? राजा ने सुमंत्र को हृदय से लगा लिया फिर पास बैठा लिया। कहो सुमंत्र राम लक्ष्मण जानकी कहाँ हैं? लौटा लाये हो या वे वन को चले गये। यह सुनकर मंत्री की आंखों से अश्रु बहने लगे। राजा ने कहा उनका संदेशा सुनाओ। हे सखा! राम लक्ष्मण जानकी जहाँ है वहाँ मुझे ले चलो अन्यथा अब मेरे प्राण चलना ही चाहते हैं। तुरंत तुम उपाय करो मुझे उन्हें दिखा दो।

मंत्री ने उन्हें बहुत प्रकार से समझा कर धीरज बंधाया। कुसमय जानकर शांत रहने को कहा। फिर उन्होंने राम की यात्रा के विषय में विस्तार से बताया और संदेशा कहा कि उन्होंने कहा था कि पिता से कहना मैं वन में सकुशल हूँ और अवधि पूरी करके लौट आऊँगा। गुरु वशिष्ठ से कहना कि वे पिता जी को उपदेश दें कि वे मेरा सोच न करें। सभी से कहना कि वो वही करें

जिससे मेरे माता पिता कुशल रहें। वही मेरा इस समय परम हितैषी होगा जो इनका कुशल विचारेगा। हे तात! भरत के आने पर उससे कहना कि राजा का पद पाकर नीति न छोड़ना। मन क्रम वचन से प्रजा का पालन करना और सब माताओं को समान जानकर उनकी सेवा करना। लखन ने कुछ कठिन वचन कहे थे लेकिन राम ने उन्हें न बताने के लिये आदेश दिया है। इतना कह कर मंत्री दुःख से विव्हल हो गया।

सुमंत्र के वचन सुनकर राजा धरती पर गिर पड़े। उनके हृदय में भयानक जलन होने लगी। सब रानियाँ विलाप करने लगीं महल में रोने का शोर सुनकर नगर में कोहराम मच गया। राजा के प्राण कण्ठ में आ गये। इंद्रियाँ शिथिल हो गयीं। कौशल्या जी ने मन में जान लिया कि अब सूर्य कुल का सूर्य अस्त होने के कगार पर है। वे धीरज धर के बोलीं- हे नाथ! समय का विचार कीजिये। अयोध्या के आप कर्णधार हैं आप धीरज धरियेगा तो सब पार हो जायेंगे अन्यथा सब डूब जायेंगे। धीरज रखेंगे तो राम सीता और लक्ष्मण पुनः मिलेंगे।

उनके वचन सुनकर राजा ने आँखें खोलीं धीरज रख कर उठ बैठे और बोले हे सुमंत्र! राम कहाँ हैं? लक्ष्मण कहा है? कहाँ है जानकी मेरी प्यारी बहू? वे विलाप करने लगे। वह भयावह रात जैसे और बड़ी हो गयी। तब राजा का उस अंधे तपस्वी (श्रवण कुमार के पिता) के शाप की याद आयी उन्होंने कौशल्या को सारी कथा सुनाई कि एक बार वो वन में शिकार के लिये गये थे तभी उन्होंने जल के निकट कुछ आवाज सुनी तो उन्होंने शब्द बाण मारा। वह शब्द बाण श्रवण कुमार को लगा जो अपने अंधे माता पिता के लिये पानी लेने आया था। राजा उसके निकट गये उससे क्षमा मांगी और पानी का पात्र लेकर उसे माता-पिता को दिया। श्रवण कुमार की मृत्यु का समाचार सुनकर माता पिता बहुत विकल हो गये तब पिता ने उसी जल को हाथ में लेकर राजा दशरथ को श्राप दिया कि जिस तरह मैं पुत्र वियोग में प्राण त्याग रहा हूँ उसी तरह तुम भी पुत्र वियोग में प्राण त्यागोगे। उसके बाद वो दोनों मृत्यु को प्राप्त हो गये।

राजा बोले श्री राम के बिना यह शरीर रख कर मैं क्या करूँगा। हा राम! हा लक्ष्मण! हा जानकी! का विलाप करने लगे। और अंत में राम, राम, राम राम राम राम कह कर उन्होंने प्राण त्याग दिये। सब रानियाँ विलाप करने लगीं। रोते-रोते धरती पर गिर पड़ीं। दास दासी नगर के नर-नारी सब विलाप करने लगे घर-घर में रुदन होने लगा। सब कैकेयी को गालियाँ दे रहे हैं। इस

प्रकार विलाप करते रात बीत गयी।

प्रातः सब बड़े बड़े ग्यानी मुनि आ गये। तब गुरु वशिष्ठ ने ज्ञान की बातें कहकर सबका शोक दूर किया। नाव में तेल भरकर राजा के शरीर को सुरक्षित रखवा दिया और दूतों से कहा कि तुम लोग जल्दी से जाओ और भरत को बुला लाओ, उनसे जाकर बस इतना कहना कि गुरु ने आप को बुलाया है। राजा की मृत्यु की बात किसी से न कहना। वे उत्तम वेग वाले घोड़ों पर चल दिये।

जबसे अयोध्या में अनर्थ प्रारंभ हुआ तभी से भरत को अपशगुन होने लगे थे। बुरे बुरे सपने आने लगे थे। वे ब्राह्मण भोजन दान आदि करते रहे। महादेव से परिवार की कुशलता हेतु प्रार्थना करते थे।

इसी समय दूत आ पहुँचे उन्होंने गुरु की आज्ञा बताई सुनकर भरत जी चल पड़े हवा की चाल के घोड़े पहाड़ नदी लांघते हुये अयोध्या के निकट पहुँच गये। फिर अपशगुन होने लगे। नगर के लोग मिलते हैं मगर कुछ नहीं कहते चुपके से वंदन करके चले जाते हैं। यह देख भरतजी पर विषाद छा गया किसी से पूंछ भी नहीं सकते।

भरत आगमन के लिये कैकेयी हर्षित थीं। आरती का थाल सजाकर प्रतीक्षा में थीं। उनके आते ही वह दौड़ीं और दरवाजे पर से ही भरत और शत्रुघ्न को महल में ले आयीं। वह बहुत हर्षित दिख रही थीं। पुत्र को शोक में देख कर पूँछती हैं कि कहो ननिहाल में सब कुशल तो है? भरत ने कुशल कह सुनायी और अपने कुल की कुशल पूंछी कहो पिता जी कहाँ है? मेरी सब मातायें कहाँ हैं? सीता जी और प्यारे भाई राम लक्ष्मण कहाँ हैं? यह सुनकर नेत्रों में कपट का जल भर कर कैकेयी बोलीं। तात मैंने सारी बात बना ली थी। मंथरा मेरी सहायक हुई। पर विधाता ने बीच में थोड़ा सा काम बिगाड़ दिया। राजा देवलोक सिधार गये। यह सुनकर भरत विकल हो गये, हा तात! कहकर जमीन पर गिर पड़े। बोले हे तात! मैं आपको जाते समय देख भी न पाया और आप भी मुझे राम को सौंपे बिना चले गये। हे माता! पिता की मृत्यु का कारण तो बताओ?

कैकेयी ने पूरा वृतांत सुनाया। राम के वनगमन की बात सुनकर वो पिता का मरण भूल गये और सारे अनर्थ का कारण स्वयं को विचारकर मौन होकर संतप्त हो गये। उनकी बोलती बंद हो गयी।

कैकेयी ने भरत को समझाया राजा का शोक न करें वे सब पुण्य और यश भोगकर गये हैं। उनका शोक मत करो और समाज सहित राज्य करो। यह

सुनकर उन्होंने कहा तूने सभी तरह से कुल का नाश कर दिया इस समय संसार भर में मेरे जैसा पापी कौन होगा जिसके कारण राम लक्ष्मण सीता वन को चले गये और पिता स्वर्ग सिधार गये। इस प्रकार माता को बहुत बुरा भला कहा। और कहा कि मुंह में स्याही पोतकर मेरी आँखों से दूर हो जाओ। मुझे विधाता ने तेरी कोख से जन्म क्यों दिया?

माता की कुटिलता देखकर शत्रुघ्न क्रोध से जल रहे थे उसी समय मंथरा सजी-धजी सामने आ गयी। शत्रुघ्न ने उसके कूबड़ पर लात मारी। वो गिर पड़ी। फिर चोटी पकड़कर घसीटने लगे। भरत ने दया करके उसे छुड़ाया, कहा- जब विधाता ही बाम हो गया तो किसी को क्या दोष दें। फिर वे कौशल्या जी के पास गये। माता कौशल्या भरत को गले लगाने के लिये दौड़ीं मगर चक्कर खाकर धरती पर गिर पड़ीं। भरत बोले कैकेयी जगत में क्यूँ जन्मी और जन्मी तो बांझ क्यूँ न हुई जिसने कुल के कलंक और द्रोही मुझ जैसे पुत्र को पैदा किया। मुझ जैसा अभागा कौन है माता जिसके कारण तेरी यह दशा हुई। मुझे धिक्कार है।

कौशल्या माता ने भरत को गोद में लेकर धीरज बंधाया- बोलीं काल और कर्म की गति जानकर ग्लानि मत करो। किसी को दोष मत दो। विधाता अभी न जाने और क्या दिखायेगा इसीलिये मुझे जीवित रखा है। राम खुशी खुशी वन को गये हैं उनको न हर्ष था न विषाद। साथ में सीता और लक्ष्मण भी चले गये। ये सब मेरी इन आंखों ने देखा है। फिर भी मैं जीवित हूँ। मुझसे तो राजा अच्छे रहे जो प्राण त्याग कर चले गये। माता ने भरत को वेद और पुराणों की सुंदर कथायें सुनाकर समझाया। भरत ने फिर बोलना शुरू किया, यदि इस काम में मेरा मत हो तो मुझे संसार के सब पाप लग जायें।

माता ने कहा कि तुम राम के प्यारे हो तुम्हारा कोई दोष नहीं है जो तुम्हें दोष देगा वो पाप का भागी होगा।

तब बामदेव और वशिष्ठ जी आये। मुनि वशिष्ठ ने समयानुकूल वचन कह कर भरत को उपदेश दिये। हे तात! धीरज रखो और पिता का अंतिम संस्कार करो। यह सुनकर भरत ने तैयारियाँ शुरू करने का आदेश दिया। वेदों में बतायी गयी विधि से राजा का देह स्नान करके परम विचित्र विमान बनाया गया। भरत ने माताओं के चरण पकड़कर प्रार्थना की और उन्हें सती होने से रोका। वे भी राम के दर्शन करने की अभिलाषा से मान गयीं। यह क्रिया करके दान पुण्य किये गये। फिर दशगात्र किया गया जो दस दिन बाद किया जाता है।

एक शुभ दिन शोध कर वशिष्ठ जी ने मंत्रियों और महाजनों को बुलवाया। सब राजसभा में जाकर बैठ गये। तब मुनि ने भरत और शत्रुघ्न को बुलवाया।

उनके आने पर मुनि ने पहले कैकेयी की कुटिल कथा कही फिर श्री राम की सराहना की फिर राजा दशरथ, सीता और लक्ष्मण के गुण गाये। वे बोले- हे भरत! भावी (होनहार) प्रबल होती है। हानि, लाभ, जीवन और मरण विधाता के हाथ में होता है। ऐसा विचार कर किसी को दोष मत दो। वचन रखने के लिये तुम्हारे पिता ने राम को बनवास दिया। राम ने पिता के वचन मान कर वन गमन किया अब तुम अपने पिता की आज्ञा का पालन करो और राज सम्हालो इसी में सबका हित है। फिर उन्होंने और माता कौशल्या ने उन्हें बहुत समझाया कि गुरु, पिता और माता की आज्ञा का पालन करना तुम्हारा परम धर्म है। राजा दशरथ बड़ भागी थे जिन्होंने राम, लक्ष्मण और भरत शत्रुघ्न जैसे पुत्र पाये और अपना कार्य करके परलोक सिधारे उनका शोक नहीं किया जाना चाहिये। तुम राजा का वचन सत्य करो इससे तुम्हें यश मिलेगा। तुम्हारे और रामचंद्र के प्रेम को सब जानते हैं इसलिये तुम्हें कोई दोष नहीं देगा।

भरत जी यह सब सुनकर धीरज धर कर उचित उत्तर देने लगे। जैसा मुझे आप सब ने आदेश दिया है मैं वैसा ही करूँगा।

आपकी बातों को मैं भली भांति समझ गया। मुझे वही करना चाहिये किंतु मेरे मन में संतोष नहीं होता। मैं जो उत्तर दूँ उसे आप क्षमा कीजियेगा। पिता स्वर्ग में हैं, राम लक्ष्मण और सीता जी वन में हैं मुझे आप राज करने के लिये कह रहे हैं इसमें अवश्य आपका ही कोई बड़ा काम बनने वाला है। मेरा कल्याण तो श्री राम जी की सेवा में ही था सो माता की कुटिलता ने छीन लिया। यह शोक समाज और राज्य श्री राम के बिना किसी गिनती में नहीं है। राजा को ध र्मशील होना चाहिये और मैं कुटिल कैकेयी का पुत्र, राम विमुख निर्लज्ज हूँ मुझ जैसे को राज देगें तो पृथ्वी रसातल में चली जायेगी। विधाता ने ही मुझे सब दिया है। अब आपका कहना भी उचित है। मुझे वही करना पड़ेगा। जो मेरे लिये परम हानि है उसी में सभी को बड़ा लाभ दिख रहा है। मुझे कोई दोष दे मुझे इसका सोच नहीं है दु:ख इसका है कि इस अनर्थ का कारण मैं बना। श्री सीताराम जी को छोड़कर कोई नहीं कहेगा कि इस कार्य में मेरी सहमति नहीं है। मेरा जन्म तो श्री राम को वनवास देने के लिये ही हुआ है। किसी का क्या दोष। फिर भी मैं सर को झुकाकर कहता हूँ कि श्री राम के दर्शन बिना मेरी जी की जलन

नहीं जायेगी। मन में एक ही निश्चय है कि मैं प्रातःकाल ही श्री राम जी के पास चल दूँगा। मुझे विश्वास है कि मुझ अपराधी को वो अवश्य क्षमा कर देंगे। आप पंच लोग भी आज्ञा दीजिये और आशीर्वाद दीजिये कि मेरी विनती सुनकर अपना दास जानकर श्री राम जी राजधानी में लौट आयें। वे अपना जानकर मुझे त्यागेंगे नहीं।

भरत जी के वचन सब को प्यारे लगे। राम वियोग में झुलसे हुये सभी लोग यह बात सुनते ही जाग उठे। मातायें, मंत्री, गुरु और नगरवासी सब उत्साहित हो गये। और भरत के प्रेम की सराहना करने लगे। सब कहने लगे हे भरत! वन को अवश्य चलना चाहिये। आपने अच्छी बात विचारी। भरत जी सभी को प्राणों से प्यारे लगने लगे सब घर को जाकर वन जाने की तैयारी करने लगे। घर में कोई नहीं रहना चाहता था। भरत जी ने अपने आज्ञाकारी सेवक बुलाकर उन्हें अयोध्या की विभिन्न व्यवस्थाओं के कार्य सौंप दिये और माता कौशल्या जी के पास आ गये। उन्होंने माताओं के लिये सुंदर पालकियाँ सजवायीं और सभी के लिये रथ हाथी घोड़े तैयार करवाये। मंत्रियों को बुलाकर कहा कि तिलक का सारा सामान ले चलो वन में ही गुरु वशिष्ठ श्री राम को राज्य देंगे। जल्दी चलो। सारी तैयारियाँ उनकी आज्ञानुसार कर ली गयीं।

दूसरे दिन सबसे पहले वशिष्ठ जी, अरुन्धती और अग्निहोत्र की समस्त सामग्री को रथ पर चढ़ाया। फिर ब्राह्मणों के समूह अनेकों सवारियों पर चले। नगर के सभी लोग चित्रकूट को चल पड़े। पालकियों पर रानियाँ चल दीं। अपने विश्वास पात्र सेवकों को नगर सौंपकर दोनों भाई चल पड़े। श्री राम वन में हैं, यह सोचकर भरत शत्रुघ्न पैदल चल पड़े। यह देखकर नगरवासी भी सवारियों से उतर कर पैदल चलने लगे। फिर माताओं ने भरत को समझाया कि आप सवारी पर चलें अन्यथा सब लोग पैदल चलेंगे। वो इस योग्य नहीं हैं। यह सुनकर माता की आज्ञा मानते हुये वे रथ पर सवार होकर चलने लगे।

पहले दिन तमसा नदी के किनारे और दूसरा दिन गोमती नदी के किनारे डेरा किया। भोग विलास छोड़कर, कोई फलाहार करता है कोई दूध पीता है कोई एक बार ही भोजन करता है। इस प्रकार सब नियम और व्रत कर रहे हैं। फिर सब वहाँ से चलकर श्रृंगबेरपुर आ पहुँचे।

निषाद राज गुह ने जब यह सुना तो सोचने लगा कि किस कारण से भरत वन को जा रहे हैं? अवश्य उनके मन में कोई कपट है अन्यथा चतुरंगी सेना क्यूँ साथ में है? श्री राम को वन में निसहाय जानकर उनको मारकर

निष्कंटक राज्य करने का विचार तो नहीं है? कैकेयी पुत्र के लिये यह सोचना कोई बड़ी बात नहीं है। यदि ऐसा है तो अब भरत को अपने जीवन से हाथ धोना पड़ेगा श्री राम को रण में जीतने वाला कोई नहीं है। ऐसा विचार कर निषाद ने अपने जाति वालों से कहा सावधान हो जाओ, नावों को डुबा दो, सभी घाट बांध दो और भरत के साथ युद्ध को तैयार हो जाओ। किसी भी हाल में उन्हें गंगा पार नहीं करने देना है।

युद्ध में मरण, गंगा जी का किनारा और श्री राम जी का कार्य, इससे बढ़कर मृत्यु क्या होगी? इस तरह सबका उत्साह बढ़ाकर श्री राम का स्मरण करके तरकश धनुषबाण सम्हालने लगा। सभी ने युद्ध करने का संकल्प ले लिया।

तभी एक छींक हुई। एक बूढ़े ने कहा कि यह शुभ शकुन है। हो सकता है भरत राम को मनाने जा रहे हों। तब निषाद ने सोचा बिना विचारे कुछ नहीं करना चाहिये। वह साथियों से बोला तुम लोग यहाँ तैयार रहो मैं देखकर आता हूँ फिर भरत का जैसा व्यवहार होगा वैसा आगे करेंगे। यह कहकर वो कंद मूल फल आदि भेंट लेकर भरत के पास गया।

वशिष्ट जी ने उसे देखकर भरत को कहा यह राम सखा निषाद राज है। निषाद भरत को दण्डवत करने लगा तो उसे भरत ने उठाकर हृदय से लगा लिया जैसे लक्ष्मण को लगाते हैं। मुनि ने उसे आशीर्वाद दिया। भरत जी ने निषाद राज की सब प्रकार से बड़ाई करते हुये कहा कि तुम्हारा जीवन धन्य हैं जो तुम्हें राम का प्रेम प्राप्त हुआ। निषाद बोला- श्री राम बड़े दयालु हैं उन्होंने मुझ जैसे नीच जात और सब प्रकार से तुच्छ को अपना मित्र कहा। फिर वे शत्रुघ्न से मिले।

सब ने गंगा जी के दर्शन किये स्नान आदि करके भरत ने कहा निषाद जी मुझे वह स्थान दिखाइये जहाँ श्री राम ने रात्रि विश्राम किया था। वह उन्हें अशोक के वृक्ष के नीचे उस स्थान के पास ले गया जहाँ सीताराम और लक्ष्मण रूके थे। भरत ने वहाँ दण्डवत प्रणाम किया वह साथरी (बिछौना) देखकर उनके आँखों में आँसू आ गये। सीता के गहनों के कुछ स्वर्ण कण वहाँ दिखे जिन्हें उठाकर उन्होंने माथे से लगाया और उनके भीषण दु:ख की कल्पना करके रो पड़े। निषाद राज ने अपने सभी सेवकों को इशारा कर दिया। सेवकों ने घरों में वृक्षों में नदी और तालाबों पर सबके ठहरने के लिये स्थान बना दिये।

प्रात:काल निषाद राज को आगे करके सब चल दिये। तीसरे पहर

उन्होंने प्रयागराज में प्रवेश किया। सब लोग स्नान करके ब्राह्मणों को दान आदि करके चले। गंगा जी ने उन्हें आकाशवाणी द्वारा आशीर्वाद दिया। फिर वे भरद्वाज मुनि के पास आये। दण्डवत प्रणाम किया तो मुनि ने उन्हें हृदय से लगा लिया। आशीर्वाद दिया। मुनि ने समझाया कि भरत तुम हृदय में ग्लानि मत करो। जो हुआ वह विधि का विधान था। श्री राम लक्ष्मण और जानकी का तुम पर अनन्य प्रेम है वे जाते समय रात्रि भर तुम्हारी सराहना करते रहे हैं। फिर मुनि ने उन्हें कंद मूल फल आदि दिये और ऋिद्धि सिद्धि को आज्ञा देकर उनके ठहरने का अति उत्तम इंतजाम किया। भोजन आदि की भी सभी व्यवस्था की गयी जो अद्वितीय थी।

सुबह प्रयाग राज में स्नान करके मुनि को सर नवाया और बहुत विनती की। उसके बाद रास्ते की पहचान करने वाले लोगों के साथ सब लोग चित्रकूट को चल दिये। बादल छाया किये हुये हैं, सुख देने वाली हवा चल रही है, भरत जी के जाते समय मार्ग ऐसा सुखदायक हो गया जैसा तो रामचंद्र जी को भी नहीं हुआ था। रास्ते में सभी उनका दर्शन करते जाते हैं। भरत जी के बढ़ते हुये प्रेम को देख कर देवताओं के मन में डर पैदा हुआ कि कहीं ये बना बनाया काम न बिगाड़ दें। श्री राम को वापस न ले जायें। उन्होंने गुरु ब्रहस्पति जी से कहा कि प्रभु कुछ उपाय कीजिये। जिससे भरत की राम से भेंट न होने पाये। इंद्र के वचन सुनकर गुरु मुस्कुराये हजार आँखों वाले इंद्र को अंधा और मूर्ख समझकर कहा– हे देवराज! माया के स्वामी श्री राम के सेवक के साथ कोई माया करता है तो वह उलट कर उसके ही ऊपर आ पड़ती है। इस समय कुचाल करने से हानि होगी। भरत जैसा राम भक्त कौन है। और राम जी अपने भक्तों के अपराधी को अपनी क्रोधाग्नि में जला देते हैं। ऐसा करने की बात मन में न लाइये। श्री राम सत्य प्रतिज्ञा वाले हैं और भरत उनके आज्ञाकारी हैं अतएव व्यर्थ मत डरो।

चलते–चलते भरत जी यमुना के निकट सब समाज के साथ आ गये। उस दिन यमुना के किनारे निवास किया निषाद राज के इशारे पर रातों रात अनेकों नौकायें आ गयीं सबेरे एक ही बार में सब लोग पार हो गये। स्नान करके सब लोग निषाद राज के साथ आगे चले। जहाँ–जहाँ राम जी ने निवास किया था सब स्थानों को प्रणाम करते हुये सभी आगे चलते हैं। मार्ग में रहने वाले स्त्री पुरूष भी सबके दर्शन पाकर धन्य हो रहे हैं। चलते चलते राम सखा निषाद राज ने कामदगिरि पर्वत दिखलाया जिसके निकट ही पयस्विनी नदी के तट पर सीता जी समेत दोनों भाई निवास कर रहे हैं। सब ने कामदगिरि

को प्रणाम किया और रामजी की जय जयकार की। सब समाज अत्यंत प्रसन्न हो गया मानो राम जी अयोध्या लौट चले हों। एक रात वहीं रूककर प्रातः आगे को चले।

इधर श्री राम रात के पिछले पहर जाग उठे। और सीता जी उन्हें अपना स्वप्न सुनाने लगीं कि ऐसा स्वप्न देखा जैसे भरत समाज सहित आये हैं और वो विरहाग्नि में संतप्त हैं। और सभी सासुओं को दूसरे रूप में देखा और सभी उदास और दुःखी दिखे।

श्री राम जी के नेत्रों में जल भर आया और लीला वश सोच में पड़ गये। बोले- लखन यह स्वप्न अच्छा नहीं है। कोई भीषण कुसमाचार सुनायेगा। स्नान आदि करके उन्होंने उत्तर दिशा की तरफ देखा वहाँ धूल छा रही थी। पशु पक्षी व्याकुल होकर प्रभु के आश्रम की तरफ आ रहे हैं। वे सोच में पड़ गये कि भरत के आने का क्या कारण हो सकता है? फिर एक ने आकर कहा कि उनके साथ चतुरंगिनी सेना भी है। यह सुनकर रामजी को अत्यंत सोच हुआ। इधर पिता के वचन और उधर भरत का संकोच, उनका चित्त कहीं ठहर ही नहीं पाया। फिर उन्होंने सोचा भरत मेरा आज्ञाकारी है।

लक्ष्मणजी ने राम को सोच में देखा तो कुछ विचार कर कहने लगे- हे स्वामी आपसे बिना पूंछे मैं कुछ कह रहा हूँ मेरी ढिठाई क्षमा कीजिये- यह समय ही ऐसा है इसलिये मेरा कहना ढिठाई नहीं होगा। हे नाथ! आप सहृदय हैं, सरल और शीलवान हैं और सभी को अपने जैसा ही जानते हैं। परंतु जो मूढ़ है, विषयी हैं वो प्रभुता पाकर अपने असली रूप को प्रकट कर देते हैं। भरत नीति परायण, साधु और चतुर हैं और उनका आपके चरणों में प्रेम है। वे भरत भी आज आपका सिंहासन पद और अधिकार पाकर धर्म की मर्यादा को मिटाकर चले हैं। वो भरत आज कुसमय जानकर आपको अकेला जानकर और असहाय जानकर अपने मन में बुरा विचार करके समाज और सेना बटोरकर अपने राज को निष्कंटक करने के लिये यहाँ आये हैं। यदि इनके मन में कुविचार न होता तो इतने सारे हाथी घोड़े और सेना क्यूँ लाते? वैसे भरत का भी क्या दोष सत्ता और राजपद पाकर सारा जगत पागल हो जाता है। चंद्रमा, इंद्र, सहस्रबाहु और त्रिशंकु आदि इसके उदाहरण हैं। भरत ने ठीक ही किया शत्रु और ऋण को कभी शेष नहीं रखना चाहिये। पर आज संग्राम में आप का क्रोधपूर्ण मुख देखकर यह बात भी उनकी समझ में आ जायेगी जो उन्होंने आपको असहाय जानकर आपका निरादर किया है।

वे वीर रस से भर गये। रामजी के चरणों की धूल को सर पर रख कर

बल पूर्वक बोले- मेरा कहना अनुचित न मानियेगा, भरत ने हमारे साथ कम छेड़छाड नहीं की है आखिर कब तक सहा जाये जब धनुष और बाण हमारे हाथ में हैं। मैं क्षत्रिय हूँ, रघुकुल में जन्मा हूँ और आपका सेवक हूँ। मुझे आज्ञा दीजिये आज मैं आपके सेवक होने का यश लूँ और आपके निरादर का फल दोनों भाइयों को संग्राम में रणसैय्या पर सुलाकर दूँ। अच्छा हुआ जो सारा समाज इकट्ठा हो गया। आज मैं सबके सामने पिछला क्रोध प्रकट करूँगा। आज उनको सेना समेत रण में पछाड़ूँगा। शंकर जी भी आकर उनकी सहायता करें तो मैं उन्हें नहीं छोड़ूँगा, आपकी सौगंध।

सब लोग सौगंध सुनकर घबरा गये तब लक्ष्मण जी के बाहुबल की प्रशंसा करते हुये आकाशवाणी हुई, हे तात! तुम्हारे प्रताप और प्रभाव को कौन जान सकता है परंतु कोई भी काम खूब सोच समझकर किया जाये तभी अच्छा माना जाता है। बिना बिचारे जल्दी में काम करके जो पछताते हैं वे विद्वान नहीं हैं। देववाणी सुनकर लक्ष्मण जी सकुचा गये। सीताजी और राम जी ने आदर के साथ लक्ष्मण को समझाया कि तुमने ठीक कहा राज्य का मद सबसे कठिन मद है लेकिन भरत जैसे उत्तम पुरूष तो ब्रह्मा की श्रृष्टि में नहीं हैं उन जैसा कोई न तो देखा गया है न सुना गया है। उन्हें अयोध्या तो क्या ब्रह्मा, विष्णु और महेश का पद पाकर भी मद नहीं होने का। इस प्रकार रामजी ने भरत के बहुत से गुण गाये। श्री राम का भरत के ऊपर प्रेम देखकर देवता भी प्रसन्न हो गये। यदि भरत जी का जन्म नहीं होता तो जगत में धर्म की धुरी को कौन धारण करता।

यहाँ भरत जी ने सारे समाज के साथ मंदाकिनी नदी में स्नान किया फिर सभी को साथ लेकर वहाँ को चले जहाँ रघुनाथ, सीता जी और लक्ष्मण के साथ ठहरे थे। भरत के मन में माता कैकेयी की करनी के कारण संकोच था मगर श्री राम के स्वभाव से वे आस्वस्त थे कि वे जरूर उन्हें अपना दास समझकर अपनायेंगे। वे चाहे अपनायें या त्याग दें उनकी पादुका ही मेरी शरण है। यह सोचकर वो जल्दी-जल्दी चलने लगते हैं।

वे आश्रम के समीप पहुँच गये। वहाँ के वन, पर्वत समूह और आलैकिकता को देखकर वे आनंदित हो गये। वहाँ बहुत से मुनियों के स्थान हैं, शांति, सुबुद्धि और पवित्रता का वहाँ डेरा है, वन के पशु, पक्षी, झरने, वृक्ष आदि की शोभा का वर्णन नहीं किया जा सकता। यह सब देखकर भरत परम आनंद को प्राप्त हो गये।

केवट ने ऊँचे चढ़कर भरत से कहा कि ये जो बड़े बड़े विशाल वृक्ष

दिखाई दे रहे हैं इन्हीं के बीच एक विशाल वृक्ष का पेड़ है जिसको देखकर मन मोहित हो जाता है। ये वृक्ष नदी के समीप है यहीं रामजी की पर्णकुटी है। और उसके सामने सुंदर वेदी है जहाँ मुनि लोग बैठकर हवन करते हैं एवं वहीं सत्संग भी करते हैं। प्रसन्नता पूर्वक चलते हुये एवं श्री राम के चरण चिन्ह देखकर भरत और शत्रुघ्न ऐसे प्रसन्न होते हैं जैसे श्री राम जी उन्हें मिल गये हों। उनकी यह दशा देखकर वन के पशु, पक्षी, वृक्ष आदि भी प्रेम मग्न हो गये। प्रेमवश होकर देवता फूल वर्षा कर रास्ता दिखाने लगे।

आश्रम में प्रवेश करते ही भरत जी का सभी दु:ख मिट गया मानो उन्हें अपने अभीष्ट की प्राप्ति हो गयी हो। भरत जी ने देखा लक्ष्मण जी प्रभु के सामने खड़े हैं और उनकी बातों का उत्तर दे रहे हैं। सर पर जटा, वल्कल वस्त्र, तरकस और कंधे पर धनुष हैं वेदी पर साधु और मुनिगण बैठे हैं। सीताजी और श्री राम जी बैठे हैं। भरत जी शत्रुघ्न और निषाद के साथ सब सुख दु:ख, हर्ष और विषाद सब भूल गये। रक्षा कीजिये हे नाथ! रक्षा कीजिये कहकर दण्डवत हो कर पृथ्वी पर गिर पड़े। लक्ष्मण जी का मुख श्री राम की ओर था पीठ भरत की ओर फिर भी उन्होंने पहचान लिया। वे प्रभु की सेवा में होने के कारण विवश थे। लक्ष्मण जी ने कहा हे रघुनाथ जी! भरत जी प्रणाम कर रहे हैं। यह सुनते ही श्री राम अधीर होकर दौड़े। धनुष कहीं गिरा, वस्त्र कहीं गिरे उन्होंने भरत को उठाकर हृदय से लगा लिया। इस मिलने की शुद्धता कौन बखान कर सकता है यह प्रेम देखकर तो पत्थर भी पिछल गये। फिर रामजी शत्रुघ्न से मिले फिर केवट राज निषाद से मिले। भरत जी लक्ष्मण जी से मिले। भरत शत्रुघ्न ने सब मुनियों को प्रणाम किया और आशीर्वाद लिया। दोनों भाई सीता के चरण कमलों की धूलि बार-बार माथे पर लगाने लगे। सीताजी ने सर पर हाथ फेरकर आशीर्वाद दिया। उनको बैठाया। सीताजी को हर प्रकार से अपने अनुकूल जानकर भरत जी चिंता रहित हो गये। उनका भय जाता रहा।

निषाद राज राम जी से विनती करने लगा- हे नाथ! वशिष्ट जी और सब मातायें, नगरवासी, सेवक और सेना एवं मंत्री भी आये हैं। गुरु का आगमन सुनकर श्री राम शत्रुघ्न को सीताजी के पास छोड़कर द्रुत गति से चल दिये। लक्ष्मण सहित गुरु के दर्शन करके दण्डवत प्रणाम किया उनका आशीर्वाद लिया। निषाद राज को भी गुरु ने आशीर्वाद दिया और लक्ष्मण से भी अधिक स्नेह किया। सब निषाद राज के भाग्य की सराहना करने लगे। सबसे पहले रामचंद्र जी माता कैकेयी से मिले और उन्हें विधि का विधान समझाकर

उन्हें सांत्वना दी। फिर सब माताओं से मिले। फिर समस्त समाज से प्रेमपूर्वक मिले। माता कौशल्या और गुरु से विनती की कि आश्रम में पधारिये। वशिष्ठ जी की आज्ञा पाकर सब लोग आश्रम को चल दिये। आश्रम में आते ही सीता जी गुरुवर वशिष्ठ के चरणों लगीं। आशीष पाया। गुरु पत्नी अरून्धती से मिलीं फिर सासों से मिलीं। उन्हें देखकर सासुयें दु:खी हो गयीं। सासुओं को दु:खी देखकर सीताजी भी दु:खी हो गई।

उसके बाद वशिष्ठ जी ने दशरथ जी के स्वर्ग गमन की बात सुनाई जिसे सुनकर रघुनाथ जी ने असहनीय दु:ख पाया और उनके अपने प्रति स्नेह को उनकी मृत्यु का कारण जानकर वो और अधिक व्याकुल हो गये। यह बात सुन सीता और सभी रानियाँ विलाप करने लगीं ऐसा लगने लगा जैसे राजा का स्वर्गवास आज ही हुआ हो। फिर वशिष्ठ जी ने सब को समझाया। फिर श्री राम ने गुरु की आज्ञा का पालन करते हुये स्नान किया और उनके द्वारा बताये नियमों एवं रीतियों से पिता की क्रिया की। फिर दो दिन बाद उन्होंने गुरु से विनती की– हे गुरुदेव! आप सब यहाँ हैं, पिता जी स्वर्ग में हैं, अयोध्या सूनी है और यहाँ वन में सब कष्ट सह रहे हैं अतएव आप सब को साथ लेकर अयोध्या लौट जाइये। गुरु ने कहा लोग दु:खी हैं दो दिन तुम्हारा दर्शन लाभ ले लें। यह सुनकर सारा समाज शोक में डूब गया।

तत्पश्चात सब ने स्नान करके वन का भ्रमण किया। कोल, भीलों ने उन्हें कंद मूल फल खिलाये और उनसे दाम भी नहीं लिये। कहने लगे आप सब वन में मेहमान हैं और आपके दर्शन से हमें हमारे जीवन का लाभ मिला है अतएव हमारी तुच्छ भेंट को स्वीकार करें।

भरत जी रात भर यही विचार करते हैं कि किस तरह रामजी का तिलक हो और वो अयोध्या लौटें। गुरु की आज्ञा से वे लौट सकते हैं मगर गुरु तो रामजी का रुख देखकर ही कुछ कहेंगे। माता कौशल्या के कहने से भी वे लौट सकते हैं, मगर वे भी क्या हठ करेंगीं? और मेरी तो बात ही कितनी है। विधाता प्रतिकूल हैं, समय भी विपरीत है। मैं कहूँगा तो घोर अनर्थ होगा। सोचते–सोचते रात बीत गयी।

सुबह स्नान के पश्चात उन्हें गुरु वशिष्ठ जी ने बुलवाया। वे आकर गुरु को प्रणाम करके बैठ गये। तभी ब्राह्मण, महाजन, मंत्री आदि सभी सभासद एकत्रित हो गये। गुरु बोले– श्री राम धर्म धुरंदर और स्वतंत्र भगवान हैं, सत्यप्रतिज्ञ और मर्यादा के रक्षक हैं। गुरु, पिता और माता की आज्ञा पालन करने वाले हैं। अतएव श्री राम की आज्ञा और आदेश का पालन करने में ही

सबकी भलाई है। यह समझकर अब तुम सब सयाने लोगों की जो सम्मति हो वही मिलकर करो। श्री राम का राज्याभिषेक सब के लिये कल्याणकारी है। अब वे अयोध्या किस प्रकार चलें इसे विचार कर कहो तो फिर वही उपाय किया जाये।

मुनि के सामने कौन बोले सब निरूत्तर हो गये। तब भरत ने सिर नवाकर कहा- आपका आशीष ही ऐसा है। आप ही हैं जो विधाता के विधान को भी रोक सकते हैं। आपने जो निश्चय कर लिया तो उसे कौन टाल सकता है। अब आप ही अगर उपाय पूँछते हैं तो यह तो मेरा दुर्भाग्य है। गुरु, भरत की वाणी सुनकर प्रेम मग्न हो गये। बोले- एक बात कहने में मुझे संकोच हो रहा है मगर बुद्धिमान लोग सर्वस्व अर्थात् सब कुछ जाता देखकर आधा छोड़ देते हैं जिससे आधे की तो रक्षा हो। अब तुम दोनों भाई वन को जाओ- लक्ष्मण राम और सीता को लौटा दिया जायेगा।

ये सुनकर दोनों भाई अत्यंत प्रसन्न हो गये जैसे उन्हें सब कुछ मिल गया हो। बाकी सभी लोग भी प्रसन्न हुये पर माताओं को दुःख-सुख समान ही थे। अर्थात् दो पुत्रों का वियोग तो रहेगा ही। यह समझकर वे रोने लगीं। भरत जी बोले- यदि आप सत्य कह रहे हैं तो अपने कहे अनुसार व्यवस्था कीजिये- मैं चौदह वर्ष तो क्या आजीवन वन में वास करूँगा इस से बढ़कर मुझे कुछ खुशी नहीं है। यह सुनकर सभी भरत की सराहना करने लगे।

फिर मुनि समाज सहित श्री राम के पास गये। और बोले- आप अंतर्यामी हैं आप वह उपाय बताइये जिससे पुरवासियों का माताओं का और भरत का हित हो। यह सुनकर श्री राम जी बोले- हे नाथ! उपाय तो आप ही के हाथ है। आपकी आज्ञा पालन करने में ही सब का हित है। सबसे पहले मुझे जो आज्ञा हो मैं सर पर रखकर करूँ फिर बाद में जिसको जो कहेंगे वह उसी समय आपकी सेवा में लग जायेगा।

मुनि बोले भरत के प्रेम से मेरी बुद्धि उसकी भक्ति के वश में हो गयी है मेरी समझ से तो जो भरत के हित में किया जायेगा वही शुभ होगा। अतः पहले भरत की विनती सुन लीजिये फिर उस पर विचार कीजिये। भरत जी पर गुरु का विशेष प्रेम देखकर श्री राम जी को बहुत प्रसन्नता हुई वे बोले- हे गुरु! मुझे आपकी सौगंध और पिता के चरणों की दुहाई है भरत जैसा भाई कोई हुआ ही नहीं। उस पर गुरु का ऐसा स्नेह है उससे बढ़कर बढ़भागी कौन होगा। तब मुनि भरत जी से बोले हे- तात अब तुम अपने प्यारे भाई से अपने हृदय की बात कहो।

गुरु तथा स्वामी दोनों को पूर्णतः अपने अनुकूल जानकर और सारा बोझ अपने ही सर पर आया देखकर भरत जी सोच में पड़ गये। भाव विभोर होकर बोले– जो मुझे कहना था गुरु ने कह दिया इससे अधिक मैं क्या कहूँ। मुझ पर आपकी विशेष कृपा है खेल में भी कभी आपकी खीझ नहीं देखी, आपने मेरा मन कभी नहीं तोड़ा। मैंने भी कभी आपके सामने मुँह नहीं खोला। परंतु विधाता ने और कुटिल माता ने बीच में अंतर डाल दिया। फिर माता को भी दोष क्यूँ दूँ मेरा ही अभाग्य है सब। मैं इस पवित्र स्थान पर खड़े होकर कहता हूँ– माताओं का दुःख, पिता का मरण, प्रजा का दुःख इन सबका मूल कारण मैं ही हूँ। यह देखकर भी मैं जीवित हूँ कि मेरे कारण राम लक्ष्मण और सीता बिना पनहीं के वन में भटक रहे हैं। यह सुनकर सब शोक मग्न हो गये, तब वशिष्ठ जी ने अनेकों कथायें कह कर सबका समाधान किया।

श्री राम चंद्र जी बोले– तात! तुम मन में ग्लानि मत करो तीनों लोकों में जितने भी पुण्यात्मा पुरूष हैं तुम उन सबसे ऊँचे हो। माता कैकेयी को भी जो दोष देगा वो अज्ञानी है। तुम्हारा नाम स्मरण करते ही सब पाप अज्ञान और अमंगल नष्ट हो जायेंगे। परलोक में सुख प्राप्त होगा। मैं तुम्हें अच्छी तरह जानता हूँ। मेरे मन में बड़ी दुविधा है। सत्य और वचन को पालने के लिये पिता ने मुझे त्यागा, अपना शरीर छोड़ दिया, उनके वचन को मानते हुये मन में सोच होता है। तुम्हारा संकोच भी है। फिर गुरु ने आज्ञा दी है। अतएव अब तुम जो कहो मैं वहीं करूँगा। तुम प्रसन्न मन से संकोच छोड़कर जो कुछ कहो मैं आज वहीं करूँगा। यह सुनकर सारा समाज सुखी हो गया। ऊपर देवता भयभीत हो गये और मन ही मन रामजी की शरण में आ गये। सोचने लगे अब देवताओं का काम (राक्षसों का वध) भरत जी के हाथों में है। वे भरत जी का स्मरण करने लगे। तब गुरु वृहस्पति जी बोले– भरत का स्मरण समस्त मंगलों का मूल है अब सोच विचार छोड़ दो।

अब सारा बोझ अपने सर जानकर भरत जी अनेकों प्रकार से विचार करने लगे। उन्होंने सोचा श्री राम जी की आज्ञा में ही अपना कल्याण है। यह क्या कम है कि उन्होंने अपना प्रण छोड़कर मेरा प्रण रक्खा। उनका यह अपार स्नेह मुझ पर है। श्री जानकी जी की अपार कृपा मुझ पर है।

वे दोनों हाथ जोड़कर प्रेम से बोले– आप सबको मुझ पर प्रसन्न देखकर मेरे मन की ग्लानि मिट गयी है मैं व्यर्थ ही डर गया था। मेरे मन में क्षोभ था। आपकी छाया पाकर समस्त चिंता मिट गयी। गुरु और स्वामी दोनों का स्नेह देखकर मेरा क्षोभ मिट गया। मेरा हित इसी में है कि मैं सेवक हूँ स्वामी

की सेवा करूँ। आपके लौटने में सबका स्वार्थ है और आपकी आज्ञा का पालन करने में करोड़ों तरह से कल्याण है यही स्वार्थ और परमार्थ का सार है। हे देव! आप मेरी विनती सुनिये फिर आप जो उचित हो वही कीजिये। राजतिलक की सारी सामग्री सजाकर लायी गयी है। यदि आपका मन माने तो उसका उपयोग कीजिये। छोटे भाई शत्रुघ्न और मुझे वन भेज दीजिये और आप अयोध्या लौटकर सबको सनाथ कीजिये। यदि आप अयोध्या जाने को तैयार न हों तो हे नाथ! लक्ष्मण और शत्रुघ्न को अयोध्या लौटा दीजिये में आपके साथ वन चलूँगा। अथवा हम तीनों भाई वन को चले जायें और आप सीता सहित अयोध्या लौट जायें। हे प्रभु जिस प्रकार आप प्रसन्न हों वही कीजिये। हे प्रभु! आपने सब भार मुझ पर रख दिया सो दुःखी मन से और स्वार्थवश मैंने ये बातें कहीं हैं। दुःखी मनुष्य के चित्त में विवेक नहीं रहता। अतः अब मैं यही कहता हूँ कि जिससे आपके मन को संकोच न हो वही उपाय बताइये उसी में सबका कल्याण है। यही एक मात्र उपाय है। प्रसन्न मन से संकोच छोड़कर प्रभु जिसे जो आज्ञा देंगे वही सब सर पर धारण करके पालन करेंगे। सब उपद्रव और उलझनें मिट जायेंगी।

भरत के वचन सुनकर सभी प्रसन्न हो गये। श्री राम जी चुप ही रह गये। सारी सभा सोच में पड़ गयी।

उसी समय जनक जी के दूत आये। गुरु वशिष्ठ ने जनक जी की कुशल क्षेम उनसे पूँछी तो वो कहने लगे, कुशल क्षेम तो श्री दशरथ जी के साथ ही चली गयी। सारा संसार विशेष रूप से अवध और मिथिला (जनकपुर) तो अनाथ हो गया। इससे विदेह कहे जाने वाले जनक भी शोक वश हो गये। राजा जनक को रानी की कुचाल का पता चला तो उन्होंने सब से सलाह की किंतु कोई बात नहीं बनी फिर उन्होंने चार गुप्तचर अयोध्या भेजे और भरत के सद्भाव या दुर्भाव जाने। दूतों ने आकर बताया कि भरत चित्रकूट राम को मनाने के लिये निकल पडे हैं। यह सुनकर बड़े दुःखी मन से अच्छा सा दुघड़िया मूहुर्त देखकर, भरत की सराहना करते हुये धीरज धरकर देश को रक्षकों के हवाले करके चल पड़े। साथ में हाथी, घोड़े और बहुत सी सवारियाँ सजवायीं। रास्ते में कहीं विश्राम नहीं किया। आज ही सबेरे प्रयाग राज में स्नान करके यमुना जी उतरने लगे तो हमें खबर लेने को भेजा।

वशिष्ठ जी ने कुछ भीलों को साथ देकर दूतों को विदा किया। जनक जी का आगमन सुनकर सारा समाज हर्षित हो गया। रामजी विशेष सोच में पड़ गये। कुटिल कैकेयी भी मन ही मन ग्लानि और पश्चाताप से गली जा

रहीं थीं। देवराज इंद्र जनक के आगमन से सोच में पड़ गये। समाज इसलिये प्रसन्न था कि अब कुछ दिन और यहाँ रूकने मिलेगा।

दूसरे दिन जनक को आते देख श्री राम चंद्र जी सभा सहित आदरपूर्वक उठकर खड़े हो गये। आगे-आगे वे एवं पीछे भाई मंत्री गुरु और पुरवासी चले। जनक जी ने उन्हें देखकर रथ त्याग दिया और पैदल चलने लगे। प्रेम में मग्न वे दोनों मिले। फिर गुरु और ऋषियों की जनक जी ने चरण वंदना की। फिर रामजी सबके समेत उन्हें आश्रम को लिवा चले।

वशिष्ठ जी ने उन्हें अधीर देखकर कहा- हे राजन! आप धैर्य धारण कीजिये और उन्हें बहुत प्रकार से समझाया। जनक जी के गुरु शतानंद जी ने और मुनि विश्वामित्र ने भी विवेक युक्त उपदेशों और पुरानी कथायें कहकर सबको समझाया। फिर बहुत आग्रह करने पर सबने कंद मूल, फल आदि का आहार किया। वन में सीता राम और लक्ष्मण के साथ रहना देवलोक में रहने जैसा सुखदायक है कोई अपने घर जाना नहीं चाहता था।

जनक जी का रनिवास भी सीता और सभी माताओं से मिला। सब भाव विभोर होकर मिले। सुमित्रा जी और कौशल्या जी ने समझाया कि सब विधाता के अधीन है किसी का कोई दोष नहीं है। कौशल्या बोलीं, राजा के मरण का दु:ख तो स्वार्थवश है, राम लक्ष्मण और सीता वन को जायें इसका परिणाम तो अच्छा ही होगा मुझे तो भरत की चिंता है। मैं राम की सौगंध खाकर कहती हूँ कि भरत के शील गुण नम्रता बड़प्पन, भाईपन, भक्ति और अच्छेपन का वर्णन तो सरस्वती जी भी नहीं कर सकतीं। मैं भरत को सदा कुलदीपक जानती हूँ महाराज ने भी यही कहा था। हे रानी! लक्ष्मण की जगह भरत को वन भेज दिया जाये यदि यह राय राजा के मन में जम जाये तो ठीक होगा, मुझे भरत का अत्यधिक सोच है। अब तो ईश्वर ही सहायक है या जनक जी सहायक हैं।

कौशल्या जी के वचन सुनकर जनक जी की प्रिय पत्नी सुनयना ने उनके पैर पकड़ लिये और कहा- सदा सहायक तो महादेव जी और पार्वती जी हैं। श्री राम वन में देवताओं का कार्य करके अवधपुरी में अचल राज करेंगे। यह सब याज्ञवल्क्य जी ने पहले से लिख रक्खा है। मुनि का कथन झूठा नहीं हो सकता।

राजा जनक जी और सुनयना जी सीता से बड़े प्रेम से मिले और सुंदर सीख और आशीष दी। वे सीता जी के शील और स्वभाव की सराहना करने लगे।

इसके बाद सब अपने अपने डेरों में विश्राम करने चले गये। जनक जी ने सुनयना जी से भरत के गुणों का अनेकों प्रकार से बखान किया और कहा भरत जैसा तो सिर्फ भरत ही है। भरत जी भूलकर भी श्री राम की आज्ञा नहीं टालेंगे अतः चिंता नहीं करनी चाहिये।

प्रातः श्री रघुनाथ जी गुरु वशिष्ठ के पास आये और चरणों की वंदना करके बोले- हे नाथ! भरत, मातायें और अवधपुर वासी सब शोक से व्याकुल हैं और वनवास से दुःखी हैं मिथिलापति जनक जी को भी यहाँ आकर कलेश सहते बहुत दिन हो गये हैं इसलिये हे नाथ! जो उचित हो वही कीजिये। आप ही के हाथ सभी का हित है। इतना कहकर वे संकोच में पड़ गये। ये देखकर गुरु बोले- हे राम! तुम्हारे बिना दोनों समाजों को संपूर्ण सुख भी नरक के समान हैं। तुम्हें छोड़कर जिन्हें घर अच्छा लगे समझ लो विधाता उसके विपरीत है। आपके बिना सब दुःखी हैं और आप से ही सब सुखी हैं। आपकी आज्ञा सर्वोपरि है। आप को सभी स्थिति मालूम है अतः आप आश्रम पधारिये। श्री राम उन्हें प्रणाम करके चले गये।

वशिष्ठ जी धीरज धरकर जनक जी के पास गये। उन्होंने श्री राम जी के वचन उन्हें सुनाये और कहा- हे महाराज! वही कीजिये जिसमें सबका धर्म सहित हित हो। आप ही इस समय इस दुविधा को दूर कर सकते हैं। यह सुनकर जनक जी प्रेम मग्न होकर सोचने लगे मैंने यहाँ आकर अच्छा नहीं किया। राजा दशरथ ने अपनी प्रिया के वचन को रखा, राम को वनवास दिया और स्वतः शरीर छोड़ गये। अब हम राम को और सघन वन को भेजकर अपने विवेक की बड़ाई में आनंदित हो रहे हैं। उनके वियोग में प्राण नहीं त्याग रहे हैं।

वे धीरज धरकर भरत जी के पास गये। भरत जी के पास पहुँचकर जनक जी बोले- हे तात! भरत तुम को राम जी का स्वभाव मालूम है, वे संकोच में हैं इसलिये अब तुम जो आज्ञा दो वही उनसे कहा जाये। भरत जी पुलकित होकर बोले- हे गुरु! आप तो माता-पिता से भी बढ़कर हैं। विश्वामित्र आदि मुनियों का समाज भी उपस्थित है। अतएव मुझे अपना बच्चा जानकर और आज्ञाकारी समझकर शिक्षा दीजिये। आप लोगों की उपस्थिति में बोलना या मौन रहना दोनों उचित नहीं है। मुझे क्षमा कीजिये और श्री राम जी का रुख देखकर उनके धर्म और सत्य वृत को रखते हुये जिसमें सबका हित हो वही कीजिये।

यह सुनकर सब लोग सोच में पड़ गये- देवताओं ने कुलगुरु वशिष्ठ

को प्रेम मग्न देखा और भरत को रामभक्ति से ओतप्रोत देखा तो वे घबरा गये। देवराज इंद्र बोले कि सब देवता मिलकर कुछ प्रपंच करो। देवताओं ने सरस्वती का आवाहन किया और भरत की मति फेरने का आग्रह किया। इस पर सरस्वती बोलीं यह असंभव है भरत के आगे तो ब्रह्मा, विष्णु और महेश की शक्तियाँ भी कुछ नहीं कर सकतीं। यह कह कर सरस्वती जी ब्रह्मलोक को चली गयीं। फिर देवताओं ने सलाह करके बुरा षड़यंत्र रचा। प्रबल मायाजाल रचकर भय, भ्रम, अप्रीति और उच्चाटन फैला दिया।

इधर राजा जनक जी मुनि वशिष्ठ के साथ श्री रघुनाथ जी के पास गये। राम जी ने सबका सम्मान किया तब वशिष्ठ जी समयानुकूल वचन बोले- पहले जनक जी और भरत का संवाद सुनाया फिर बोले- हे राम! मेरा मत तो यह है कि तुम जैसी आज्ञा दो वैसा सब करें। श्री राम चंद्र जी दोनों हाथ जोड़कर मृदुल वचन बोले- आपके और जनक जी के होते मेरा कुछ कहना सब प्रकार से भद्दा होगा। आपकी और महाराज की जो आज्ञा होगी मैं शपथ खाकर कहता हूँ वह सबको शिरोधार्य होगी।

शपथ सुनकर सब संकोच में पड़ गये और भरत जी का मुँह ताकने लगे। तब भरत जी अत्यंत धीरज धर के विवेकशील वाणी बोले- आज मेरे इस अनुचित व्यवहार को क्षमा कीजियेगा। मैं छोटे से मुँह से कठोर वचन कह रहा हूँ। उन्होंने सरस्वती का आवाहन किया और वो उनकी जिव्हा पर आकर बैठ गयीं। फिर सीता रामजी का स्मरण करके बोले- हे प्रभु! आप माता-पिता, मित्र, गुरु, स्वामी, हितैषी और अंतर्यामी हैं, सरल हैं और शरणागत की रक्षा करने वाले हैं। आप जैसे तो आप ही हैं और मैं, मैं ही हूँ, स्वामी द्रोही। मैं ही पिता के वचनों का उल्लंघन करके समाज को लेकर यहाँ आया हूँ। मैंने आपकी आज्ञा भी मेट दी परंतु आपने उसे मेरी सेवा ही मान लिया। मेरे दोष भी गुण के समान गिने जाने लगे। आपकी बड़ाई तो जगत प्रसिद्ध है। आपके जैसा और कौन है। मैंने स्वार्थवश वैसी ही वाणी बोलकर ढिठाई की है। आप मुझे क्षमा करेंगे। मेरा तो सब कुछ स्वामी की सेवा करना ही है। और आज्ञा पालन से बड़ा दूसरा धर्म नहीं है। वे श्री राम के चरणों में गिर पड़े। श्री राम ने उन्हें उठाकर अपने पास बिठा लिया। सब श्री भरत जी की राम भक्ति की सराहना करने लगे।

इधर देवताओं के उच्चाटन के फलस्वरूप किसी का मन स्थिर नहीं है। क्षण में उन्हें वन और क्षण में घर अच्छे लगने लगते हैं। प्रजा की ऐसी दशा देखकर प्रभु मुस्काये (भरत जी, जनक जी, मुनिजन साधु संतों पर इस माया

का कोई असर नहीं था) सबको भरत की भक्ति ने कील दिया। सब राम जी की ओर देख रहे हैं।

भरत एवं सकल समाज की दशा देखकर श्री राम चंद्र जी अमृत के समान वाणी में बोले- भरत मन वचन और कर्म से तुम्हारे समान निर्मल तुम्हीं हो, तुम धर्मधुरी धारण करने वाले लोक और वेद दोनों को जानने वाले हो। सूर्यकुल की रीति, सत्य प्रतिज्ञ पिता जी की कीर्ति और प्रीति, समाज और गुरुजनों की मर्यादा जानते हो। सबके मन की बात जानते हो तुम्हें सब कर्तव्य और अपने तथा मेरे परम हितकारी धर्म का पता है। मुझे तुम पर भरोसा है। हे तात! पिता जी के बाद हमारी बात केवल गुरु वंश ने ही सम्हाल रक्खी है नहीं तो हम सब बर्बाद हो जाते। पर मुनि महाराज ने हमें बचा लिया। राज्य का सब कार्य पालन रक्षण धर्म, धन आदि सब गुरु जी की कृपा ही घर में और वन में समाज सहित हमारी और तुम्हारी रक्षक है। माता, पिता गुरु और स्वामी की आज्ञा सर्वोपरि है। अतएव तुम वही करो और मुझसे भी वही करवाओ तथा सूर्यकुल के रक्षक बनो। साधक के लिये आज्ञा पालन करना ही समस्त कल्याणकारी है। इसे विचार कर भारी संकट सहकर भी प्रजा और परिवार को सुखी करो। हे भाई! मेरी विपत्ति तो सभी ने बांट ली है लेकिन तुमको तो अकेले यह चौदह वर्ष की अवधि तक बड़ी कठिनाई है। कुअवसर पर श्रेष्ठ भाई ही सहायक होते हैं। सेवक हाथ पैर और नेत्रों के समान होना चाहिये और स्वामी मुख के समान।

भरत जी को परम संतोष हुआ। बोले- मुझे आपका साथ मिल गया और मैंने जीवन लाभ भी पा लिया अब जैसी आज्ञा हो मैं उसी को सर पर धारण करूँ। परंतु आप मुझे कोई ऐसा सहारा दीजिये जिसके बल पर मैं यह अवधि काट सकूँ। हे देव! मैं आपके राज्याभिषेक के लिये सब तीर्थों का जल लेता आया हूँ उसके लिये क्या आज्ञा है? एक बात और मैं संकोच वश कह नहीं पाया आपकी आज्ञा हो तो कहूँ। श्री राम ने कहा- हे भाई! कहो। तब भरत जी बोले- आज्ञा हो तो मैं चित्रकूट के सभी पावन स्थान देख आऊँ विशेषकर जहाँ आपके चरण चिन्ह अंकित हैं वह भूमि देख आऊँ। रघुनाथ जी बोले अवश्य, अत्री जी की आज्ञा ले लो और निर्भय होकर वन में घूमो। और अत्रि जी जहाँ आज्ञा दें वहीं वो तीर्थों का जल छोड़ देना। भरत और राम के इस प्रेम को देखकर सभी आनंदित हो गये।

वन में अत्री जी ने भरत से कहा- इस पर्वत के समीप ही एक कुआ है इस पवित्र जल को उसी में स्थापित कर दीजिये। भरत जी शत्रुघ्न अत्रि

मुनि और सभी साधु संतों सहित वहाँ गये जहाँ अथाह कुआ था। अत्रि मुनि ने बड़े प्रेम से बताया- हे तात! यह अनादि सिद्ध स्थल है। कालक्रम में यह लोप हो गया था। इसलिये किसी को पता नहीं था। तब भरत जी ने वह जल उस कुए में छोड़ दिया। अब से इसे भरत कूप के नाम से जाना जायेगा। तीर्थों के जल से यह अत्यंत पवित्र हो गया है। इसमें प्रेम पूर्वक स्नान करने से प्राणी मन वचन और कर्म से निर्मल हो जायेंगे।

फिर सब लोग वहाँ आ गये जहाँ रघुनाथ जी थे। दूसरे दिन फिर सब वन में विचरने निकल गये। भरत जी ने इस प्रकार पाँच दिन में सब तीर्थ स्थानों के दर्शन कर लिये। छठवें दिन स्नान ध्यान करके भरत जी, राजा जनक जी ब्राह्मण और सारा समाज श्री राम के पास आ जुटा। आज सबको विदा करने का दिन है यह सोचकर श्री राम जी सकुचा रहे हैं। श्री राम ने गुरु वशिष्ठ, जनक जी और समस्त सभा की तरफ देखा और फिर सकुचा कर धरती को देखने लगे। सुजान भरत जी, राम जी का रुख देखकर प्रेम पूर्वक उठे। दण्डवत की और हाथ जोड़कर कहने लगे। हे नाथ! आपने मेरी सभी रुचियाँ रक्खीं। मेरे कारण सबने दु:ख उठाया संताप सहे। अब मुझे आज्ञा दें मैं जाकर चौदह वर्ष की अवधि भर अवध का सेवन करूँ। और हे कृपालु! जिस उपाय से यह दास फिर आपके चरणों का दर्शन कर सके वही शिक्षा दीजिये आपके प्रेम में पुरवासी, कुटुम्बी और प्रजा सभी युक्त हैं आपके लिये भव दु:ख की ज्वाला में जलना भी अच्छा है और आपके बिना परमपद का लाभ भी व्यर्थ है। आप सबका पालन करेंगे और अन्त तक निबाहेंगे। भरत के ऐसे छल रहित वचन सुनकर श्री राम जी बोले- हे तात! तुम्हारी, मेरी और घर, परिवार और वन की सारी चिंता गुरु वशिष्ठ जी और महाराज जनक की है। हमारे सर पर जब गुरु जी, विश्वामित्र जी और जनक जी हैं तो तुम्हें स्वप्न में भी चिंता नहीं करनी चाहिये। अत: मेरा और तुम्हारा परमार्थ, पुरूषार्थ और परमधर्म इसी में है कि हम दोनों भाई पिता की आज्ञा का पालन करें। उनके व्रत की रक्षा में ही दोनों की भलाई है। गुरु पिता और माता की आज्ञा पालन करने से कुमार्ग पर चलने से भी पैर गडढे में नहीं पड़ता। यह सोचकर सब चिंता छोड़कर अवध जाकर अवधि भर उसका पालन करो। देश, खजाना, कुटुम्ब परिवार सबकी जिम्मेदारी तो गुरु के चरण रज पर है। तुम तो मुनि वशिष्ठ जी, माताओं की और मंत्रियों की शिक्षा मानकर तदनुसार पृथ्वी, प्रजा और राजधानी का पालन भर करते रहना।

श्री राम जी ने आगे कहा मुखिया को मुख की तरह होना चाहिये जो

खाने पीने को एक है मगर विवेक सहित सारे अंगों का पालन पोषण करता है। उन्होंने भरत को बहुत प्रकार से समझाया पर बिना कोई अवलंबन (सहारा) पाये भरत के मन में संतोष नहीं हुआ न ही शांति हुई। श्री राम ने अंत में बड़े संकोच के साथ अपनी पावड़ी (जूतियाँ) दे दीं जिन्हें भरत ने आदरपूर्वक सर पर धारण कर लिया। ये दो खड़ाऊँ जैसे प्रजा के लिये दो पहरेदार हैं।

राम नाम के दो अक्षर जैसे यह अवलंबन पाकर भरत जी आनंदित हो गये। जैसे राम और सीता उन्हें मिल गये हों। फिर वे रामजी से विदा माँगने लगे। श्री राम ने उन्हें हृदय से लगा लिया। मौका पाकर इंद्र ने फिर उच्चाटन कर दिया जो इस समय सबके लिये संजीवनी सिद्ध हुआ अन्यथा श्री राम, सीता और लक्ष्मण के वियोग से घबराकर सब लोग मर जाते। श्री राम जी ने सारी उलझने दूर कर दीं और भाई भरत को गले लगाकर प्रेमाश्रु बहाने लगे। यह देखकर ज्ञानी ध्यानी मुनिगण भी प्रेम मग्न हो गये। जनक जी और गुरु वशिष्ठ जी की बुद्धि की गति भी कुण्ठित हो गई। इस दिव्य प्रेम को कहना बड़ा ही कठिन है। फिर श्री राम ने शत्रुघ्न को हृदय से लगाया सभी समाज में बिछड़ने का दुःख व्याप्त हो गया। सभी लौटने की तैयारियाँ करने लगे। श्री राम की चरण वंदना करके, उनकी आज्ञा लेकर दोनों भाई चल पड़े। सबका बार-बार सम्मान करके लक्ष्मण जी और सीताजी से भेंटकर उनका आशीर्वाद लेकर चल दिये। राम और लक्ष्मण ने भी सर झुकाकर सबका सम्मान किया और सबको विदा किया। अपनी सास सुनयना जी के चरण छुये, अशीर्वाद लेकर लौट आये। माता कैकेयी के चरणों की वंदना करके प्रभु श्री राम चंद्र जी ने निश्छल और पवित्र प्रेम के साथ उनसे मिल भेंटकर तथा उनके सारे संकोचों को मिटाकर पालकी में बिठाकर विदा किया। सीताजी भी अपने नैहर के कुटुम्बियों से तथा माता पिता से मिलकर लौट आयीं। फिर सब सासुओं को गले लगाकर मिलीं। और उनके आशीर्वाद और शिक्षा ली। फिर सवारियाँ सजाकर सभी ने वहाँ से प्रस्थान किया।

श्री राम जी सीता एवं लक्ष्मण सहित पर्णकुटी लौट आये और आकर निषादराज को विदा किया। फिर सभी कोल किरात भील आदि वनवासियों को लौटाया। सभी भारी मन से लौट गये। पर्णकुटी में श्री राम भरत के स्वभाव का ही वर्णन करते रहे। भरत जी समाज सहित पहले यमुना जी पार उतरे, दूसरा मुकाम गंगा जी उतरकर श्रृंगबेरपुर में हुआ, वहाँ निषादराज ने सब प्रबंध किया। फिर गोमती में स्नान किया और चौथे दिन अयोध्या पहुँच

गये। जनक जी चार दिन अयोध्या रूककर फिर सारी व्यवस्थायें देखकर मिथिला चले गये।

अयोध्या में सब लोग श्री राम चंद्र के दर्शनों के लिये नियम व्रत करने लगे। भरत जी ने मंत्रियों और विश्वासी सेवकों को बुलाकर सब काम काज सौंप दिया और शत्रुघ्न को सब माताओं की सेवा सौंपी। ब्राह्मणों और प्रजा को संतुष्ट करके वे छोटे भाई शत्रुघ्न समेत गुरु जी के घर आये और दण्डवत करके हाथ जोड़कर बोले- आज्ञा हो तो मैं नियमपूर्वक रहूँ। गुरु वशिष्ठ प्रेम पूर्वक बोले- तुम जो कहोगे या करोगे वही जगत में धर्म का सार होगा।

भरत जी ने ज्योतिषयों को बुलाया और अच्छा मुहुर्त साधकर प्रभु की चरण पादुकाओं को निर्विघ्नतापूर्वक विराजित कराया। फिर रामजी की माता कौशल्या और गुरु जी के चरणों में सर नवाकर और प्रभु की पादुकाओं से आज्ञा लेकर भरत ने नंदीग्राम में पर्णकुटी बनाकर निवास किया। सर पर जटाजूट, बल्कल वस्त्र धारण किये पृथ्वी को खोदकर उसमें कुश की आसनी बिछायी। सभी बातों में वे ऋषियों के कठिन धर्म का प्रेम सहित आचरण करने लगे। जिस अयोध्या के राज को देवराज इंद्र भी सिहाते थे और जहाँ राजा दशरथ की संपत्ति देखकर कुबेर भी लजाते थे, उसी अयोध्या में भरत जी अनासक्त होकर निवास कर रहे हैं। रामचंद्र जी के प्रेम के आगे वे वैभव की तरफ ताकते भी नहीं हैं।

भरत की समझ, रहनी, करनी, भक्ति वैराग्य निर्मल गुणों का वर्णन तो स्वयं शेष, सरस्वती और गणेश जी भी नहीं कर सकते फिर किसी और की बात ही क्या। वे नित्य पादुका का पूजन करते और उन्हीं की आज्ञा से सब कार्य करते। इसीलिये भरत का चरित्र आनंद और मंगल करने वाला है। उनका स्मरण कलयुग के कठिन पापों और कलेशों को हटाने वाला है। और मोह को दूर करने वाला है।

एक बार श्री राम ने अपने हाथों से सुंदर-सुंदर फूल चुने और उनके गहने बनाये। एक सुंदर सी स्फटिक की सिला पर बैठकर वे गहने सीता जी को पहनाये। उसी समय देवराज इंद्र का पुत्र जयंत कौए का रूप धरकर वहाँ आया। वह राम राजा के बल की परीक्षा करना चाहता था। वह सीता जी के पैरों में चोंच मारकर भागा। जब सीताजी के पैरों से रक्त बहने लगा तब श्री राम जी ने जाना। श्री राम ने धनुष पर सरकण्डे (सींक) के बाण का संधान किया। वह मंत्र से प्रेरित बाण जयंत के पीछे दौड़ा। तब वह अपना असली

रूप धर के पिता देवराज इंद्र के पास पहुँचा। इंद्र ने उसे राम का विरोधी जानकर उसको नहीं रक्खा। तब वह डरते-डरते ब्रह्म लोक, शिवलोक आदि में भागता फिरा। किसी ने उसे बैठने तक को नहीं कहा। जो श्री राम से विमुख होता है उसके लिये सारा संसार अग्नि से भी अधिक जलाने वाला हो जाता है। नारद मुनि ने जब व्याकुल जयंत को देखा तो उन्होंने दया करके उसे श्री राम के पास भेज दिया।

जयंत ने श्री राम के पास जाकर पुकारा- हे शरणागत का भला करने वाले मेरी रक्षा कीजिये। उसने श्री राम के पैर पकड़ लिये। हे दयालु मेरी रक्षा कीजिये, मैं आपके बल के प्रभाव को नहीं जान पाया, उसका फल मैंने पा लिया है, मैं आपकी शरण में आया हूँ, मेरी रक्षा कीजिये। तब दयालु और शरणागत वत्सल भगवान ने उसकी दु:ख भरी वाणी सुनकर उसे एक आँख से काना करके छोड़ दिया। यद्यपि उसका अपराध तो वध करने लायक था किंतु शरणागत वत्सल भगवान ने उसे नहीं मारा।

इस प्रकार चित्रकूट में बसकर प्रभु ने नाना प्रकार के चरित्र किये। कुछ दिनों बाद श्री राम ने मन में विचार किया कि यहाँ मुझे सब लोग जान गये हैं इससे यहाँ भीड़ हो जायेगी। इसलिये वे लक्ष्मण और सीता को लेकर मुनियों से विदा माँगकर चले और अत्रिजी के आश्रम पहुँच गये। मुनि को दण्डवत प्रणाम किया तो मुनि ने उन्हें उठाकर हृदय से लगा लिया। दोनों भाइयों से मिलकर वे गद्गद हो गये। मुनि ने मूल और फल दिये। जिसे उन्होंने प्रेम से स्वीकारा। प्रभु आसन पर विराजमान हैं। मुनि सामने बैठे उन्हें एक टक देख रहे हैं फिर मुनि ने स्तुति शुरू की और अंत में प्रार्थना की कि मेरी बुद्धि आपके चरण कमलों को कभी न छोड़े। फिर सीता जी ने अत्रि जी की पत्नि अनुसुइया जी के पैर पड़े अनुसुइया जी ने उन्हें आशीर्वाद देकर अपने पास बिठा लिया। उन्हें दिव्य वस्त्र और आभूषण पहनाये। फिर ऋषि पत्नि उनके बहाने से स्त्रियों के कुछ धर्म कहने लगीं। हे राज कुमारी- सुनिये- माता पिता भाई ये सभी हित करने वाले हैं परंतु यह एक सीमा तक ही सुख देने वाले हैं। पर हे जानकी पति तो असीम सुख देने वाला है। वह स्त्री पापी है जो ऐसे पति की सेवा नहीं करती। धैर्य, धर्म, मित्र और स्त्री इन चारों की परीक्षा विपत्ति के समय ही होती है। वृद्ध, रोगी, मूर्ख निर्धन, अंधा, बहरा, क्रोधी या अत्यंत दीन पति का भी अपमान करने से स्त्री भांति-भांति के दु:ख पाती है। तन, वचन और कर्म से पति के चरणों में प्रेम करना ही एक मात्र धर्म, व्रत और नियम है।

अनुसुइया जी ने चार प्रकार की पतिव्रताओं का वर्णन किया। उत्तम श्रेणी की पतिव्रता के मन में ऐसा भाव रहता है कि संसार में मेरे पति को छोड़कर दूसरा पुरूष स्वप्न में भी नहीं है। मध्यम श्रेणी की पतिव्रता परपुरूष को भाई और पिता या पुत्र के रूप में देखती है जो धर्म को विचार कर, अपने कुल की मर्यादा को ध्यान में रख कर बची रहती है, वह निकृष्ठ श्रेणी की है। ऐसा वेदों में कहा गया है। और जो मौका न मिलने से भयवश पतिव्रता बनी रहती है वह भी अधर्म स्त्री है। पति को धोखा देकर पराये पुरूष के साथ रति करती है वह तो सौ कल्प तक रौरव नरक में पड़ी रहती है। जो स्त्री छल छोड़कर पतिव्रत धर्म ग्रहण करती है वह बिना परिश्रम परम गति को प्राप्त होती है। किंतु जो पति के प्रतिकूल चलती है वह अगले जन्म में अल्प आयु में विधवा हो जाती है। स्त्री जन्म से ही अपवित्र होती है किंतु पति की सेवा करके वह शुभगति प्राप्त कर लेती है।

हे सीता! सुनो तुम्हारा तो नाम ही लेकर स्त्रियाँ पतिव्रत धर्म का पालन करेंगी। तुम्हें तो श्री राम प्राणों के समान प्रिय हैं। यह बातें तो मैंने संसार के हित के लिये कही हैं। सुनकर जानकी जी ने बहुत सुख पाया।

श्री राम ने मुनि से कहा कि आज्ञा हो तो दूसरे वन जाऊँ। आप मुझ पर निरंतर कृपा बनाये रखियेगा अपना सेवक जानकर स्नेह न छोड़ियेगा। तब मुनि बोले- आप दीनबंधु भगवान हैं जो ऐसे वचन बोल रहे हैं। मैं कैसे कहूँ कि अब आप जाइये। वे प्रेम मग्न हैं और अपने भाग्य को सराह रहे हैं। फिर मुनि के चरणों में सर नवाकर श्री राम वन को चले।

आगे श्री राम हैं पीछे छोटे भाई लक्ष्मण हैं और बीच में सीता जी ऐसे लग रही हैं जेसे ब्रह्म और जीव के बीच माया सुशोभित हो। जहाँ-जहाँ राम जाते हैं वहाँ बादल छाया कर देते हैं। रास्ते में विराध राक्षस मिला तो सामने आते ही श्री राम ने उसे मार डाला। प्रभु के हाथ मरते ही उसने दिव्य रूप धारण कर लिया। दु:खी देखकर श्री राम ने उसे अपने परम धाम को भेज दिया। तत्पश्चात वे लक्ष्मण और सीता सहित मुनि शरभंग जी के पास पहुँचे। मुनि ने कहा- हे प्रभु सुनिये मैं ब्रह्मलोक को जा रहा था। आपका आगमन वन में होना है यह सुनकर तब से आपकी राह देख रहा हूँ। अब आपको देखकर मेरी छाती शीतल हो गयी। आपने मुझ पर दीन जानकर कृपा की है। आपका तो यह स्वभाव ही है। अब आप तब तक यहाँ ठहरियेगा जब तक मैं शरीर छोड़कर आपके धाम में न मिलूँ। मुनि ने अपने समस्त जप तप योग यज्ञ आदि को प्रभु को समर्पित करके बदले में भक्ति का वरदान ले लिया। फिर चिता

बनाकर वे आसक्ति छोड़कर उस पर जा बेठे। हे श्री राम! आप लक्ष्मण और सीता सहित निरंतर मेरे हृदय में निवास कीजिये। ऐसा कह शरभंग जी ने योगाग्नि से अपने शरीर को जला डाला। वे भगवान में लीन इसलिये नहीं हुये क्यूँकि उन्होंने भेद भक्ति का वरदान ले लिया था। समस्त ऋषिगण शरभंग जी की यह दुलर्भ गति देखकर हृदय में सुखी हो गये। वे राम जी की स्तुति करके उनकी जय जयकार कर रहे हैं।

भगवान वन में आगे चले बहुत से मुनि उनके साथ हो लिये। रास्ते में हड्डियों का ढेर दिखाई पड़ा। श्री राम ने मुनियों से पूँछा तो उन्होंने कहा- आप तो अंतर्यामी हैं सब जानते हैं फिर भी पूँछ रहे हैं? राक्षसों के दलों ने मुनियों को खा डाला है ये उन्हीं की हड्डियों का ढेर है। यह सुनकर प्रभु की आँखों में आँसू आ गये। फिर उन्होंने भुजा उठाकर प्रण किया कि मैं पृथ्वी को राक्षसों से विहीन कर दूँगा। फिर समस्त मुनियों के आश्रम जा जाकर सबको दर्शन दिये।

मुनि अगस्त जी के सुतीक्ष्ण नाम के एक ज्ञानी शिष्य थे, वे भगवान के परम भक्त थे। उन्होंने ज्यों ही प्रभु का आगमन सुना वे दौड़ पड़े। मन में तरह-तरह के विचार भी दौड़ रहे थे। वे मुझसे मिलेंगे कि नहीं? क्या मैं इस योग्य हूँ। नहीं हूँ। परंतु भगवान दया के भंडार हैं जिसे किसी दूसरे का सहारा नहीं वो उन्हीं को प्रेम करते हैं। आज उन्हें देखकर मेरे नेत्र सफल होंगे। वे भाव विभोर हो चुके थे। उन्हें दिशा, रास्ता आदि कुछ नहीं सूझ रहा था। मैं कौन हूँ कहाँ जा रहा हूँ इसका भी ज्ञान नहीं था। वे घूम-घूम कर प्रभु का गुणगान कर के नाच रहे थे।

श्री राम जी वृक्ष की आड़ से सब देख रहे थे। मुनि का अत्यंत प्रेम देखकर श्री राम उनके हृदय में प्रकट हो गये। दर्शन पाकर वो बीच रास्ते में बैत गये। तब राम जी उनके पास आये। उनकी यह दशा देखकर बहुत प्रसन्न हुये। उन्होंने बहुत तरह से मुनि को जगाया पर वे नहीं उठे। तब भगवान ने अपना यह रूप छुपाकर अपना चतुर्भुज रूप उनके हृदय में प्रकट किया। अपने इष्ट देव के अंतर्ध्यान होते ही मुनि व्याकुल होकर उठे। सामने सीता, राम और लक्ष्मण को देखा। वे प्रेम मग्न होकर लाठी की तरह उनके चरणों पर गिर पड़े। श्री राम ने उन्हें उठा लिया और प्रेम सहित हृदय से लगा लिया। फिर मुनि प्रभु को लेकर आश्रम आये। और उनकी बहुत तरह से पूजा की।

श्री राम जी प्रसन्न होकर बोले- हे मुनि! मुझे अत्यंत प्रसन्न जानकर जो वर माँगोगे मैं वही तुम्हें दूँगा। मुनि सुतीक्ष्ण ने कहा- मैंने तो कभी कोई वर

माँगा नहीं है क्या सत्य है, क्या झूठ है मुझे इसकी भी समझ नहीं है। मैं क्या माँगू या क्या नहीं माँगू यह भी नही समझता। अतएव जो आप को अच्छा लगे वही वर दीजिये। श्री रामचंद्र जी ने कहा– हे मुनि! तुम प्रगाढ़ भक्ति, वैराग्य विज्ञान और समस्त गुणों के निधान हो जाओ।

मुनि बोले– आपने जो वरदान दिया है वह मैंने पा लिया। अब मुझे जो अच्छा लगता है वह दीजिये। हे प्रभु! श्री राम जी, आप छोटे भाई लक्ष्मण और सीता जी सहित धनुषवाण धारण किये हुये मेरे हृदय में स्थिर होकर निवास कीजिये। भगवान ने 'एवमस्तु' (ऐसा ही हो) कहा। और प्रसन्न मन से अगस्त ऋषि के पास चले। तब सुतीक्ष्ण बोले– मुझे भी गुरु के दर्शन पाये बहुत दिन हो गये हैं मैं भी आपके साथ गुरु के पास चलता हूँ। श्री राम जी ने उनकी चतुरता देखकर उन्हें भी साथ ले लिया।

वे सब अगस्त मुनि के आश्रम पहुँचे। सुतीक्ष्ण गुरु जी के पास जाकर दण्डवत करके बोले– हे गुरु, अयोध्या के राजा दशरथ के कुमार–जगदीश श्री रामचंद्र जी छोटे भाई लक्ष्मण और सीता जी सहित आपसे मिलने आये हैं जिनको आप दिन रात जपते हैं। सुनकर मुनि दौड़े। उन्हें देखकर उनकी आँखों में खुशी के आंसू आ गये दोनों भाई उनके चरणों पर गिर पड़े। मुनि ने उन्हें उठाकर हृदय से लगा लिया। मुनि ने आदरपूर्वक कुशल पूंछकर उन्हें आसन दिया और अपने भाग्य को सराहा। अन्य मुनिगण भी श्री राम के दर्शन करके आनंदित हुये। मुनियों के समूह के सम्मुख श्री राम बैठे हैं। तब श्री राम ने मुनि से कहा– आप से क्या छुपा है, मेरे आने का कारण आप जानते हैं। हे प्रभु! अब आप मुझे वही मार्गदर्शन दीजिये जिससे मैं मुनि द्रोही राक्षसों को मार सकूँ।

मुनि मुस्कुराकर बोले– आप ने क्या समझकर यह प्रश्न किया है। मैं तो आप ही के भजन के प्रताप से आपकी कुछ थोड़ी सी महिमा जानता हूँ। आप चर अचर सबके भीतर निवास करते हैं। काल भी सदा आपसे भयभीत रहता है। समस्त लोकों के स्वामी होकर भी आपने मनुष्य की तरह प्रश्न किया है। हे कृपा के धाम भगवान! मैं तो यह वर माँगता हूँ कि आप लक्ष्मण जी और सीता जी सहित मेरे हृदय में निवास कीजिये। मुझे प्रगाढ़ भक्ति, वैराग्य, सतसंग और आपके चरण कमलों में अटूट प्रेम प्राप्त हो।

आप अपने सेवकों को हमेशा बड़ाई दिया करते हैं इसीलिये आपने मुझसे पूँछा है तो हे प्रभु एक मनोहर और पवित्र स्थान है उसका नाम पंचवटी है। वह दण्डकवन में है। आप उसे पवित्र कीजिये। सब मुनियों पर दया करके आप वहीं निवास कीजिये।

श्री राम जी वहाँ से चलते हुये शीघ्र ही पंचवटी के निकट पहुँच गये। वहाँ उनकी गिद्धराज जटायु से भेंट हुई। उसके बाद वे गोदावरी नदी के पास पर्णकुटी बनाकर रहने लगे। जब से वे वहाँ आये तबसे सब मुनि निडर हो गये। पूरा वातावरण दिनों दिन अधिक सुहावना होने लगा।

एक दिन श्री राम सुखपूर्वक बैठे हुये थे तभी लक्ष्मण जी ने सरलता से वचन कहे- हे प्रभु! मैं आपको अपना स्वामी और प्रभु की तरह जानकर आपसे पूँछता हूँ कि हे देव! मुझे समझाकर वही कहिये जिससे मैं सब कुछ छोड़कर आप के चरणों की सेवा करूँ। फिर ज्ञान, वैराग्य और माया का वर्णन कीजिये और उस भक्ति को कहिये जिसके कारण आप दया करते हैं। ईश्वर और जीव का भेद भी समझाकर कहिये। जिससे आपके चरणों में मेरी प्रीत प्रगाढ़ हो और मेरे शोक, मोह और भ्रम दूर हो जायें।

श्री राम जी ने कहा- हे तात! मैं थोड़े में ही सब समझाता हूँ तुम चित्त से सुनो- मैं और मेरा, तू और तेरा ये सब माया है। उसके भी एक विद्या और दूसरी अविद्या इन दोनों भेदों को सुनो। एक अविद्या दुष्ट, (दोष युक्त) है और अत्यंत दु:ख स्वरूप है। जिसके वश होकर जीव संसार रूपी कुए में पड़ा है और एक विद्या जिसके वश में गुण हैं। वह जगत की रचना करती है। वह प्रभु से प्रेरित होती है उसका अपना बल कुछ भी नहीं। ज्ञान वह है जिसमें मान आदि एक भी दोष नहीं है और जो समान रूप से सबको ब्रह्म देखता है उसी को हे तात वैराग्यवान कहना चाहिये जो सारी सिद्धियों को और तीन गुणों को तिनके के समान त्याग चुका हो।

जो माया को, ईश्वर को और अपने स्वरूप को नहीं जानता उसे जीव कहते हैं और जो कर्मानुसार सबको बंधन और मोक्ष देने वाला सबसे परे और माया का प्रेरक है वह ईश्वर है। धर्म का आचरण करने से वैराग्य और योग से ज्ञान होता है। ज्ञान मोक्ष को देने वाला है। वेदों में भी ऐसा वर्णन मिलता है। और भाई, जिससे मैं शीघ्र ही प्रसन्न होता हूँ वह भक्ति है जो सभी भक्तों को सुख देने वाली है। मेरी वह भक्ति स्वतंत्र है उसको ज्ञान, विज्ञान आदि के सहारे की आवश्यकता नहीं है। बल्कि ज्ञान और विज्ञान तो उसके अधीन हैं। भक्ति अनोखी एवं सुख की मूल है। वह तभी मिलती है जब संतों की कृपा और अनुकूलता मिलती है। यह सुगम मार्ग है इससे जीव सुगमता एवं सहजता से ही मुझे पा जाते हैं। पहले तो ब्राह्मणों के चरणों में अत्यंत प्रीति हो और वेद में बतायी गयी रीति के अनुसार जीव अपने-अपने कर्मों में लगे रहें। इसके फलस्वरूप, विषयों से वैराग्य होगा, वैराग्य होने पर प्रेम उत्पन्न

होगा, तब श्रवण (सुनना) आदि नौ प्रकार की भक्तियाँ दृढ़ होंगी और मन में मेरी लीलाओं के प्रति अत्यंत प्रेम होगा। जिसका संतों के चरणों में अत्यंत प्रेम हो, मन वचन और कर्म से भजन का दृढ़ नियम हो और जो मुझे ही गुरु पिता, माता, भाई, पति और देवता सब कुछ जाने और मेरी सेवा में लगा रहे। मेरा गुणगान करते समय जो भाव विभोर हो जाये, वाणी गद्गद हो जाये और आँखों से प्रेम के आँसू बहने लगें और जिसमें काम, मद और दंभ न हों मैं सदा उसके वश में रहता हूँ। जिनको मन, क्रम, वचन से मेरी ही गति है और जो निष्काम भाव से मेरा भजन करते हैं। मैं उनके हृदय में विश्राम किया करता हूँ।

इस प्रकार की वार्तालाप करते हुये कुछ दिन बीत गये फिर एक दिन रावण की बहिन सुपर्णखा जो भयानक और दुष्ट थी, पंचवटी आ गयी और राम और लक्ष्मण को देखकर कामातुर हो गयी। उसने तुरंत सुंदर रूप धारण किया और मुस्करा कर श्री राम से बोली- तुम्हारे समान कोई पुरूष नहीं है और मेरे समान कोई नारी नहीं है यह जोड़ा विधाता ने सोच समझकर रचा है। मेरे योग्य वर तीनों लोकों में खोजने पर भी मुझे नहीं मिला इसलिये अभी तक कुँवारी हूँ। तुम को देखकर मेरा मन कुछ टिका है। तब प्रभु श्री राम ने सीता की तरफ देखकर कहा- कि यह कुमार मेरा छोटा भाई है। तब वह लक्ष्मण जी के पास पहुँची। लक्ष्मण जी उसे शत्रु की बहिन समझकर श्री राम की ओर देखकर बोले- हे सुंदरी! मैं तो उनका दास हूँ, पराधीन हूँ, वे कौशलपुर के राजा हैं वो जो करें सो उन्हें सब जचता है। वह लौटकर फिर रामजी के पास आयी और उसने अपना भयंकर रूप प्रकट किया। सीता जी भयभीत हो गयीं। यह देखकर श्री राम ने लक्ष्मण जी को इशारा दिया। लक्ष्मण ने बड़ी फुर्ती से उसके नाक-कान काट दिये। मानो रावण को चुनौती दे दी हो। उसका रूप नाक-कान कटने से और विकराल हो गया। शरीर से रक्त की धारा बह निकली। वह रोती हुई खर और दूषण के पास गयी और बोली- हे भाई! धिक्कार है तुम्हारे पौरूष को, तुम्हारी वीरता और बल को धिक्कार है। उनके पूँछने पर उसने सब बताया।

यह सुनकर उन्होंने राक्षसों की सेना तैयार की। सूर्पणखा को आगे कर के राक्षसों के झुंड असंख्य हथियार लिये आकाश में उड़ते हुये ललकार रहे हैं। तब श्री राम ने लक्ष्मण से कहा- कि तुम सीता को गुफा में ले जाओ और उसकी रक्षा करो। राक्षसों की सेना आ गयी है। और उन्होंने अपना धनुषबाण चढ़ा लिया। फिर राक्षसों ने श्री राम को चारों तरफ से घेर लिया। श्री राम को देखकर राक्षस

चकित रह गये। वे उन पर बाण नहीं छोड़ सके। मंत्री को बुलाकर खर-दूषण ने कहा यह राजकुमार तो कोई मनुष्यों का आभूषण है। उसने नाग, असुर, देवता, मनुष्य और मुनियों में अपने जनम भर में ऐसी सुंदरता नहीं देखी थी। इन्होंने हमारी बहिन को कुरूप कर दिया फिर भी ये वध के लायक नहीं हैं। उसने दूतों को भेजकर संदेशा दिया कि राजकुमार अपनी छिपाई हुई स्त्री को तुरंत हमें दे दो और दोनों भाई जीवित घर लौट जाओ। संदेशा सुनकर राम जी मुस्कुरा कर बोले- हम क्षत्रिय हैं शत्रु को देखकर डरते नहीं हैं। लड़ने पे आयें तो एक बार काल से भी लड़ सकते हैं। हम मनुष्य हैं पर दैत्यों का नाश और मुनियों की रक्षा करने वाले हैं यदि तुम में हिम्मत नहीं है तो घर लौट जाओ लड़ाई में पीठ दिखाने वालों को मैं नहीं मारता। दूतों ने सब बातें आकर खर-दूषण को बतायीं। तब वह राक्षसों के साथ दौड़ पड़ा। श्री राम ने धनुष का घोर टंकार किया जिससे राक्षस बहरे और व्याकुल हो गये। वे श्री राम पर अनेकों प्रकार के अस्त्र-शस्त्र छोड़ने लगे। जिनको श्री राम ने तिल के समान टुकड़े करके काट डाला। धनुष को कान तक तान-तानकर अपने तीर छोड़े। वीर राक्षस पीठ दिखाकर भागने लगे। तब खर, दूषण और तिशिरा तीनों भाई क्रुद्ध होकर बोले जो पीठ दिखाकर भागेगा हम उसे मार देंगे। राक्षस और आये। श्री राम के बाणों के प्रहार से राक्षस कटने लगे उनके कटे हुये अंग पृथ्वी पर गिरने लगे। राक्षस हाथी की तरह चिंघाडकर धरती पर गिरने लगे। सारा आकाश उड़ते हुये अंगों से भर गया। चील कौए एवं पशु-पक्षी मास खा रहे हैं और हड़्डियाँ नोंच रहे हैं। वे सब मिलकर एक साथ प्रभु पर बाण छोड़ते और प्रभु एक ही बाण से सब बाणों को काट देते। फिर रामजी ने सब राक्षस सेनापतियों के हृदय में दस-दस बाण मारे। भगदड़ मचने के बाद श्री राम ने एक कौतुक और किया जिससे शत्रुओं की सेना एक दूसरे को राम रूप में देखने लगी और आपस में युद्ध करके लड़ मरी। यही राम है, यही राम है कहकर लड़ते हुये उन्होंने शरीर छोड़े इसलिये वे सब मोक्ष को प्राप्त हुये। देवताओं ने रामजी की विजय पर हर्षित होकर फूल बरसाये। राक्षसों के वध से देवता, मुनि आदि के भय समाप्त हो गये।

खर-दूषण के वध के बाद सूपर्णखा रावण के पास जाकर उसको भड़काने लगी। तुम दिन-रात शराब पीकर पड़े रहते हो, शत्रु तुम्हारे सर पर खड़ा है तुमने देश की और खजाने की रक्षा की सुधि भुला दी है। शत्रु, रोग, अग्नि, स्वामी और सूर्य को कभी छोटा नहीं समझना चाहिये। वह रोने लगी। तेरे जीते जी मेरी यह दशा होनी चाहिये क्या? रावण ने सूपर्णखा को समझाकर पूँछा किसने तेरे

नाक-कान काट लिये? वह बोली- अयोध्या के राजा दशरथ के पुत्र जो शेरों के समान हैं लगता है वो पृथ्वी को राक्षसों से खाली कर देंगे। उनके दम पर मुनि वन में निडर होकर घूमने लगे हैं। दोनों भाइयों का बल अतुलनीय है वे शोभा के धाम है अत्यंत सुंदर हैं। उनके साथ एक सुंदर स्त्री है जो सौ करोड़ कामदेव की पत्नि रति से भी अधिक सुंदर है। राम उसका नाम है और उसी के छोटे भाई ने मेरी यह दशा की है। मुझे तेरी बहिन जानकर वे मेरी हँसी करने लगे। मेरी दशा देखकर खर, दूषण, त्रिशिरा भी सहायता के लिये आये मगर उसने पलभर में सारी सेना सहित तीनों को मार डाला।

यह सुनकर रावण क्रोध से जल उठा। उसने सूर्पणखा को बहुत समझाया और चिंतित होकर महल में गया। उसे रात भर नींद नहीं आयी। वह सोचने लगा कि देवता, मनुष्य, असुर, नाग और पक्षियों में कोई ऐसा नहीं है जो मेरे किसी भी सेवक को मार सके फिर खर-दूषण तो मेरे ही समान बलवान थे। उन्हें भगवान के सिवा कौन मार सकता है। यदि देवताओं के और पृथ्वी के भार हरने वाले भगवान ने ही अवतार लिया है तो मैं अवश्य हठ करके उनसे बैर करूँगा और प्रभु के बाण से अपने प्राण छोड़कर भवसागर से तर जाऊँगा। मेरे इस राक्षसी देह से भजन पूजन तो होगा नहीं अतएव अब यही मेरा मन, क्रम, वचन से दृढ़ निश्चय है। यदि वे मनुष्य कोई राजकुमार होंगे तो उन्हें जीतकर उनकी नारी को हर लूँगा। यह सोचकर वह रथ लेकर अकेला ही समुद्र तट की ओर चल दिया जहाँ मारीच रहता था।

यहाँ श्री राम भी आगे की युक्ति रच रहे थे जब लक्ष्मण जी कंद मूल, फल लेने के लिये गये हुये थे। तब उन्होंने अकेले में सीता जी से कहा- हे प्रिये! सुनो, मैं कुछ सुंदर नर लीला करना चाहता हूँ इसलिये जब तक मैं राक्षसों का नाश न कर दूँ तब तक तुम अग्नि में निवास करो। सब समझने के बाद सीता जी प्रभु के चरणों को हृदय में रखकर अग्नि में समा गयीं। सीताजी ने अपनी ही छाया वहाँ रख दी जो रूप, शील और स्वभाव में उनके जैसी ही थी। ये जो लीला रची गयी इस रहस्य को लक्ष्मण जी भी न जान सके।

उधर नीच रावण ने मारीच के पास पहुँचकर उसको सर झुकाया। तब मारीच ने उसकी पूजा करके पूँछा कि हे तात! आप किसलिये इतने व्यग्र हैं और अकेले यहाँ आये हैं? रावण ने अभिमानी वाणी में सब कथा सुनायी और कहा कि तुम कपट मृग बन जाओ जिससे मैं उस राजवधू को हर लाऊँ। तब मारीच बोला- हे दशानन! वे मनुष्य रूप में चराचर के स्वामी ईश्वर हैं। उनसे

बैर न कीजियेगा। जीवन और मरण भी उन्हीं के हाथ में है। ये वहीं हैं जो विश्वामित्र की रक्षा के लिये गये थे। उस समय उन्होंने एक बिना फल का बाण मुझे मारा था जिससे मैं पल भर में सौ योजन पार गिरा था। उनसे बैर करने में कोई भलाई नहीं है। तब से मैं यहाँ वहाँ दोनों भाईयों को देखता हूँ। यदि वे मनुष्य हैं तो भी बड़े शूरवीर हैं उनसे विरोध करके सफलता नहीं मिलनी। जिसने ताड़का और सुबाहु को मारा, शिवजी का धनुष तोड़ा, खर-दूषण और तिशिरा जैसे बलशालियों का वध कर डाला ऐसा शक्तिशाली क्या मनुष्य हो सकता है? अतः अपना भला सोचकर घर लौट जाइये।

इतना सुनकर रावण जल उठा- मारीच को बहुत सारी गालियाँ दीं और कहा- मूर्ख, गुरु की तरह मुझे ज्ञान न दे। सारे संसार में बता मेरे सामन योद्धा कौन है? तब मारीच ने सोचा कि शस्त्रधारी, मर्मी अर्थात भेद जानने वाले, समर्थ स्वामी, मूर्ख, धनवान, वैद्य, भाट, कवि और रसोइया- इन नौ व्यक्तियों से विरोध करना ठीक नहीं होता। उसके दोनों प्रकार से अपना मरण देखा तब श्री राम की शरण में ही अपना कल्याण समझा। रावण मुझे मार डाले इससे अच्छा है कि मैं राम के बाण से मरूँ। वह यह सोचकर रावण के साथ चल दिया। उसके मन में श्री राम के दर्शन प्राप्त करने का हर्ष था जिसे रावण से छिपा रक्खा था। वह मन ही मन सोचता जा रहा है कि आज श्री राम जी को देखूँगा। छोटे भाई लक्ष्मण और सीता जी को देखूँगा। वो धनुष बाण लिये मेरे पीछे दौड़ेंगे मैं मुड़-मुड़कर उन्हें देखूँगा फिर वो मेरा वध करेंगे। मेरे समान धन्य कोई दूसरा नहीं है।

जब वे पंचवटी के निकट पहुँचे तो मारीच ने कपट मृग (हिरन) का रूप धारण कर लिया। वह इतना विचित्र, इतना सुंदर था कि बखान करना मुश्किल है। सोने का शरीर मणियों से जड़कर बनाया था। सीता जी ने उस मनोहर मृग को देखा तो कहने लगीं- हे देव-रघुवीर! सुनिये- इस मृग की छाल बहुत सुंदर है इसको मारकर इसका चमड़ा ला दीजिये। रघुनाथ तो सब जानते ही थे देवताओं का कार्य सिद्ध करने के लिये हर्षित होकर कमर कसी धनुष बाण उठाया और लक्ष्मण से बोले- हे भाई! वन में बहुत राक्षस फिरते हैं तुम सावधान होकर बुद्धि एवं विवेक से सीता की रखवाली करना। वे मृग के पीछे भाग चले- वह माया से बना मृग कभी पास आता, कभी दूर चला जाता, कभी छुप जाता, कभी प्रकट हो जाता। ऐसा करते हुये वह श्री राम को बहुत दूर ले गया। फिर श्री राम ने निशाना तक कर बाण मारा। बाण लगते ही वह पृथ्वी पर गिर पड़ा। पहले लक्ष्मण का नाम लिया, हे लक्ष्मण! फिर

मन में श्री राम को याद करते हुये अपना असली रूप प्रकट कर दिया। प्रभु ने उसके अंदर के प्रेम को पहचाना और उसे वह गति दी जो मुनियों को भी दुलर्भ है। फिर वे तुरंत लौट पड़े।

इधर सीता जी ने जब 'हे लक्ष्मण' की आवाज सुनी तो वे डर गयीं और लक्ष्मण से बोलीं तुम शीघ्र जाओ तुम्हारे भाई संकट में हैं। लक्ष्मण जी ने हंसकर कहा- जिनके भौंह के इशारे मात्र से प्रलय हो जाता है वो भला संकट में कैसे पड़ सकते हैं? इस पर सीता जी ने कुछ चुभते हुये कटु वचन कहे और कुछ ईश्वर की प्रेरणा से लक्ष्मण जी का मन भी डोल गया। वे सीता जी को वन और दिशाओं को सौंपकर और एक रेखा खींचकर राम के पास चल दिये।

इधर रावण सूना देखकर तपस्वी का भेष बनाकर सीता के पास पहुँचा। वह इधर-उधर छुपता हुआ डरता हुआ चल रहा था। सच है जब पांव कुमार्ग पर चलते हैं तो बुद्धि विवेक और बल क्षीण हो जाते हैं। इतना बलशाली रावण भी भयभीत था। उसने अनेक प्रकार की कथायें रचकर सीता जी को राजनीति, भय और प्रेम दिखलाया इस पर सीताजी ने कहा- हे तपस्वी! सुनो- तुमने तो दुष्ट की तरह वचन कहे हैं। तब रावण अपने असली रूप में आ गया और अपना नाम बताया। नाम सुनकर सीता जी भयभीत हो गयीं। वे धीरज धरकर बोली- रे दुष्ट! ठहर जा प्रभु आते ही होंगे। सुनकर रावण को क्रोध आ गया। मन ही मन उसने सीता जी की चरण वंदना करके सुख पाया। फिर क्रोध में भरकर सीता जी को रथ पर बैठा लिया और उतावला होकर आकाश मार्ग से चला। डर के मारे उससे रथ हाँका नहीं जा रहा था। सीता जी हे राम! हे लक्ष्मण! पुकार कर विलाप करने लगीं। प्रभु तो मेरे हैं, मगर बहुत दूर हैं, हे लक्ष्मण! तुम्हारा कोई दोष नहीं। मैंने तुम पर क्रोध किया उसका फल पाया। वन के पशु-पक्षी भी सीता का रुदन सुनकर दुःखी हो गये।

गिद्धराज जटायु ने सीता की दुःख भरी वाणी सुनकर उन्हें पहचान लिया कि वे रामचंद्र जी की पत्नि हैं। उसने देखा कि नीच राक्षस उसे उठाकर ले जा रहा है। वह बोला- हे सीते 'पुत्री भय मत करो। मैं इस राक्षस का नाश कर दूँगा। वह क्रोध भरकर दौड़ा जैसे पहाड़ टूट पड़ा हो। हे दुष्ट! रुक जा तूने मुझे नहीं जाना। उसको मृत्यु की तरह देखकर रावण मन में विचार करने लगा कि यह या तो मैनाक पर्वत है या पक्षियों के स्वामी गरूण। समीप आने पर उसने पहचान लिया यह तो बूढ़ा जटायु है। यह मेरे हाथ से मरेगा। जटायु क्रोधित होकर दौड़ा और बोला- रावण मेरी सीख सुन ले

जानकी को छोड़कर सीधा अपने घर चला जा वरना श्री राम की क्रोधाग्नि में तेरा पूरा वंश पतंगे की तरह जलकर भस्म हो जायेगा। उसने रावण के बाल पकड़कर उसे रथ के नीचे उतार लिया, रावण पृथ्वी पर गिर पड़ा। गिद्ध सीता जी को एक तरफ बैठा कर फिर लौटा। 'चोंचों से मार-मारकर उसने रावण का शरीर छलनी कर दिया। रावण एक घड़ी के लिये मूर्छित हो गया। फिर खिसियाते हुये उसने अत्यंत भयानक कटार निकाली और जटायु के पंख काट डाले। वह राम की लीला का स्मरण करते हुये पृथ्वी पर गिर पड़ा। रावण सीता जी को रथ पर चढ़ाकर जल्दी से चला। सीता जी विलाप करती जा रहीं हैं।

पर्वत पर कुछ बंदरों को बैठे हुये देखा तो राम का नाम लेकर वस्त्र डाल दिया। रावण ने सीता को बहुत प्रकार से भय और प्रेम दिखलाया और जब हार गया तो सीता जी को अशोक के वृक्ष के नीचे रख दिया। सीता के हृदय में श्री राम की वही छवि रहती है जिस प्रकार वे मृग के पीछे गये थे।

इधर श्री राम ने लक्ष्मण जी को आते देखकर प्रकट रूप से बहुत चिंता व्यक्त की। कहा- कि मेरी आज्ञा का उल्लंघन करके तुमने सीता को अकेले छोड़ दिया? वन में राक्षसों के समूह घूमते रहते हैं। मुझे लगता है अब सीता आश्रम में नहीं है। लक्ष्मण उनके पैरों पर गिरकर बोले- इसमें मेरा कोई दोष नहीं है। दोनों आश्रम पहुँचे। आश्रम को सीता विहीन देखकर राम एक साधारण मनुष्य की तरह दु:खी हो गये। रोने लगे- हे मेरी गुणवान पवित्र सीते। लक्ष्मण ने उन्हें बहुत समझाया। तब श्री राम जी लता, पत्ता, वृक्षों, पशुओं, पक्षियों से पूँछते फिरे। विलाप करते हुये बोले- हे सीते! तुम कहाँ हो प्रकट क्यों नहीं होतीं? वे पूरन काम भगवान श्री राम मनुष्यों के चरित्र कर रहे हैं जैसे कोई विरही और कामी पुरूष करता है।

उन्होंने रास्ते में जटायु को पड़ा देखा वह श्री राम-श्री राम कह रहा था राम ने उसके सर पर हाथ फेरा। उनका दर्शन करते ही जटायु की सब पीड़ा जाती रही। वह धीरज रखकर बोला- हे भव भंजन! सुनिये- रावण ने मेरी यह दशा की है, वही दुष्ट जानकी जी को हर ले गया है। वह उनको लेकर दक्षिण दिशा की ओर गया है। वह बहुत विलाप कर रहीं थीं। मैं आपके दर्शन के लिये ही अपने प्राण रोके हुये था अब मैं चलना चाहता हूँ। राम ने कहा- हे तात! शरीर को बनाये रखिये। तब वह बोला- मरते समय जिसका नाम मुख में आ जाने से महान पापी भी मुक्त हो जाता है वही मेरे सामने खड़े हैं। अब मैं शरीर को किस के लिये रक्खूँ। श्री राम के नेत्रों में जल आ गया बोले-

आपने अपने कर्मों से ये गति पायी है। जिनके मन में दूसरों का हित समाया रहता है उनके लिये जगत में कुछ भी दुर्लभ नहीं है। हे तात! आप शरीर छोड़कर मेरे परमधाम जाइये। मैं आपको क्या दूँ आप तो सब कुछ पा चुके हैं। सुनिये- सीता हरण की बात स्वर्ग में मेरे पिता जी से न कहियेगा यदि मैं राम हूँ तो यह बात तो रावण अपने कुटुम्बियों सहित जाकर स्वयं कहेगा।

जटायु ने गिद्ध की देह त्यागकर हरि का रूप धारण कर लिया और बहुत से दिव्य वस्त्र और आभूषण और पीताम्बर पहन लिया। विशाल चार भुजायें, श्याम शरीर है। वह नेत्रों से प्रेम के आँसू बहाकर स्तुति करने लगा। उनके गुणों का अनेकों प्रकार से गान करने लगा। अंत में अखण्ड भक्ति का वर माँगकर परम धाम को चला गया। प्रभु ने अपने हाथ से उसका दाह कर्म आदि क्रियायें की। श्री राम की कृपा देखिये एक माँसाहारी अधम पक्षी को भी वह दुर्लभ गति दी जिसे योगी जन माँगते हैं। शिवजी पार्वती जी से कहते हैं वो लोग अभागे हैं जो भगवान को छोड़कर विषय भोग में रूचि रखते हैं।

फिर दोनों भाई सीता जी को खोजते हुये सघन वनों में निकल गये। मार्ग में उन्हें कबंध राक्षस मिला। प्रभु ने उसे मार डाला। उसने अपने शाप की बात प्रभु को बतायी जो दु:र्वासा ऋषि ने उसे दिया था। रामजी ने कहा- हे गंधर्व! सुनो- ब्राह्मण कुल से द्रोह करने वाला मुझे नहीं सुहाता। मन, क्रम और वचन से जो ब्राह्मणों की सेवा करता है वह मुझ समेत ब्रह्मा, शिव आदि देवता भी उसके वश में हो जाते हैं। ब्राह्मण हर हाल में पूज्यनीय है। शाप देता हुआ मारता हुआ, कटु और कठोर वचन कहता हुआ भी ब्राह्मण पूज्यनीय है। ऐसा संत कहते हैं। शील और गुण से हीन भी ब्राह्मण पूज्यनीय है और गुणों से युक्त ज्ञान में निपुण शूद्र पूज्यनीय नहीं है। ऐसा संत कहते हैं। श्री राम ने कबंध का अपने चरणों में प्रेम देखकर प्रसन्नता व्यक्त की। कबंध श्री राम को सर नवाकर अपनी गति अर्थात गंधर्व का स्वरूप पाकर आकाश में चला गया।

उसके बाद रामजी लक्ष्मण के साथ शबरी के आश्रम पधारे। शबरी, राम को अपने आश्रम में देखकर प्रसन्न हो गयी। शबरी चरणों से लिपट गयी। फिर उसने जल लेकर दोनों भाइयों के चरण धोये। उन्हें सुंदर आसन पर बैठाया। उसने अत्यंत रसीले और स्वादिष्ट कंदमूल और फल लाकर राम जी को दिये। प्रभु ने बार-बार प्रशंसा करके उन्हें प्रेम पूर्वक खाया। फिर शबरी हाथ जोड़कर खड़ी हो गई- बोली किस प्रकार आपकी स्तुति करूँ मैं नीच जात की, मूढ़ बुद्धि उस पर अधम स्त्री जाति हूँ। राम जी बोले- हे भामिनि

मैं तो केवल भक्ति ही का संबंध मानता हूँ। कोई भी व्यक्ति जिसमें भक्ति नहीं है वह कितना भी उच्च क्यूँ न हो बिना पानी के बादलों के समान है। मैं तुझसे अपनी नवधा भक्ति कहता हूँ। तू सावधान होकर सुन और अपने मन में धारण कर।

पहली भक्ति है संतों का सत्संग। दूसरी भक्ति है मेरे कथा प्रसंगों में प्रेम। तीसरी भक्ति है अभिमान रहित होकर गुरु के चरण कमलों की सेवा। और चौथीं भक्ति है कि कपट छोड़कर मेरे गुण समूह का गान करे। पाँचवी भक्ति- राम मंत्र का जाप और मुझ में पूर्ण विश्वास यह वेदों में प्रसिद्ध है। छठवीं भक्ति है- इन्द्रियों का निग्रह, (अच्छा शील, स्वभाव और चरित्र) बहुत कार्यों से वैराग्य और निरंतर संत पुरूषों के धर्म आचरण में लगे रहना। सातवीं भक्ति है जगत भर को राम मय देखना अर्थात मुझ में ओत-प्रोत देखना। आठवीं भक्ति है कुछ मिल जाये उसी में संतोष करना और स्वप्न में भी पराये दोष नहीं देखना। नवमीं भक्ति है सरलता और सबके साथ कपट रहित व्यवहार करना, हृदय में मेरा भरोसा रखना और किसी भी अवस्था में हर्ष और विषाद का न होना। इन नवों में से कोई एक भी जिनमें होती है वह स्त्री पुरुष, जड़ या चेतन कोई भी हो मुझे अत्यंत प्रिय है। फिर तुझमें तो सभी प्रकार की भक्ति दृढ़ है अत: जो गति योगियों को भी दुर्लभ है वह आज तेरे लिये सुलभ हो गई है। मेरे दर्शन का फल ये है कि जीव सहज स्वरूप को प्राप्त हो जाता है।

अब तू जानकी की कुछ खबर जानती हो तो बता? वह बोली- आप पंपा नामक सरोवर को जाइये वहाँ आपकी सुग्रीव से मित्रता होगी। हे देव! वह सब हाल बतायेगा। आप सब जानते हुये भी मुझसे पूँछते हो। फिर वो भगवान के मुख के दर्शन करके हृदय में उनका ध्यान धर के योगाग्नि से देह को जलाकर हरिपद में लीन हो गई। जहाँ से लौटना नहीं होता।

श्री राम उस वन को छोड़कर आगे चले। वन में विरही की तरह फिरते हुये लक्ष्मण से कहते हैं- हे लक्ष्मण पशु, पक्षी, सभी स्त्री के साथ हैं जैसे मेरी निंदा कर रहे हैं। हिरनों के झुण्ड मुझे देखकर डर कर भागते हैं तब हिरनियाँ समझाती हैं तुम मत भागो ये तो सोने का हिरन ढूँढ रहे हैं। हाथी-हथिनी को साथ लिये हैं जैसे कह रहे हों अपनी स्त्री को सम्हालकर रखना चाहिये। मुझे अकेला देखकर कामदेव भी अपनी सेना सहित मुझ पर टूट पड़े हैं। हे लक्ष्मण! कामदेव की इस सेना को देखकर जो धीर बने रहते हैं उन्हीं की प्रतिष्ठा होती है। कामदेव को स्त्री का बड़ा बल है। काम, क्रोध और लोभ

तीनों अत्यंत बलशाली दुष्ट हैं ये मुनियों को भी घेर लेते हैं। लोभ को इच्छा का, काम को स्त्री का और क्रोध को कठोर वचनों का बल है। लेकिन जिस पर ईश्वर प्रसन्न होता है वो इन से बच जाता है। अतएव शिवजी पार्वती जी से कहते हैं कि हे उमा! मैं अपने अनुभव से कहता हूँ कि हरि भजन ही सत्य है संसार तो स्वप्न की भाँति झूठा है।

प्रभु पंपा नाम के सरोवर के किनारे गये निर्मल जल वाला सरोवर अति सुंदर है। यहाँ का वातावरण भी हर प्रकार से दिव्य है, पशु, पक्षी, पेड़ आदि देखते ही बनते हैं। सरोवर के पास मुनियों ने अपने आश्रम बना रक्खे हैं। इस सुंदर तालाब में रामजी ने स्नान किया और परम सुख पाकर एक उत्तम वृक्ष के नीचे लक्ष्मण सहित बैठ गये। फिर वहाँ सब देवता और मुनि आये। स्तुति करके अपने-अपने धाम चले गये।

भगवान को विरह पीड़ा सहते देख नारद जी को विशेष सोच हुआ। उन्हें लगा कि मेरे ही शाप के कारण श्री राम मनुष्य का रूप धारण करके तरह-तरह के कष्ट पा रहे हैं। यह विचार कर नारद जी वहाँ पहुँचे जहाँ राम जी बैठे हुये थे। उन्होंने राम को दण्डवत किया। श्री राम ने उन्हें देर तक हृदय से लगाये रखा फिर स्वागत करके और कुशल पूँछकर निकट बैठा लिया। लक्ष्मणजी ने नारद जी के चरण धोये।

प्रभु को प्रसन्न जानकर नारद जी हाथ जोड़कर बोले- हे उदार रघुनाथ! आप तो सुंदर, अगम और सुगम वर देने वाले हैं, मैं एक वर माँगता हूँ आप मुझे वह दीजिये। आप तो अंतर्यामी हैं सब जानते हैं। श्री राम बोले-तुम मेरा स्वभाव जानते हो- भक्तों से मैं कोई दुराव नहीं करता। माँगों ऐसी कौन सी वस्तु है जो मैं तुम्हें नहीं दे सकता। नारद जी बोले- मैं ऐसा वर माँगता हूँ कि यद्यपि आपके कई नाम हैं और सब एक से बढ़कर एक हैं फिर भी हे नाथ! राम नाम सबसे बढ़कर हो और वह पाप रूपी पक्षियों के लिये बधिक के समान हो। आपकी भक्ति पूर्णिमा की रात्रि की तरह है उसमें राम नाम पूर्ण चंद्रमा है और बाकी नाम तारागण के समान भक्तों के हृदय में सदा निवास करें।

श्री राम ने कहा- ऐसा ही हो (एवमस्तु) नारद जी प्रसन्न होकर उनके चरणों में सर नवाया। पुनः बोले- हे राम! आपने अपनी माया को प्रेरित करके मुझे मोहित किया था। तब मैं विवाह करना चाहता था। आपने किस कारण विवाह नहीं करने दिया?

प्रभु बोले- हे मुनि सुनो, जो समस्त आशा भरोसा छोड़कर केवल मुझे ही भजते हैं मैं सदा उनकी रखवाली ऐसे करता हूँ जैसे माता अपने पुत्र की करती है। सयाना (बड़ा) हो जाने पर उस पुत्र पर माँ ममता तो करती है पर पहले जैसी बात नहीं रहती। अर्थात् वह शिशु की तरह उसको बचाने की चिंता नहीं करती क्योंकि अब वह माता पर निर्भर न होकर अपनी रखवाली खुद करने लगता है। ज्ञानी मेरे प्रौढ़ पुत्रों के समान हैं और तुम्हारे जैसा, अपने बल का मान न करने वाला सेवक मेरे पुत्र के समान है। मेरे सेवक को केवल मेरा ही बल रहता है। पर काम और क्रोध रूपी शत्रु तो दोनों के लिये समान हैं। उन्हें नाश करने की जिम्मेदारी मुझ पर है क्यूँकि भक्त को मेरा ही सहारा रहता है। परंतु अपने बल को मानने वाले ज्ञानी के शत्रुओं का नाश करने की जबावदारी मेरी नहीं है। ऐसा सोचकर बुद्धिमान मुझे भजते हैं। वे ज्ञान प्राप्त होने पर भी मुझे नहीं छोड़ते। काम, क्रोध, मद, लोभ, अज्ञान की सशक्त सेना है इनमें माया रूपी स्त्री तो अत्यंत दारुण दु:ख देने वाली है। स्त्री अवगुणों की मूल, पीड़ा देने वाली और दु:खों की खान है मैंने हृदय में ऐसा विचारकर तुमको विवाह करने से रोका था। रघुनाथ जी के वचन सुनकर मुनि आनंदित हो गये कहो भला किस स्वामी की अपने सेवक के प्रति इतना ममत्व और प्रेम होगा। जो उन्हें नहीं भजते वो अभागे हैं फिर नारद जी बोले- हे प्रभु! अब संतों के लक्षण कहिये श्री राम ने कहा- सुनिये मैं संतों के वो गुण कहता हूँ जिनके कारण मैं उनके वश में रहता हूँ।

संत काम, क्रोध, लोभ, मोह, मद और मत्सर इन छः तरह के दोषों को जीते हुये होते हैं। पाप रहित, कामना रहित, निश्चल, स्थिर बुद्धि, सर्वत्यागी, बाहर और भीतर से पवित्र, सुखी, ज्ञानवान, इच्छा रहित, मिताहारी, सत्यनिष्ठ, कवि, विद्वान योगी, सावधान, दूसरों को मान देने वाले, अभिमान रहित, धैर्यवान, धर्म के ज्ञाता सदाचारी, अत्यंत निपुण, गुणवान, संसार के दु:खों से रहित और संदेहों से छूटे होते हैं। मेरे चरण कमलों को छोड़कर उनको न देह प्रिय होती है और न घर। स्वय की प्रशंसा सुनकर सकुचाते हैं दूसरों के गुण सुनकर हर्षित होते हैं। सम और शीतल होते हैं। न्याय कभी नहीं त्यागते, सभी से प्रेम रखते हैं। गुरु, गोविंद तथा ब्राह्मणों के चरणों में निष्कपट प्रेम होता है। वैराग्य, विनय, विवेक, विज्ञान (तत्वज्ञान) वेद और पुराण का ज्ञान रखते हैं। सदा मेरी लीलाओं को गाते सुनते हैं और दूसरों के हित में लगे रहते हैं। हे मुनि! संतों के गुणों को तो सरस्वती और वेद भी नहीं कह सकते। नारद जी ने प्रभु के चरण पकड़ लिये फिर सर नवाकर ब्रह्मलोक को चले गये।

आगे चलते हुये प्रभु श्री राम ऋष्यमूक पर्वत के निकट पहुँच गये। उस पर्वत पर सुग्रीव अपने मंत्रियों सहित रहते थे। श्री राम और लक्ष्मण को आता देख वे भयभीत हो गये। उन्होंने सोचा कि कहीं ये बाली द्वारा पहुँचाये हुये तो नहीं हैं। हे हनुमान! तुम जाकर वास्तविकता का पता करो और सब बात समझकर मुझे इशारा करो यदि वह बाली द्वारा पहुँचाये गये हों तो मैं इस पर्वत को तुरंत छोड़कर भाग जाऊँ।

हनुमान ब्राह्मण का वेश धरके उनके समीप पहुँचे और पूँछा कि हे वीर! आप कौन हैं जो क्षत्रिय के रूप में वन में फिर रहे हैं। इस कठोर भूमि पर अपने कोमल चरणों से किस कारण वन में घूम रहे हैं। आपका सुंदर रूप है, कोमल अंग है क्यूँ वन की दुसह धूप और हवा सह रहे हैं क्या आप ब्रह्मा, विष्णु, महेश इन में से कोई हैं या आप नर-नारायण हैं अथवा आप तीनों लोकों के स्वामी स्वयं भगवान हैं जिन्होंने लोगों को भवसागर से पार उतारने और पृथ्वी का भार हरने के लिये मनुष्य रूप में अवतार लिया है?

श्री राम चंद्र जी ने कहा- हम कौशलराज दशरथ जी के पुत्र हैं और पिता का वचन मानकर वन आये हैं। हमारा नाम राम और लक्ष्मण है। हम दोनों भाई हैं। हमारे साथ हमारी सुंदर स्त्री भी थी जिसे यहाँ राक्षस ने हर लिया है, हम उसी को ढूँढते फिर रहे हैं। यह हमारा परिचय था, अब हे ब्राह्मण! आप अपना परिचय दीजिये। प्रभु को पहचान कर उन्होंने साष्टांग दण्डवत प्रणाम किया। धीरज धर के स्तुति की। फिर बोले- हे नाथ! मैं वानर बुद्धि, आपके वेश-भूषा के कारण आपको पहचान न सका, पर आपने भी मुझे भुला दिया? ऐसा कहकर उन्होंने अपना असली रूप प्रकट कर दिया। हृदय में अत्यंत प्रेम छा गया। प्रभु ने उन्हें उठाकर हृदय से लगा लिया और बोले- हे हनुमान! मन छोटा न करो मुझे सभी सेवक प्रिय हैं, फिर भी तुम मुझे लक्ष्मण से भी दूने प्रिय हो। हे हनुमान अनन्य वही है जिसकी ये बुद्धि कभी नहीं टलती कि मैं सेवक हूँ और यह चराचर जगत मेरे भगवान का स्वरूप है। भगवान को प्रसन्न देखकर हनुमान जी के सारे दु:ख मिट गये। उन्होंने कहा- हे नाथ! इस पर्वत पर वानर राज सुग्रीव रहता है जो आपका दास है। आप उससे मित्रता कीजिये और उसे दीन जानकर उसे निर्भय कर दीजिये। वह सीता जी की खोज करायेगा और जहाँ तहाँ करोड़ों बानर भेजेगा।

उन्होंने श्री राम और लक्ष्मण को पीठ पर बैठाकर वहाँ पहुँचा दिया। सुग्रीव चरणों में मस्तक नवाकर आदर सहित मिले। लक्ष्मण जी से मिले। श्री राम ने सुग्रीव को गले से लगा लिया। हनुमान जी ने अग्नि को साक्षी मानकर

प्रतिज्ञा पूर्वक उनकी मित्रता करवा दी। लक्ष्मण जी ने श्री राम का सारा इतिहास सुनाया। सुनकर सुग्रीव शोक में डूब गये। फिर रोते हुये बोले- हे नाथ! जानकी मिल जायेंगी। एक बार मैं मंत्रियों सहित यहाँ बैठा था तब विलाप करते हुये आकाश मार्ग से सीता को जाते हुये देखा। वह शत्रु के वश में थी। हमें देखकर उन्होंने हे-राम, हे-राम कहते हुये वस्त्र गिरा दिया था। श्री राम के मांगने पर सुग्रीव ने वस्त्र दिखाया तो वो वस्त्र को हृदय से लगाकर सोच करने लगे। सुग्रीव ने कहा- हे नाथ! धीरज रखिये, मैं हर वो उपाय करूँगा जिससे जानकी जी आपको मिल जायें।

श्री राम ने पूँछा- हे सुग्रीव! तुम बताओ किस कारण से वन में रहते हो। सुग्रीव ने कहा- हे प्रभु! बाली और मैं दो भाई हैं। दोनों में अटूट प्रीति थी। एक बार मय दानव का पुत्र जिसका नाम मायावी था, हमारे गाँव आया। आधी रात को उसने नगर के फाटक पर आकर ललकारा। बाली सह नहीं सका वह उसके पीछे दौड़ा। मैं भी भाई के साथ गया। वह मायावी एक गुफा में घुस गया। तब बाली ने मुझे समझाकर कहा तुम पंद्रह दिन तक मेरी प्रतीक्षा करना यदि मैं इतने दिनों में न आ पाऊँ तो मुझे मरा जानना। हे नाथ! मैं वहां महीने भर रहा। फिर उस गुफा से रक्त की धारा निकली मैंने समझा कि उसने बाली को मार डाला है और अब आकर मुझे मारेगा। इसलिये मैं गुफा के द्वार पर एक सिला लगाकर भाग आया।

मंत्रियों ने बिना स्वामी का नगर देखकर मुझे जबरदस्ती राज्य दे दिया। बाली उसे मारकर घर आ गया। मुझे राजसिंहासन पर देखकर उसने बहुत विरोध माना। उसने यह समझा कि मैं राज्य के लोभ से गुफा के दरवाजे पर सिला लगाकर आया था और आकर यहाँ राजा बन बैठा। उसने मुझे शत्रु के समान मारा। मेरा सब कुछ और मेरी स्त्री को छीन लिया। मैं उसके भय से बेहाल तीनों लोकों में फिरता रहा। शाप के कारण वह इस पर्वत पर नहीं आता फिर भी मैं भयभीत रहा करता हूँ।

सेवक का दु:ख देखकर श्री राम की भुजायें फड़क उठीं। वे बोले- सुनो सुग्रीव, मैं बाली को एक ही बाण से मार डालूगाँ। ब्रह्मा और रूद्र की शरण में जाने पर भी उसके प्राण न बचेंगे। बोले- जो मित्र के दु:ख में दु:खी नहीं होते उन्हें देखने से पाप लगता है। अपने बड़े से बड़े दु:ख को धूल के समान और मित्र के धूल समान दु:ख को पर्वत के समान जानना चाहिये। मित्र का धर्म है कि वह मित्र को बुरे मार्ग पर जाने से रोककर अच्छे मार्ग पर चलावे। उसके गुण प्रकट करे और अवगुणों को छुपाये। लेन-देन में मन में

शंका न रखे। सदा उसका हित करे और विपत्ति में सौ गुना स्नेह करे। श्रेष्ठ मित्र के यही लक्ष्ण हैं। हे भाई! अब तुम मेरे दम पर चिंता छोड़ दो। मैं सब प्रकार से तुम्हारी सहायता करूँगा।

सुग्रीव ने कहा हे रघुवीर! बाली महा बलवान और अत्यंत रणधीर है। फिर उसने भगवान को दुंदुभि राक्षस की हड्डियाँ दिखाई। ताड़ के वृक्ष दिखलाये। श्री राम जी ने आसानी के साथ एक ही बाण से उन्हें ढहा दिया। श्री राम जी का अतुलित बल देखकर सुग्रीव को विश्वास हो गया कि ये बाली का वध अवश्य करेंगे। जब सुग्रीव के मन में ज्ञान उत्पन्न हुआ तो वो बोले- बाली तो मेरा परम हितकारी है जिसकी कृपा से मुझे आप मिले। अब स्वप्न में भी उससे लड़ाई हो तो मुझे संकोच होगा। अब तो आप ऐसी कृपा कीजिये कि सब छोड़कर बस आप ही को भजूँ। सुग्रीव के क्षणिक वैराग्य को देखकर श्री राम मुस्करा कर बोले- तुमने जो कहा वो सत्य है पर मेरा वचन मिथ्या नहीं होता बाली तो अब मारा जायेगा।

रघुनाथ जी ने सुग्रीव को बाली के पास भेजा। वह श्री राम जी का बल पाकर बाली के पास जाकर गरजा और उसे ललकारा। सुनते ही बाली क्रोध में भरकर दौड़ा। उसकी स्त्री तारा ने उसे पैर पकड़कर रोका, समझाया कि हे नाथ- सुनिये! सुग्रीव के साथ जो हैं वो दोनों भाई तेज और बल की सीमा हैं। बाली बोला- तुम डरपोक हो, सुनो- राम जी तो समदर्शी हैं फिर भी अगर वो मुझे मारेंगे तो मैं सनाथ हो जाऊँगा। ऐसा कहकर बाली दौड़ा। बाली ने सुग्रीव को धमकाया और घूसा मारा, जिसके प्रहार से सुग्रीव विकल हो कर भागा और श्री राम से कहा- प्रभु! मैंने पहले ही कहा था यह मेरा भाई नहीं काल है। तब श्री राम जी बोले तुम दोनों की शक्ल एक जैसी है। इसी भ्रम में मैंने उसको नहीं मारा।

श्री राम ने सुग्रीव के शरीर पर हाथ फेरा जिससे उसकी सारी पीड़ा जाती रही। और उसका शरीर वज्र के समान हो गया। श्री राम ने उसके गले में फूलों की माला डाल दी और उसे फिर लड़ने को बाली के पास भेजा। दोनों में फिर बड़ी देर तक युद्ध हुआ। रामजी वृक्ष की आड़ से देख रहे थे। अंत में सुग्रीव को हारता देख श्री राम ने तान कर एक बाण बाली के हृदय में मारा। बाण लगते ही वह व्याकुल होकर पृथ्वी पर गिर पड़ा। श्री राम को सामने देखकर वह उठ बैठा। उनकी सुंदरता को बार-बार देखकर चित्त को उनके चरणों में लगा दिया। उसने प्रभु को पहचान लिया। उसके हृदय में प्रीत थी पर मुख पर कठोर वचन थे। वह उनकी ओर देखकर बोला- हे गोसाई!

आपने धर्म की रक्षा हेतु अवतार लिया है और मुझे व्याध की तरह मारा। मैं बैरी और सुग्रीव प्यारा। किस दोष के कारण आपने मुझे मारा। श्री राम ने कहा रे मूर्ख! सुन, छोटे भाई की पत्नि, बहिन, पुत्र की स्त्री और कन्या ये चारों समान हैं। इनको जो भी बुरी दृष्टि से देखता है। उसे मारने में कुछ भी पाप नहीं होता। रे मूर्ख! तुझे बहुत अभिमान है तूने अपनी स्त्री की सलाह पर भी कोई ध्यान नहीं दिया। सुग्रीव को मेरा अश्रित जानकर भी अरे अधम, अभिमानी तूने उसको मारना चाहा।

बाली बोला- रामजी! सुनिये। आप से मेरी चतुराई नहीं चल सकती। आपकी शरण पाकर भी मैं पापी ही रहा। श्री राम ने उसकी कोमल वाणी सुनकर उसके सर पर हाथ फेरा और कहा- मैं तुम्हारे शरीर को अचल कर दूँ, तुम प्राणों को रक्खो। बाली बोला- हे कृपा निधान सुनिये! मुनि लोग जनम जनम तक अनेकों साधन करते हैं पर अंतकाल में उन्हें राम नहीं कह आता। जिनके नाम के बल से शिवजी काशी में सबको अविनाशिनी गति देते हैं वह श्री राम स्वयं मेरे नेत्रों के सामने आ गये हैं यह संयोग फिर नहीं बनेगा। आप मेरे सामने हैं ऐसे में कौन शरीर रखना चाहेगा। अब तो आप मुझ पर कृपा कीजिये और मैं जो वर माँगता हूँ वह दीजिये। मैं कर्मवश जिस योनि में जन्म लूँ वहीं श्री राम के चरणों में प्रेम करूँ। यह मेरा पुत्र अंगद है, विनय और बल में मेरे समान है इसे स्वीकार कीजिये और बाँह पकड़कर इसे अपना दास बनाइये। फिर उसने बड़ी आसानी से प्राण त्याग दिये।

श्री राम ने बाली को अपने परमधाम भेज दिया। नगर के लोग और बाली की पत्नी दौड़ी आयी। तारा विलाप करने लगी। तारा को व्याकुल देखकर श्री राम जी ने उसे ज्ञान दिया कि यह शरीर पांच तत्वों से बना है और उसी में मिल जाता है तब तारा ने उनसे परम भक्ति का वर माँगा।

तब रामजी ने सुग्रीव से कहा तो उसने बाली का विधिपूर्वक मृतक कर्म किया। श्री राम ने लक्ष्मण से कहा कि मैं चौदह वर्ष तक किसी बस्ती में नहीं जा सकता अतः तुम जाकर सुग्रीव को राज्य दे दो। लक्ष्मण ने जाकर तदनुसार नगरवासियों और ब्राह्मणों के सामने सुग्रीव को राज्य दे दिया और अंगद को युवराज बना दिया श्री राम ने कहा कि मैं यहीं रुकूँगा। देवताओं ने उनके लिये सुंदर गुफा प्रवर्सन पर्वत पर बना दी थी जिसमें वे निवास करने लगे। उस पर्वत की शोभा भी अति सुंदर हो गयी। और पूरा वन मंगलमय हो गया।

श्री राम जी लक्ष्मण जी से तरह-तरह की कथा कहते। वर्षा ऋतु के

आ जाने से वे मनुष्यों की भांति विरह का दु:ख अनुभव करते और लक्ष्मण से वार्तालाप करते रहते। वर्षा ऋतु भी बीत गयी और शरद ऋतु आ गयी परंतु सीता की कोई खबर नहीं मिली राम जी बोले लक्ष्मण! एक बार अगर मैं उसका पता पा जाऊँ तो काल को भी जीतकर उसे ले आऊँ। सुग्रीव ने राज्य, खजाना, और स्त्री आदि पाकर मेरी सुधि भुला दी। मैं उसी बाण से उसको मारूँगा जिससे बाली को मारा था। (शिव जी ने पार्वती से कहा- प्रभु की मनुष्य, के रूप में लीला देखिये- क्या उन्हें स्वप्न में भी क्रोध हो सकता है?) लक्ष्मण जी ने प्रभु को क्रोध युक्त देखकर धनुष बाण चढ़ा लिये। तब प्रभु ने उन्हें समझाकर कहा कि जाओ और उसे डरा धमकाकर भय दिखाकर ले आओ।

यहाँ किष्किंधा नगरी में पवन कुमार हनुमान ने सोचा कि सुग्रीव ने प्रभु के कार्य को भुला दिया। उन्होंने सुग्रीव के पास जाकर साम, दाम, दण्ड, भेद चारों प्रकार से उसे समझाया। सुनकर सुग्रीव को भय हुआ। बोला- हे हनुमान! भोग विलास ने मेरे ज्ञान को हर लिया था। अब तुम जहाँ-जहाँ वानर रहते हैं वहाँ दूत भेजो और कहला दो कि जो पंद्रह दिन के भीतर नहीं आयेगा वह मेरे हाथों से मारा जायेगा।

इसी समय लक्ष्मण जी नगर में आये। उनका क्रोध देखकर बंदर जहाँ-तहाँ भागे। उन्होंने धनुष बाण चढ़ाकर कहा कि मैं अभी नगर को जलाकर राख कर दूँगा। तब बाली पुत्र अंगद उनके पास गये। चरणों में सर नवाकर विनती की, क्षमा याचना की। सुग्रीव ने लक्ष्मण के क्रोध की बात सुनी तो वह व्याकुल होकर हनुमान से बोला- सुनो, तुम तारा को साथ ले जाकर लक्ष्मण को समझा बुझाकर शांत करो। हुनमान ने तारा के साथ जाकर उनकी यश गाथा गायी। विनती करके उन्हें महल में ले आये। सुग्रीव उनके चरणों में गिर पड़ा। लक्ष्मण जी ने उसे उठाकर हृदय से लगा लिया। हे नाथ! विषय भोग से बढ़कर कोई मद नहीं है यह मुनियों के मन को भी क्षण भर में मोह लेता है फिर मैं तो हूँ ही विषयी जीव। तब हनुमान ने लक्ष्मण को सब हाल कह सुनाया कि किस प्रकार सभी दिशाओं में दूत वानरों को इकट्ठा करने के लिये भेजे गये हैं।

तब अंगद आदि सब वानरों को लेकर, लक्ष्मण जी को आगे करके सुग्रीव प्रसन्न होकर चले। श्री राम को सर नवाकर सुग्रीव ने कहा- हे नाथ! आपकी माया अत्यंत प्रबल है मैं विषय भोग में पड़ गया था। तब श्री राम मुस्कुरा कर बोले- हे भाई! तुम भरत के समान मुझे प्यारे हो अब वही उपाय करो जिससे सीता की खबर मिले। उसी समय बंदरों के समूह आ गये।

अनेकों रंगों कें बंदर जिनकी गिनती करना असंभव था सभी दिशाओं में दिखाई देने लगे। सब ने श्री राम को सर नवाया और कोई ऐसा वानर नहीं था जिससे श्री राम ने कुशल न पूँछी हो। तब सुग्रीव ने उन्हें समझाकर कहा- हे वानरो, यह श्री राम जी का कार्य है और मेरा अनुरोध है अतः तुम लोग चारों ओर जाओ और जानकी जी को खोजो। महीने भर के अंदर पता लगाओ और जो अवधि बीतने पर बिना पता लगाये आयेगा वह मेरे द्वारा मारा जायेगा। सुग्रीव के वचन सुनते ही वानर चारों दिशाओं में फैल गये तब सुग्रीव ने नल-नील, अंगद, हनुमान, जामवंत आदि को बुलाया और कहा! तुम सब श्रेष्ठ योद्धा मिलकर दक्षिण दिशा को जाओ और सीता के बारे में हर किसी से पूँछो। आज्ञा मानकर सब श्री राम के चरणों में सर नवाकर हर्षित होकर चल दिये। सबके बाद पवनसुत हनुमान ने श्री राम को सर नवाया। तब प्रभु ने विचार करके उन्हें अपने पास बुलाया। उन्होंने उनके सर पर हाथ फेरा और उन्हें अपने हाथ की अंगूठी उतार कर दी। कहा- बहुत प्रकार से सीता को समझाना मेरा बल और प्रेम कहना और शीघ्र लौट आना। हनुमान ने अपना जन्म सफल माना और वो हृदय में कृपा निधान श्री राम जी को रखकर चल दिये। यद्यपि प्रभु सब जानते थे फिर भी उन्होंने नीति की मर्यादा रखने जहाँ-तहाँ वानर भेजे।

सब वानर, यहाँ वहाँ सीता को खोजते जा रहे हैं- पहाड़ों पर, वनों में, गुफाओं और सब जगह। मुनि मिल जाते तो उनसे पूँछते। इतने में उनको प्यास लगी। सब प्यास से व्याकुल हो गये। हनुमान जी ने सोचा जल के बिना सब मर जायेंगे। हनुमान ने पहाड़ की चोटी पर चढ़कर देखा तो पृथ्वी के अंदर एक गुफा में उन्हें बड़ा आश्चर्य दिखा। उसके ऊपर चकवे, बगुले, हंस आदि हैं और बहुत से पक्षी उसमें प्रवेश कर रहे हैं। वहाँ जाकर हनुमान सब को लेकर उस गुफा में प्रवेश कर गये। अंदर उन्होंने एक सुंदर बागीचा और तालाब देखा। जिसमें बहुत से कमल खिले हैं। वहाँ एक मंदिर है और उसमें तपोमूर्ति एक स्त्री बैठी हुई है। हनुमान जी ने दूर से ही उसे सर नवाया और उनके पूँछने पर सब वृतांत कह सुनाया। तब वो बोलीं- जलपान करो और भांति-भांति के रसीले फल खाओ। सबने स्नान किया फल खाये और पुनः उनके पास आ गये। तब उसने अपनी सब कथा सुनाई और कहा- अब मैं वहा जाऊँगी जहाँ रघुनाथ हैं। तुम लोग आँखें मूंद लो और गुफा के बाहर जाओ। तुम सीता जी को पा जाओगे, निराश मत हो। उन सबने जब आँखें खोलीं तो पाया कि वो समंदर के किनारे खड़े हैं। फिर वह श्री रघुनाथ जी

के पास गयी, उन्हें सर नवाया विनती की और प्रभु ने उसे अपनी अनपायनी भक्ति दी। वह उनको अपने हृदय में रखकर चली गयी।

यहाँ सब वानर साथ बैठकर विचार कर रहे हैं कि हे भाई, अब तो अवधि भी बीत गयी। बिना सीता का पता लिये लौटकर क्या करेंगे। तब अंगद ने रोते हुये कहा कि दोनों प्रकार से हमारी मृत्यु निश्चित है। सीता जी की खबर भी नहीं मिली और वहाँ जाने पर महाराज सुग्रीव हमें मार डालेंगे। वैसे वो तो पिता के वध के बाद ही मुझे मार डालते लेकिन श्री राम ने मेरी रक्षा की। लेकिन अब मरना निश्चित है इसमें कोई संदेह नहीं। सब वानर शोक मग्न और मौन हो गये। नेत्रों से जल बह रहा है। फिर सब कहने लगे हम सीता की सुधि लिये बिना नहीं जायेंगे। सब लवण सागर के तट पर कुश बिछाकर बैठ गये।

रीछराज जामवंत ने सबको शोकाकुल देखकर विशेष उपदेश की कथायें सुनाईं। फिर बोले- श्री राम को साधारण मनुष्य न मानो। उन्हें निर्गुण ब्रह्म, अजेय और अजन्मा समझो। हम बड़भागी हैं जो उनसे प्रीत रखते हैं। इनकी बातें पर्वत कंदरा में छुपे संपाती ने सुनी। बाहर निकल कर उसने बहुत सारे वानर देखे। तब बोला भगवान ने मुझे बहुत सारा आहार दे दिया। मैं इन सबको खा जाऊँगा। कितने दिनों से मैं भूखा मर रहा था। आज विधाता ने एक साथ बहुत सा भोजन दे दिया। उस गीध सम्पाती के वचन सुनकर वानर डर गये। अब तो सचमुच ही मरना हो गया। अंगद ने कहा जटायु के समान धन्य कोई नहीं है जो श्री राम के कार्य के लिये शरीर छोड़ कर चला गया। यह सुनकर सम्पाती वानरों के करीब आया। सबको कहा डरो मत- मुझे जटायु के विषय में बताओ। तब उसे सारी कथा सुनाई गई। अपने भाई जटायु की करनी सुनकर उसने श्री राम की महिमा कही। फिर बोला- मुझे समुद्र के पास ले चलो। सब वानर उस बिना पंख के गीध संपाती को वहाँ ले गये। उसने जटायु को तिलांजलि दी। और बोला- तुम्हारी इस सेवा के बदले में तुम्हें बताऊँगा कि सीता कहाँ है? फिर वह बताने लगा कि मैं और जटायु भाई हैं एक बार चढ़ती जवानी के दिनों में आकाश में उड़कर सूर्य के निकट चले गये। जटायु तेज नहीं सह सका इसलिये लौट आया। परंतु मैं अभिमानी नहीं लौटा और सूर्य के अत्यंत तेज से मेरे पंख जल गये और मैं चीख मारकर धरती पर गिर पड़ा। वहाँ एक चंद्रमा नाम के मुनि थे। उन्होंने दया करके मुझे ज्ञानोपदेश दिया जिससे मेरा देह का अभिमान जाता रहा। उन्होंने कहा- त्रेता युग में परब्रह्म मनुष्य का रूप धारण करेंगे उनकी पत्नि को राक्षसों का राजा

हर ले जायेगा, उसकी खोज में प्रभु दूत भेजेंगे। उनसे मिलने पर तू पवित्र हो जायेगा और तेरे पंख भी आ जायेंगे। चिंता मत कर। तू उन्हें सीता का पता बता देना। मुनि की वाणी सत्य हुई। अब तुम प्रभु कार्य करो। मेरी गीध की दृष्टि से मैं देख रहा हूँ कि त्रिकूट पर्वत पर लंका बसी हुई है। वहाँ निडर रावण रहता है वहाँ अशोक के पेड़ों का वन है जहाँ सीता जी इस समय शोक मग्न बैठी हैं। मैं बूढ़ा हो गया हूँ अन्यथा आपकी सहायता करता। जो भी सौ योजन (चार सौ कोस) समुद्र लांघ सकेगा और बुद्धिमान होगा वही यह कार्य कर सकेगा। निराश मत हो, धीरज रखो, देखो श्री राम की कृपा से मेरा शरीर कैसा हो गया? उसके पंख आ जाने से वह बहुत सुंदर दिख रहा था। तुम सब उनके दूत हो, मन में उनका स्मरण करके उपाय करो।

तब सब वानर अपना-अपना बल सोचने लगे लेकिन कोई समुद्र पार करने का बल नहीं आंक सका। जामवंत बोले- अब मैं बूढ़ा हो गया हूँ वरना प्रभु ने जब वामन अवतार लिया था और विशाल रूप धारण किया था तब मैंने दो ही घड़ी में उनकी सात परिक्रमा कर ली थीं। उस समय मैं जवान और बलशाली था। अंगद ने कहा- पार तो में चला जाऊँ पर लौटने में संदेह है। जामवंत ने कहा- अंगद तुम सब प्रकार से योग्य हो किंतु तुम सब के नेता हो इसलिये तुम्हें नहीं भेजा जा सकता है।

उन्होंने हनुमान जी से कहा- हे हनुमान! हे बलवान सुनो। तुमने यह क्या चुप साध रक्खी है? तुम पवन के पुत्र हो और बल में पवन के समान हो तुम बुद्धि, विवेक और विज्ञान की खान हो। ऐसा कौन सा काम है जगत में जो तुमसे न हो सके। तुम्हारा जन्म ही श्री राम के कार्य के लिये हुआ है। यह सुनते ही हनुमान जी विशालकाय हो गये। सोने जैसा रंग, शरीर पर तेज जैसे दूसरा सुमेरू पर्वत हो। और शेरों की तरह दहाड़कर बोले- मैं इस खारे समुद्र को खेल में ही लांघ सकता हूँ। और सहायकों सहित रावण को मारकर त्रिकूट पर्वत उखाड़कर यहाँ ला सकता हूँ। हे जामवंत मैं तुमसे पूँछता हूँ मुझे उचित सीख दो कि मुझे क्या करना चाहिये। जामवंत जी ने कहा- तुम जाकर इतना ही करो कि सीता जी को देखकर लौट आओ और उनकी खबर कह दो। श्री राम जी अपने हाथ से रावण को मारकर सीता को ले आयेंगे। वे खेल के लिये वानर सेना को साथ लेंगे। जामवंत के वचन सुनकर हनुमान जी हर्षित होकर श्री राम का स्मरण करके चले।

समुद्र के किनारे एक सुंदर पर्वत था वे कूदकर उस पर खेल ही में चढ़

गये और वहाँ से उछल के श्री राम के अमोघ बाण जैसी गति से उड़ चले। राह में समुद्र ने मैनाक पर्वत से कहा कि वो रामदूत को थोड़ा विश्राम दे। तब हनुमान जी ने उसे हाथ से छुआ और प्रणाम किया और कहा कि श्री राम के कार्य किये बिना मुझे विश्राम कहाँ मिलेगा? देवताओं ने हनुमान को जाते देखा तो उनकी बुद्धि और बल की परीक्षा हेतु सर्पों की माता सुरसा को भेजा। सुरसा हनुमान को देखकर बोली आज भगवान ने मुझे भोजन दिया है। तब हनुमान जी ने कहा- माता, मैं श्री राम का कार्य करके और सीता की खबर प्रभु को सुना दूँ फिर लौटकर आऊँ तो मैं स्वयं आपके मुख में प्रवेश कर जाऊँगा। मैं सत्य कहता हूँ, अभी मुझे जाने दो। पर सुरसा किसी भी तरह उनको जाने नहीं देना चाहती। उसने योजन भर मुख फैलाया तो हनुमान ने अपना शरीर दुगना बढ़ा लिया। उसने सोलह योजन का मुख किया तो हनुमान बत्तीस योजन के हो गये। जैसे-जैसे सुरसा बदन बढ़ाती वो उससे दोगुना बढ़ा लेते। उसने चार सौ कोस का मुख किया तो पवन सुत बहुत ही छोटा रूप रख के उसके मुँह में प्रवेश कर तुरंत बाहर निकल आये और सर नवाकर उनसे विदा मांगने लगे। तब सुरसा ने बताया- कि मुझे देवताओं ने तुम्हारी बल और बुद्धि की परीक्षा लेने भेजा था। तुम श्री राम का कार्य अवश्य करोगे क्योंकि तुम बल और बुद्धि के भंडार हो। ऐसा आशीर्वाद देकर वो चली गयी। हनुमान जी फिर प्रसन्न होकर चल दिये। समुद्र में एक राक्षसी रहती थी वह अपनी माया से आकाश में उड़ने वाले जीव जंतु की परछाई जल में देखकर वो परछाई पकड़ लेती थी। जिससे वे उड़ नहीं सकते थे और जल में गिर पड़ते थे। और वह उन्हें खा लिया करती थी। वही उसने हनुमान के साथ किया। हनुमान जी ने उसका यह छल पहचान लिया और उसे मार डाला और समुद्र के पार पहुँच गये।

वहाँ की शोभा देखकर वो प्रसन्न हो गये। सामने एक पर्वत दिखा तो वो निडर होकर उस पर चढ़ गये। पर्वत पर चढ़कर उन्होंने लंका देखी। वह इतने बड़े किले के समान थी कि वर्णन नहीं किया जा सकता। वह बहुत ही ऊँचा, चारों तरफ समुद्र से घिरा। सोने की चार दीवारियाँ चमक कर प्रकाश कर रहीं हैं। उनमें मणियाँ जड़ी हुई हैं। उसके अंदर सुंदर घर हैं बाजार, मार्ग और सुंदर गलियाँ हैं, हाथी, घोड़ों के समूह हैं। विभिन्न रूपों के राक्षसों के दल हैं। इस अत्यंत बलशाली सेना का वर्णन नहीं किया जा सकता। कहीं विशालकाय बलवान गरज रहे हैं। अखाड़ों में जोर दिखला रहे हैं। भयंकर शरीर वाले करोड़ों योद्धा सावधानी के साथ नगर की चारों ओर से रखवाली कर रहे हैं।

हनुमान ने सोचा कि मैं रात के समय छोटा सा रूप धर के प्रवेश करूँगा। हनुमान जी मच्छर के समान रूप धर के प्रभु का स्मरण करके लंका को चल दिये। लंका के द्वार पर लंकिनी नाम की राक्षसी रहती थी। वह बोली- मुझसे पूँछे बिना कहाँ चला जा रहा है? तू मुझे नहीं जानता? जहाँ तक भी जितने चोर हैं वे सब मेरा भोजन हैं। हनुमान ने उसे एक घूंसा मारा तो वह रक्त की उल्टी करते हुये धरती पर गिर पड़ी। वह सम्हल कर उठी और डरकर हाथ जोड़ते हुये बोली- रावण को जब ब्रह्मा जी ने वर दिया था तब चलते समय उन्होंने मुझे राक्षसों के विनाश की यह पहचान बता दी थी कि जब तू बंदर के मारने से व्याकुल हो जाये तब तू राक्षसों का संहार हुआ जानना। हे तात! मेरे बड़े पुण्य हैं जो मैंने राम के दूत को देखा! अगर स्वर्ग और मोक्ष के सब सुखों को मिलाकर तराजू के एक पलड़े पर रखा जाये तो उस सुख के बराबर नहीं हो सकता जो क्षण भर के सत्संग से प्राप्त होता है। आप रघुपति के चरणों को हृदय में रखकर नगर में प्रवेश कीजिये। सब कार्य सिद्ध कीजिये।

हनुमान ने नगर के एक-एक घर की खोज की। इधर-उधर असंख्य योद्धा देखे। फिर रावण के महल गये। हनुमान ने उसे सोते हुये देखा परंतु सीता जी कहीं दिखाई नहीं दी। फिर एक सुंदर सा भवन दिखा जहाँ अलग से भगवान का मंदिर बना हुआ था। उस महल पर धनुषबाण अंकित थे। और तुलसी के वृक्ष समूह लगे हुये थे। हनुमान मन में विचार करने लगे कि लंका तो राक्षसों का निवास स्थान है यहाँ किसी साधू या सज्जन का निवास कहाँ? उसी समय विभीषण जागे और राम-राम कहने लगे। हनुमान जी ने उन्हें सज्जन माना और सोचा कि इससे परिचय करने में कोई हानि नहीं है अत: मैं स्वयं इनसे परिचय करूँगा। ब्राह्मण का रूप धरके उन्हें पुकारा। विभीषण उठकर उधर आ गये। प्रणाम करके, कुशल पूँछी और फिर परिचय पूँछा- क्या। आप हरिभक्तों में से कोई हैं अथवा आप दीनबंधु श्री राम हैं? जो मुझे घर बैठे दर्शन देने आये हैं। तब हनुमान ने सारा वृतांत सुनाकर अपना नाम बताया। फिर विभीषण ने अपना परिचय देते हुये कहा- कि मैं तामसी प्रवृत्ति का हूँ क्या रामजी मुझ पर कृपा करेंगे लेकिन अब मुझे विश्वास हो गया है, बिना हरिकृपा के संत नहीं मिलते। प्रभु ने कृपा की है तभी तो आपने स्वयं आकर दर्शन दिये हैं। तब हनुमान ने कहा- प्रभु हमेशा अपने सेवक से प्रेम करते हैं आप तामसी हैं तो मैं भी कहाँ का कुलीन हूँ, वानर हूँ, सब प्रकार से नीच हूँ पर मुझ पर भी उन्होंने कृपा की है। इस तरह वार्तालाप के बाद

हनुमान ने कहा- हे भाई, मैं सीता माता को देखना चाहता हूँ। विभीषण ने सब उपाय बता दिये तो वे विदा मांग कर चल दिये।

हनुमान मच्छर के समान छोटे रूप में वहाँ गये जहाँ सीता जी थीं वह वन के एक छोटे भाग में अशोक वाटिका में थीं। मन ही मन उन्होंने सीता जी को प्रणाम किया। सीता जी का शरीर दुबला हो गया है। जटायें सर पर हैं। सदा रघुनाथ को स्मरण करती रहती हैं। नेत्र चरणों में लगे रहते हैं। उनकी यह दीन हीन दशा देखकर हनुमान जी बहुत दु:खी हो गये। वे वृक्ष के पत्तों में छुपे-छुपे सोच रहे थे। इतने में रावण बहुत सी सजी धजी स्त्रियों के साथ वहाँ आ गया। उसने सीता को बहुत भय दिखाया। कहने लगा हे सीते! तुम एक बार मेरी ओर देखो तो मैं मंदोदरी आदि सब रानियों को तुम्हारी दासी बना दूँगा। यह मेरा प्रण है। सीताजी ने एक तिनके की आड़कर के कहा हे- मूर्ख! सुन- तुझे श्री राम के बाणों की खबर नहीं है। तू मुझे सूने में हर लाया है, पापी, तुझे लज्जा नहीं आती जुगनू के प्रकाश से कहीं कमलिनी खिलती है? इतना सुनकर वह तलवार निकालकर बड़े गुस्से में आकर बोला- तूने मेरा अपमान किया है मैं तेरा सर काट डालूँगा नहीं तो जल्दी मेरी बात मान ले। सीता बोली- या तो श्री राम की विशाल भुजा इस गले में पड़ेगी या तेरी तलवार। रे मूर्ख! सुन, यही मेरा सच्चा प्रण है यह सुनते ही वह सीता को मारने दौड़ा। तब रावण की पत्नि मंदोदरी ने नीति की बात कहकर समझाया। तब रावण ने राक्षसियों को बुलाकर कहा कि वे सीता को बहुत प्रकार से भय दिखलाये।

उन में से एक राक्षसी का नाम त्रिजटा था। वह विवेकशील थी और श्री राम चंद्र के चरणों में उसकी प्रीति थी। उसने सबको बुलाकर अपना स्वप्न सुनाया और कहा- मैंने स्वप्न में देखा है कि एक बंदर ने लंका जला दी है। राक्षसों की सेना मार डाली गयी है। रावण नंगा है, गधे पर सवार है उसके सिर मुड़े हुये हैं और बीसों भुजाये कटी हुई हैं। इस प्रकार से वह दक्षिण दिशा को जा रहा है और मानो लंका विभीषण ने पायी हो। नगर में श्री राम की जय जयकार है और प्रभु ने सीता को बुला भेजा है। मैं निश्चय के साथ कहती हूँ कि यह सपना चार दिन में सत्य होकर रहेगा।

उसके वचन सुनकर सब राक्षसियाँ डर गयीं और सीता जी के चरणों में गिर पड़ीं। फिर जहाँ-तहाँ चली गयीं। सीता जी हाथ जोड़कर त्रिजटा से बोलीं- हे माता! तू मेरी विपत्ति की संगिनी है कोई उपाय करो जिससे मैं यह शरीर त्याग दूँ। श्री राम से विरह अब नहीं सहा जाता। लकड़ियाँ लाकर चिता

बना दे और उसमें आग लगा दे- रावण के काँटों जैसे वचन कौन सुने। त्रिजटा ने सीता को समझाया, राम का बल और प्रताप सुनाया। फिर वह चली गयी।

हनुमान ने वृक्ष के पत्तों की आड़ से मुद्रिका गिरा दी। सीता ने हर्षित होकर उसे हाथ में ले लिया। उस पर राम नाम अंकित था वे हर्ष और विषाद में थीं। सोचने लगीं राम जी तो अजेय हैं और ऐसी अँगूठी माया से भी नहीं बनाई जा सकती। उसी समय हनुमान जी पेड़ पर चढ़े-चढ़े राम कथा गाने लगे। सुनते ही सीता का भय भाग गया। हनुमान ने आदि से अभी तक की सारी कथा सुना दी। फिर सीता ने कहा- हे भाई! मुझे राम कथा सुनाने वाले तुम कौन हो? प्रकट हो- तब हनुमान उनके पास चले गये उन्हें देखकर सीता जी मुँह फेरकर बैठ गयीं। उन्हें बहुत आश्चर्य हुआ। हनुमान ने कहा- हे माता! मैं श्री राम जी का दूत हूँ, करूणानिधान श्री राम की शपथ करता हूँ। यह अँगूठी मैं ही लाया हूँ। श्री राम ने मुझे पहचान के रूप में दी है। सीता ने पूँछा- नर और वानर का संग कैसे हुआ? तब हनुमान से सब कथा कही। तब सीता जी ने जान लिया कि यह मन, क्रम, और वचन से श्री राम का दास है। हे भाई! तुम मेरे दुःख में सहायक हुये अब श्री राम, और छोटे भाई लक्ष्मण का कुशल मंगल कहो- क्या वे मुझे याद करते हैं। तब हनुमान के अश्रु बहने लगे बोले- हे माता! श्री राम अपने भाई सहित कुशल मंगल से हैं और उनके हृदय में आपके लिये आपसे दूना प्रेम है। अब धीरज धरके उनका संदेश सुनिये- पहले उन्होंने श्री राम की विरह पीड़ा का वर्णन सीता जी को सुनाया और कहा उनका मन तो सदा आपके ही पास रहता है। यह सुनकर सीताजी प्रेममग्न हो गयीं। हनुमान ने कहा- माता धीरज धरो राक्षसों को मरा ही जानो। हे माता! मैं तो आपको अभी लिवा ले जाता पर प्रभु की आज्ञा नहीं है। कुछ दिन बाद वे यहाँ वानरों सहित आयेंगे और राक्षसों को मारकर आपको ले जायेंगे।

सीता जी ने पूँछा- हे हनुमान! क्या सब वानर तुम्हारे ही समान नन्हें-नन्हें हैं? राक्षस तो बहुत विशालकाय और बलवान हैं। मुझे बड़ा संदेह है। यह सुनकर हनुमान जी ने अपना शरीर प्रकट किया। विशालकाय शरीर सोने के सुमेर पर्वत जैसा था। तब सीता जी के मन में विश्वास हुआ। हनुमान ने फिर लघु रूप कर लिया। हनुमान बोले- हे माता! वानरों में बल, बुद्धि नहीं होती परंतु प्रभु की कृपा से निर्बल भी महा बलवान को मार सकता है। सीता जी ने हनुमान को आशीर्वाद दिया- तुम बल और शील के निधान हो जाओ,

तुम अजर, अमर और गुणों की खान हो जाओ। रघुनाथ जी तुम पर सदा कृपा करें।

यह सुनकर हनुमान गदगद हो गये बोले- आपका आशीर्वाद अचूक है। मैं कृतार्थ हो गया। हे माता! सुंदर फल लगे देखकर मुझे बहुत भूख लगी है। सीता ने कहा- यहाँ बड़े-बड़े राक्षस हैं जो रखवाली करते हैं। हनुमान ने कहा- उनका मुझे डर नहीं है बस आप आज्ञा दें। सीता ने कहा- जाओ श्री राम के चरणों को हृदय में रखकर मीठे फल खाओ।

हनुमान बाग में घुस गये फल खाने लगे और पेड़ों को तोड़ने लगे। रखवाले राक्षसों को उन्होंने मार डाला। कुछ भागकर रावण के पास पहुँचे। हे नाथ! एक विशालकाय बंदर आया है। उसने अशोक बाटिका उजाड़ दी है और राक्षसों को मार डाला है। वृक्ष उखाड़ फेंके हैं। रावण ने यह सुनकर बहुत से योद्धा भेजे। हनुमान ने सबको मार डाला। फिर रावण ने अपने बलवान पुत्र अक्षय कुमार को भेजा। वह असंख्य योद्धाओं के साथ पहुँचा मगर हनुमान ने सबको मार डाला। फिर रावण ने क्रोधित होकर अपने बड़े पुत्र मेघनाद को भेजा और कहा उसे मारना नहीं बाँध लाना। देखें तो वो बंदर कहाँ का है?

इंद्र को जीतने वाला (इंद्रजीत) अतुलित बलशाली मेघनाद अपने भाई अक्षयकुमार की मृत्यु से क्रोधित होकर चला। हनुमान भारी योद्धाओं को आते देख जोर से कटकटाये और दौड़े। एक बड़ा वृक्ष उखाड़कर मेघनाद पर दे मारा। उसका रथ टुकड़े-टुकड़े हो गया। उसके साथ के योद्धाओं को हनुमान ने मसल डाला। फिर मेघनाद से लड़ने लगे। उन्होंने उसे एक घूँसा मारा और पेड़ पर जा बैठे। घूँसे के प्रहार से मेघनाद को क्षणभर के लिये मूर्छा आ गयी वह समहल कर उठा और अपनी हार देखकर उसने ब्रह्मास्त्र साधा। तब हनुमान ने सोचा कि यदि ब्रह्मास्त्र को नहीं मान दिया तो उसकी अपार महिमा समाप्त हो जायेगी। ब्रह्मास्त्र के लगते ही वे पेड़ से नीचे भारी सेना के ऊपर गिरे। मेघनाद उन्हें नागपाश में बांध कर ले गया। सब राक्षस तमाशा देखने दौड़े। सब रावण की सभा में आ गये।

हनुमान ने रावण की सभा में उसकी अत्यंत प्रभुता देखी। देवता और दिकपाल भयभीत हाथ जोड़े खड़े हैं। पर हनुमान तनिक भी नहीं डरे। रावण हनुमान को देखकर पहले तो खूँब हँसा फिर पुत्र वध की याद करके दु:खी हो गया। बोला- रे वानर! तू कौन है? किसके दम पर तूने वन को उजाड़ डाला और किस अपराध से राक्षसों को मारा? क्या तुझे मृत्यु का डर नहीं है? हनुमान ने कहा- सुन! जिनका बल पाकर माया संपूर्ण ब्रह्माण्डों की रचना

करती है, जिनके बल से ब्रह्मा, विष्णु, महेश सृष्टि का सृजन, पालन और संहार करते हैं, जो देवताओं और पृथ्वी की रक्षा के लिये तरह-तरह के रूप धारण करते हैं, जिन्होंने शिव धनुष तोड़ा, खर, दूषण और त्रिशिरा जैसे राक्षसों को मारा है मैं उन्हीं का दूत हूँ। और मैं तुम्हारी प्रभुता भी खूब जानता हूँ। रावण ने हंसकर बात टाल दी। हे राक्षस स्वामी! मुझे भूख लगी थी सो मैंने फल खाये और वानर स्वभाव के कारण पेड़ तोड़े राक्षस मुझे मारने लगे तो जिन्होंने मुझे मारा मैंने उनको मारा। उस पर भी तुम्हारा पुत्र मुझे बांध कर ले आया। बांधे जाने की मुझे लज्जा नहीं है मैं अपने प्रभु का कार्य करना चाहता हूँ। मैं तुमसे हाथ जोड़कर विनती करता हूँ अभिमान छोड़कर अपने पवित्र कुल का विचार करके भगवान को भजो। प्रभु से बैर न करो और जानकी जी को दे दो। शरण में जाने पर वे तुम्हें शरण देंगे। अन्यथा राम विमुख को ब्रह्मा, विष्णु और महेश भी नहीं बचा सकते।

महान अभिमानी रावण हँसकर बोला- बड़ा ज्ञानी गुरू मिला है, मुझे शिक्षा दे रहा है अब तेरी मृत्यु निकट आयी है। तेरी बुद्धि फिर गयी है। अरे- इस मूर्ख का प्राण शीघ्र ही क्यूँ नहीं हर लेते। यह सुनकर राक्षस दौड़े उसी समय रावण के भाई विभीषण सभा में आये, सर नवाकर- रावण को समझाया कि नीति का विरोध करके दूत को न मारिये। इसे कोई दूसरा दण्ड दिया जाये तब रावण बोला- इसके अंग भंग करके भेज दो जिससे यह अपने स्वामी को लेकर यहाँ आये। मैं सबको समझाता हूँ बंदर की ममता उसकी पूँछ पर होती है अतएव इसकी पूँछ पर कपड़ा बाधो और तेल डालकर आग लगा दो। यह सुनते ही हनुमान जी मुस्काये। मन ही मन बोले- मैं जान गया सरस्वती जी इसे ऐसी बुद्धि देने में सहायक हुई हैं।

राक्षसों ने पूँछ में कपड़ा लपेटना शुरू किया हनुमान अपनी पूँछ लंबी करते गये। यहाँ तक कि सारे नगर का कपड़ा और तेल खत्म हो गया। नगरवासी और सभी राक्षस उन्हें ठोकर मार रहे हैं हँसी कर रहे हैं। फिर पूँछ में आग लगा दी गयी। आग लगते ही हनुमान ने पूँछ सिकोड़ कर छोटी सी कर ली और निबुक कर छोटे रूप में सोने की अटारियों में चढ़ गये। इस भवन से उस भवन कूदते हुये क्षणभर में सारी लंका राख कर दी केवल एक विभीषण का घर ही बचा रहा। चारों ओर चीख पुकार मच गयी। फिर वे समुद्र में कूद पड़े। इससे उनका श्रम मिट गया और पूँछ बुझाकर फिर सीता जी के आगे हाथ जोड़कर खड़े हो गये। बोले- हे माता! मुझे कोई पहचान दीजिये जैसे रघुनायक ने मुझे दी थी। तब सीता जी ने चूड़ामणि उतारकर दी

और कहा मेरा प्रणाम कहना और कहना, आप दीनदयाल हैं, दीनों पर कृपा करना आपका स्वभाव है अतः मेरे इस भारी संकट को दूर कीजिये। उन्हें जयंत की याद दिलाना। उनके बाणों के प्रताप की याद दिलाना और कहना महीने भर में यदि वो नहीं आये तो मुझे जीती न पायेंगे। तुमको देखकर छाती ठंडी हुई थी अब तुम भी जाने को कह रहे हो बताओ मैं कैसे जियूँ? हनुमान ने उन्हें धीरज बंधाया और सर नवाकर चल दिये। समुद्र लांघकर वे इस पार आ गये।

सब वानर उन्हें देखकर हर्षित हो गये। समझ गये कि हनुमान ने कार्य पूर्ण कर लिया है। सब आकर उनसे मिले। जैसे उनके प्राण वापस आ गये हों। तब सब लोग मधुबन के भीतर गये और फल खाने लगे। यह खबर सुग्रीव को मिली तो वे भी हर्षित हो गये। समझ गये। फिर सभी वानरों ने आकर सुग्रीव को सर नवाया। उन्होंने सबकी कुशल पूँछी सबने कहा श्री राम जी की कृपा से विशेष कार्य हुआ है।

हे नाथ! हनुमान ने सबके प्राण बचा लिये। फिर सब रघुनाथ जी के पास पहुँचे। दोनों भाई फटिक सिला पर बैठे थे। वे भी हर्षित हो गये कुशल पूँछी। जामवंत ने कहा- हे प्रभु जिस पर आप दया कर दें उसका सदा कल्याण और कुशल है। हे नाथ! पवनपुत्र ने जो काम किया उसका वर्णन हजार मुख से नहीं किया जा सकता। उन्होंने हनुमान के कार्य का विस्तृत वर्णन सुनाया। यह सुनकर राम ने हनुमान को हृदय से लगा लिया। फिर बोले- हे तात! कहो, सीता कैसे वहाँ रहती है और किस प्रकार अपने प्राणों की रक्षा करती है। हनुमान जी ने कहा- आपका नाम रात दिन पहरेदारी करता है, आपका ध्यान किवाड़ है, नेत्रों को अपने चरणों में लगाये रखती हैं यही ताला है, प्राण जाये तो जायें कहाँ से? सीता जी की विपत्ति बहुत ही अधिक है उसे न कहना ही उचित है अन्यथा आपको दुःख होगा। चलते समय मुझे चूड़ामणि उतार कर दी और कहा था कि मैं आपकी दासी हूँ आपके बिना मेरा एक-एक क्षण कल्प के समान बीतता है आपके दर्शन की अभिलाषा प्राण निकलने नहीं देती। प्रभु ने चूड़ामणि को हृदय से लगा लिया। सीता का दुःख सुनकर उनके नेत्र भर आये। बोले- मन, वचन और शरीर से जिसे मेरी ही गति हो उसे स्वप्न में भी दुःख नहीं हो सकता। हे हनुमान! सुन तेरे जैसा मेरा कोई उपकारी नहीं हो सकता। किस प्रकार मैं इस उपकार का प्रति उपकार करूँ? मैं तो तुम्हारे सामने भी नहीं आ सकता। मैं तुझसे कभी उऋण नहीं हो सकता। दोनों प्रेम मग्न एक दूसरे को देख रहे हैं। नेत्रों में जल है और शरीर

पुलकित हैं। हनुमान प्रभु के चरणों में गिर पड़े, प्रभु उन्हें उठा रहे हैं मगर वे उठ नहीं रहे हैं। प्रभु का हाथ उनके सर पर है। फिर उठाकर उन्हें गले से लगाया, निकट बैठाया और पूँछा- हे हनुमान, बताओ रावण की उस अभेद किले रूपी लंका को तुमने किस तरह जलाया- हनुमान से संक्षिप्त में बताकर कहा हे नाथ! यह सब आपका ही प्रताप है इसमें मेरी कोई बड़ाई नहीं है। जिस पर आप प्रसन्न हों उसके लिये कुछ भी कठिन नहीं है। हे नाथ! आप कृपा करके अपनी निश्छल भक्ति मुझे दीजिये। भगवान ने कहा- एवमस्तु। शिवजी बोले- हे उमा! जिसने राम जी का स्वभाव जान लिया उसे भजन छोड़कर दूसरी बात ही नहीं सुहाती। यह स्वामी और सेवक का उक्त संवाद जिसके हृदय में आ गया, वही श्री रघुनाथ जी की भक्ति पा गया।

श्री रघुनाथ ने सुग्रीव को बुलाया और कहा अब चलने की तैयारी करो। तुरंत बानरों को आज्ञा दो। सुग्रीव के बुलाने पर अत्यंत बलशाली वानरों और भालुओं के झुण्ड़ और सेनापतियों के समूह आ गये। सभी गरज रहे हैं। राम ने सेना देखी, उन पर कृपा दृष्टि डाली। राम कृपा पाकर सभी अत्यंत बलशाली हो गये। तब राम जी ने कूच किया। मंगल शकुन होने लगे। उधर जानकी जी को भी शगुन होने लगे। उन्होंने जान लिया कि श्री राम चल दिये हैं जो जो शगुन सीता को हुये वही रावण के लिये अपशगुन हो गये।

वानर भालू गरज कर चल रहे हैं पृथ्वी सेना के बोझ से बार-बार घबरा जाती है। फिर प्रभु समुद्र तट पर पहुँचे।

वहाँ लंका में जब से हनुमान लंका जलाकर गये तब से राक्षसों में भय और शंका व्याप्त हो गई। सब कह रहे हैं कि जिसके एक दूत ने ये दशा कर दी वह स्वयं आयेगा तो हमारी क्या दशा होगी? ऐसी नगरवासियों की वार्ता सुनकर मंदोदरी (रावण की पत्नी) अत्यंत व्याकुल हो गई। वह एकांत में रावण से पैर पकड़कर बोली- हे नाथ! हरि से बैर न कीजिये। यदि भला चाहते हो तो दूतों के हाथ उनकी स्त्री को भेज दीजिये। यह काल के समान है उसे दिये बिना शंकर और ब्रह्मा भी आपका भला नहीं कर सकते। यह सुनकर अभिमानी रावण खूब हँसा। बोला- तुम बहुत डरपोक हो। यदि वानरों की सेना आयेगी तो राक्षस उसे खा जायेंगे। तुम मेरी स्त्री होकर डरती हो यह बड़ी हँसी की बात है। उसने मंदोदरी को हृदय से लगाया फिर सभा में चला गया। मंदोदरी सोचने लगी कि विधाता मेरे पति के प्रतिकूल हो गये हैं।

सभा में पहुँचकर उसे ज्ञात हुआ कि वानरों की सेना समुद्र पार आ गयी है तब वह मंत्रियों से बोला- अब क्या करना चाहिये आप लोग अपनी उचित

राय दीजिये। तब वे सब हँसे और बोले इसमें सलाह की कौन सी बात है? आपने देवताओं और राक्षसों को जीत लिया तब कोई बात नहीं हुई फिर ये मनुष्य और वानर किस गिनती में हैं?

सचिव, वैद्य और गुरु लाभ की बात न कहकर यदि मुँह देखी बात करते हैं तो राज्य, शरीर और धर्म का नाश निश्चित हो जाता है। यही बात रावण के लिये संयोग बनी।

उसी समय अवसर देखकर रावण के छोटे भाई विभीषण वहाँ आये। सर नवाकर, आसन पर बैठे, और रावण की आज्ञा पाकर बोले- आपने राय पूँछी है तो कृपालु मैं अपनी बुद्धि के अनुसार आपके हित की बात कहता हूँ कि अपने सर्व कल्याण हेतु पर स्त्री को चौथ के चंद्रमा के समान त्याग देना चाहिये। काम, क्रोध, मद और लोभ ये सब नरक के रास्ते हैं। इन सबको छोड़कर श्री राम को भजिये। हे तात! राम मनुष्यों के राजा ही नहीं हैं वे कालों के भी काल हैं। भगवान हैं अजेय और अजन्मा ब्रह्म हैं। उन्होंने ब्राह्मण, देवता और पृथ्वी के हित के लिये मनुष्य रूप धारण किया है। बैर त्याग कर उन्हें सर नवाइये। शरण जाने पर वे उसका त्याग नहीं करते। मुनि पुलस्त्य जी ने यह बात कहला भेजी है जिसे मैंने सुंदर अवसर देखकर कही है। माल्यवान, रावण के बुद्धिमान मंत्री ने भी प्रसन्न होकर कहा कि हे तात! छोटे भाई जो कुछ कह रहे हैं उसे हृदय में धारण कीजिये।

रावण ने कहा- यहाँ कोई है इन्हें दूर करो। ये मेरे शत्रु का गुणगान कर रहे हैं। माल्यवान अपने घर को चले गये। विभीषण फिर समझाने लगा। हे तात! कुबुद्धि और सुबुद्धि सबके हृदय में रहती है। जहाँ सुबुद्धि रहती है वहाँ सुख संपत्ति होती है, जहाँ कुबुद्धि हो वहाँ विभिन्न प्रकार की विपत्ति होती है। आपके हृदय में कुबुद्धि आ बसी है जिससे आप हित और अहित नहीं जान पा रहे हैं और मित्र को शत्रु मान रहे हैं। यह राक्षस कुल के लिये कालरात्रि के समान है। आप मेरे आग्रह को बालक का आग्रह समझकर स्वीकार कीजिये और सीता को वापस श्री राम को दे दीजिये।

इतनी हित और नीति भरी वाणी सुनकर भी रावण क्रोध से भर उठा। और बोला- अब तेरी मृत्यु निकट आयी है। तू मेरा पाला हुआ है और शत्रु का पक्ष तुझे अच्छा लग रहा है। अरे दुष्ट! बता जगत में ऐसे कौन हैं जिसे मैंने अपनी भुजाओं के बल से न जीता हो। मेरे नगर में रह कर तपस्वियों से प्रेम करता है मूर्ख! उन्हीं से जा मिल और उन्हें नीति बता। ऐसा कहकर उसने विभीषण को लात मारी। परंतु विभीषण ने बार-बार चरण ही पकड़े। आप

मेरे पिता के समान हैं भले ही मुझे मारिये। परंतु आपका भला राम को भजने में ही है। इतना कहकर वह अपने मंत्रियों को साथ लेकर आकाशमार्ग से गये और कहने लगे- श्री राम समर्थ हैं और तुम्हारी सभा काल के वश में हैं अत: अब मैं रघुवीर की शरण में जा रहा हूँ कोई मुझे दोष न देना।

इतना कहकर विभीषण जी जैसे ही चले तो मानो कि सब राक्षसों की मृत्यु निश्चित हो गई। शिवजी ने कहा- हे भवानी साधु का अपमान तुरंत ही सभी कल्याणों का नाश कर देता है। विभीषण हर्षित होकर सोचते जा रहे हैं कि मैं आज इन नेत्रों से प्रभु के चरण कमल देखूँगा।

इस प्रकार वे समुद्र के पार जहाँ राम जी की सेना थी वहाँ पहुँच गये। वानरों ने देखा तो सोचा कि यह शत्रु का कोई विशेष दूत है। उन्होंने सुग्रीव के पास जाकर सब समाचार सुनाया। सुग्रीव ने तब राम के पास जाकर कहा रावण का भाई आपसे मिलने आया है। श्री राम जी बोले- तुम्हारी क्या राय है? वानरराज सुग्रीव बोले- हे नाथ! राक्षसों की माया समझ में नहीं आती है, यह इच्छानुसार वेष धरने वाला न जाने किस कारण से आया है? लगता है ये हमारा भेद लेने आया है इसलिये मुझे तो लगता है इसे बंदी बना लिया जाये। राम बोले- मित्र! तुमने नीति सही विचारी है परंतु मेरा प्रण तो शरणागत के भय हर लेना है।

प्रभु के वचन सुनकर हनुमान हर्षित हो गये। वे मन ही मन सोचने लगे भगवान कैसे शरणागतों से प्रेम करने वाले हैं। श्री राम बोले शरणागत को जो तज देते हैं वे पापमय हैं। जिन्हें करोड़ों ब्राह्मणों की हत्या लगी हो, शरण में आने पर मैं उनको भी नहीं त्यागता। जीव ज्यों ही मेरे सम्मुख होता है उसके करोड़ों जन्मों के पाप नष्ट हो जाते हें। पापी का स्वभाव है कि उसे मेरा भजन नहीं सुहाता यदि वह पापी होता तो मेरे सम्मुख आ सकता था क्या? जो मनुष्य निर्मल मन का होता है वही मुझे पाता है मुझे कपट और छलछिद्र नहीं भाता। यदि वह भेद लेने आया है तब भी हे सुग्रीप! हमारी कोई हानि नहीं है। जगत में जितने भी राक्षस हैं लक्ष्मण क्षण भर में उनको मार सकते हैं और यदि यह भयभीत होकर मेरी शरण में आया है तो मैं उसे प्राणों की तरह रक्खूँगा। हँसकर बोले- दोनों ही स्थितियों में इसे ले आओ।

अंगद, हनुमान आदि विभीषण को आगे करके उन्हें राम जी के पास ले आये।

विभीषण ने दूर से ही दोनों भाइयों को देखा फिर श्री राम को देखकर वे ठिठककर एक टक निहारते रह गये। नेत्रों में प्रेम का जल भर आया

पुलकित हो गये। फिर धीरज रखकर बोले- हे प्रभु! मैं रावण का भाई हूँ, राक्षस कुल में जन्मा हूँ। मेरा तामसी शरीर है स्वभाव से पापी हूँ। मैं आपका सुयश सुनकर आया हूँ कि आप जन्म मरण के भय का नाश करने वाले हैं। हे दुखियों के दु:ख दूर करने वाले मेरी रक्षा कीजिये रघुवीर। उसको चरणों में पड़े देख, प्रभु तुरंत उठे और उसके दीन वचन सुनकर हर्षित होकर उसे हृदय से लगा लिया। अपने पास बैठा लिया। फिर उन्होंने कुशल पूँछी। फिर बोले तुम्हारा सब आचार व्यवहार मैं जानता हूँ, तुम बहुत बुरी जगह रहते हो ऐसे मैं तुम्हारा धर्म किस प्रकार निभता है? वह बोला- दुष्ट के साथ रहने से नरक में रहना कहीं अच्छा है। आपने मुझपर दया की तो अब मेरा मंगल ही मंगल है। मेरे भारी भय मिट गये।

रामजी बोले हे सखा! सुनो, मैं तुम्हें अपना स्वभाव कहता हूँ- कोई मनुष्य जड़, चेतन जगत का द्रोही हो, यदि वह भी भयभीत होकर मेरी शरण में आता है और जो मद, मोह, कपट और नाना प्रकार के छल छोड़ दे तो मैं उसे साधु के समान कर देता हूँ। जिन्हें ब्राह्मणों के चरणों में प्रेम है वो मुझे प्राणों के समान प्रिय हैं। तुम्हारे अंदर ये सब गुण हैं इसलिये तुम मुझे अत्यधिक प्रिय हो। विभीषण बोले- मेरे हृदय में कुछ वासना थी पर नाथ अब आपके चरणों के दर्शन करके वह भी जाती रही। अब आप शिवजी को प्रिय लगने वाली आपकी भक्ति मुझे दीजिये। 'एवमस्तु' कहकर प्रभु ने समुद्र का जल माँगा और कहा- हे सखा! यद्यपि तुम्हारी इच्छा नहीं है पर मेरा दर्शन अमोघ है वह निष्फल नहीं जाता। ऐसा कहकर श्री राम जी ने उनको राजतिलक कर दिया। आकाश से पुष्प वर्षा हुई। रावण को शिवजी ने जो संपत्ति, दस सिरों की बलि देने पर दी थी, वही श्री राम ने विभीषण को बड़े संकोच के साथ दी।

श्री राम ने कहा- हे लंकापति और सुग्रीव इस विशाल समुद्र को कैसे पार किया जाये। इसमें अनेक जीव जंतु हैं। विभीषण ने कहा- हे प्रभु! आपका एक बाण ही करोड़ों समुद्रों को सोखने वाला है फिर भी नीति ऐसी कही गयी है कि पहले समुद्र से प्रार्थना की जाये। समुद्र आपके पूर्वज हैं वे कोई उपाय अवश्य बतायेंगे। प्रभु को यह बात अच्छी लगी किंतु लक्ष्मण को यह मत नहीं भाया। वो बोले हे नाथ! दैव का कौन भरोसा! क्रोध कीजिये और समुद्र को सुखा डालिये। यह दैव तो कायर मन का एक आधार है। आलसी लोग ही देव-देव पुकारा करते हैं। प्रभु हँसकर बोले- ऐसा ही करेंगे थोड़ा धीरज रखो। वे समुद्र के पास गये। सर नवाकर प्रणाम किया फिर कुशा

बिछाकर बैठ गये। विभीषण भी प्रभु के पास आ गये।

उधर रावण ने उनके पीछे जो दूत भेजे थे वो सब वानरों के कपट भेष में सब लीलायें देख रहे थे। वे अपने मन में प्रभु के गुणों की सराहना कर रहे थे। वे कपट भूल गये और उनके असली भेष में आ जाने के कारण पहचान लिये गये। वानर उन्हें बांधकर सुग्रीव के पास ले आये।

सुग्रीव बोले- सब को अंग भंग करके भेजो। सब वानर दौड़े- उन्होंने उन दूतों को बांधकर सेना के चारों ओर घुमाया। बहुत तरह से मारा। तब वे दूत विलाप कर बोले जो हमें मारेगा या हमारे नाक कान काटेगा उसे राम की सौगंध है। यह सुनकर लक्ष्मण जी ने सबको पास बुलाया, दया करके राक्षसों को छुड़ा दिया। और उन्हें एक पाती लिखकर दी और कहा जाओ और कहना कि सीता जी को देकर राम से मिलो नहीं तो तुम्हारा काल आया समझो।

दूत लंका पहुँचे तो रावण ने कुशल पूँछी, विभीषण के समाचार पूँछे, तब शुक नामक उस दूत ने कहा- आपने पूँछा है तो बताता हूँ फिर उसने विभीषण के पहुँचने से लेकर समुद्र से प्रार्थना तक के सब समाचार सुनाये। विभीषण का राजतिलक सुनाया और रामजी की सेना का विवरण देते हुये बताया- कि करोड़ों बलशाली वानर और रीछ हैं जिनका वर्णन नहीं किया जा सकता। जिसने अपने नगर को जलाया था, अक्षय कुमार को मारा था उसका बल तो थोड़ा था वहाँ ऐसे असंख्य बलवान वानर हैं जिनमें असंख्य हाथियों का बल है। अनेक नाम हैं जैसे, द्विविद, मयंद, नील, नल, अंगद, गद, विकटास्य, दधिमुख, केसरी, निशठ, शठ और जामवंत आदि। ये सब वानर बल में सुग्रीव के समान हैं और ऐसे करोड़ों हैं। वे तीनों लोकों को तिनके समान समझते हैं। सब ऐसे क्रोधित और आतुर हैं कि श्री राम की आज्ञा मिलते ही जैसे लंका को खा जायेंगे। मैंने कानों से ऐसा सुना है कि अठारह पदम तो अकेले वानरों के सेनापति हैं। उस सेना में कोई वानर नहीं है जो आपको न जीत सके। और श्री राम के तेज और बल को तो लाखों शेष भी नहीं गा सकते। वे समुद्र को सोख भी सकते हैं मगर विभीषण जी की नीति मानकर समुद्र से रास्ता देने के लिये प्रार्थना कर रहे हैं। दूत के वचन सुनकर रावण खूब हँसा जब ऐसी बुद्धि है तभी तो वानरों को सहायक बनाया है विभीषण जैसे डरपोक की बात मानकर समुद्र से हठ ठाना है। तू उनकी झूठी बढ़ाई क्या करता है, मैंने उनकी बुद्धि और बल की थाह पा ली है। फिर दूत ने पत्रिका निकाल कर दी और कहा- लक्ष्मण ने यह पाती दी है। रावण ने पाती मंत्रियों से बचवायी। पत्रिका सुनते ही वह मन में भयभीत हो गया परंतु

ऊपर से मुस्कुराता हुआ सबको सुनाकर कहने लगा। लक्ष्मण तो ऐसे कर रहा है जैसे कोई पृथ्वी पर पड़ा हुआ आकाश पकड़ने की चेष्टा करता है। शुक ने कहा- हे नाथ! अभिमान छोड़कर प्रभु के पत्रिका के वचन सुनिये। मेरा कहा मानिये श्री राम से बैर त्याग दीजिये। जानकी जी को उन्हें दे दीजिये। वे आपका अपराध मन में नहीं रक्खेंगे। इतना सुनकर रावण ने उसे लात मारी। वह भी सर नवाकर श्री राम के पास चला गया। श्री राम को प्रणाम करके सब कथा सुनाई और श्री राम की कृपा से मुनि रूप पाया। वह वास्तव में ज्ञानी मुनि था- अगस्त्य के शाप से राक्षस हो गया था। वह बार-बार श्री राम को सर नवाकर अपने आश्रम चला गया।

इधर तीन दिन बीत गये मगर जड़ स्वरूप समुद्र ने श्री राम की बिनती नहीं सुनी। तब श्री राम क्रोधित होकर बोले- लक्ष्मण धनुष-बाण लाओ। बिना भय के प्रीति नहीं होती। मैं अग्नि बाण से समुद्र को सोखूँ। मूर्ख से विनय, कुटिल से प्रीति और कंजूस से उदारता का उपदेश, ममता में फँसे मनुष्य से ज्ञान की कथा, लोभी से वैराग्य का वर्णन, क्रोधी से शांति की बात और कामी से भगवान की कथा नहीं कहनी चाहिये। उनका वैसा ही फल होता है जैसा ऊसर जमीन पर बीज बोने का होता है। उन्होंने धनुष चढ़ाया। यह लक्ष्मण को बहुत अच्छा लगा। प्रभु ने अग्निबाण संधान किया। जिससे समुद्र के अंदर अग्नि ज्वाला धधक उठी। सभी जीव जंतु व्याकुल हो गये। यह देखकर समुद्र ब्राह्मण के रूप में आया। प्रभु के चरण पकड़कर कहा- क्षमा कीजिये। मेरा जड़ स्वभाव है। आपने अच्छा किया जो मुझे शिक्षा दी। ढोल, गंवार, शूद्र, पशु और नारी ये सब ताड़ना के अधिकारी हैं। आपके प्रताप से मैं सूख जाऊँगा। सेना पार उतर जायेगी। इसमें मेरी कोई बडाई नही है मेरी मर्यादा नहीं रहेगी। अब आप जैसा उचित समझें मैं तुरंत वही करूँ। समुद्र के कोमल वचन सुनकर प्रभु मुस्कुरा कर बोले- हे तात! कोई उपाय बताइये जिससे सेना पार उतर जाये। समुद्र ने कहा- हे नाथ! आपकी सेना में नल और नील नाम के वानर हैं उन्होंने बचपन में ऋषि से आशीर्वाद पाया था। उनके स्पर्श करने से भारी से भारी पत्थर आपके प्रताप से समुद्र पर तैर जायेंगे और मैं भी अपनी ओर से पूरी सहायता करूँगा। आप इस बाण से मेरे उत्तर तट पर रहने वाले पापी, दुष्ट मनुष्यों का वध कीजिये। श्री राम ने ऐसा ही किया। फिर वह सर नवाकर चला गया।

श्री राम ने कहा कि अब विलम्ब किस लिये हो रहा है। सेतु तैयार

करो। जामवन्त ने नल नील दोनों भाईयों को बुलाकर पूरी कथा सुनाई और कहा, श्री राम का स्मरण करके सेतु तैयार करो।

फिर क्या था सभी वानर बड़े-बड़े पत्थर, पहाड़ पेड़ आदि उखाड़ कर नल-नील को देने लगे। वे गढ़ कर सुन्दर सेतु बनाने लगे। सेतु बनता देख श्री राम बोले यह स्थान कितना पवित्र है, मैं यहाँ शिव की स्थापना करूंगा। सुग्रीव ने सभी श्रेष्ठ मुनियों को बुला लिया। शिवलिंग की स्थापना कर विधि वत उसका पूजन किया। तब श्री राम बोले मुझे शिव जी के समान दूसरा कोई प्रिय नहीं है। जो शिव से द्रोह रखता है और मेरा भक्त कहलाता हो व स्वप्न में भी मुझे नहीं पा सकता। जो मेरे द्वारा स्थापित इस रामेश्वरम् शिवलिंग का दर्शन करेंगे वे शरीर छोड़कर मेरे लोक को जायेंगे। जो छल छोड़कर शिव की सेवा करेंगे उसे शंकरजी मेरी भक्ति देंगे और जो मेरे बनाये सेतु का दर्शन करेगा वह बिना परिश्रम संसार से पार हो जायेगा।

चतुर नल-नील ने सेतु बांधा। श्री राम को वह बहुत अच्छा लगा। वे सेतु पर चढ़कर समुद्र का विस्तार देखने लगे। उनके दर्शन को तरह-तरह के विशाल जीव जन्तु निकल आये। फिर आज्ञा पाकर सेना चली। कुछ आकाश मार्ग से उड़ने लगे कुछ जीव जन्तु के ऊपर चलने लगे। दोनों भाई मुस्करा रहे हैं। इस तरह वह समुद्र पार कर गये। वानर फल, कंद और मूल खाने लगे। राक्षसों को मारने और उनके नाक-कान काटने लगे। कटे हुये नाक कान लेकर वो राक्षस रावण के पास गये, उन्होंने सब समाचार सुनाये।

रावण को सेतु बन्ध बनने की खबर लगी तो वह आश्चर्य करने लगा। वह महल में गया। मंदोदरी ने उसका हाथ पकड़कर बहुत प्रकार से समझाया। हे नाथ! उनका विरोध न कीजिये। उन्होंने बड़े-बड़े राक्षसों को मार डाला है। वे पृथ्वी का भार हरने मनुष्य रूप में प्रकट हुये हैं। अब आपकी उम्र भजन करने की है, पुत्र को राज्य दीजिए और सीता को श्री राम को सौंप कर उनका भजन कीजिये। वे आपको क्षमा कर देंगे। फिर उसने मंदोदरी से कहा- व्यर्थ मत डरो। जगत में मेरे समान योद्धा कौन है?

सभा में आकर उसने मंत्रियों से पूछा कि किस प्रकार युद्ध करना चाहिए? मंत्री बोले- उसमें विचार की क्या आवश्यकता है मनुष्य और वानर, भालू तो हमारे भोजन हैं। तब रावण का पुत्र प्रहस्थ हाथ जोड़कर बोला- हे नाथ! नीति के विरूद्ध कुछ भी नहीं करना चाहिये। ये सभी मंत्री मंद बुद्धि हैं और मुंह देखी बात कर रहे हैं। एक ही बंदर सब कुछ उजाड़ गया तब इन्होंने उसे क्यों नहीं खाया? मुझे कायर न समझें और मेरी बात पर ध्यान दें।

पहले दूत भेजिये फिर सीता को देकर राम से प्रीति कीजिये। यदि सीता पाकर भी वो युद्ध करते हैं तो आप भी मार-काट कीजिये। रावण क्रोधित होकर बोला- मूर्ख! तुझे यह बुद्धि किसने सिखाई। अभी से संदेह कर रहा है। तू मेरा पुत्र होने लायक नहीं है। इतना सुनकर प्रहस्थ कठोर वचन कहता हुआ चला गया। रावण अपने महल को गया।

लंका की चोटी पर एक विचित्र महल था वहाँ नाच गाना, अखाड़ा आदि होता था। रावण वहाँ जाकर बैठ गया। किन्नर उसके गुण समूहों को गाने लगे, ढोल, मृदंग आदि बज रहे हैं, अपसरायें नाच रही हैं, यह उसके अभिमान की पराकाष्ठा ही है कि इतना प्रबल शत्रु सर पर है और वह नाच गाना देख रहा है।

यहाँ श्री राम सुबेल पर्वत पर सेना की बड़ी भीड़ के साथ उतरे। उसी पर्वत पर एक ऊँचा स्थान देखकर समतल सी जगह पर लक्ष्मण ने वृक्षों के पत्ते बिछाकर मृगछाल बिछा दी, प्रभु उस पर बैठ गये, उनका सर सुग्रीव की गोद में है, हनुमान और अंगद पैर दबा रहे हैं, लक्ष्मण पीछे खड़े हैं। पूरब दिशा में प्रभु ने चंद्रमा देखा। सबसे कुछ वार्तालाप भी की और फिर दक्षिण दिशा में देखकर बोले- हे विभीषण! दक्षिण दिशा की ओर देखो। बादल कैसा घुमड़ रहा है और बिजली चमक रही है। भयानक बादल मीठे स्वर में गरज रहे हैं। कहीं ओलों की वर्षा न हो? विभीषण बोले हे- कृपालु! यह न बिजली है न बादल की घटा, लंका की चोटी पर एक महल है वहाँ रावण बैठा अखाड़ा देख रहा है। उसने सर पर मेघवर्ण (काला) मुकुट पहन रखा है जो बादल सा दिख रहा है और मंदोदरी के कर्णफूल हैं जो बिजली की तरह चमक रहे हैं। ताल और मृदंग बज रहे हैं वही मेघ की गर्जना लग रहे हैं। रावण का अभिमान समझकर प्रभु ने एक बाण का संधान किया, रावण के छत्र मुकुट और मंदोदरी के कर्ण फूल काट गिराये। सबके देखते देखते वे जमीन पर आ गिरे पर इसका कारण किसी ने नहीं जाना। यह चमत्कार करके श्री राम जी का बाण वापस तरकस में आ गया।

यह रसभंग देखकर रावण की सभा भयभीत हो गयी। न भूकम्प आया न जोर की हवा चली न कोई अस्त्र शस्त्र दिखा फिर ये छत्र मुकुट और कर्णफूल कैसे कट कर गिर गये? सबने इसे अपशकुन माना। सभी को भयभीत देखकर वह हंसकर बोला सरों का गिरना भी जिसके लिये शुभ होता रहा है उसे मुकुट का गिरना कैसा अपशकुन? जाओ- अपने-अपने घर जाकर सो जाओ।

भयभीत मंदोदरी ने उसे एकांत में फिर बहुत प्रकार से समझाया किन्तु वह अभिमानी उसको ही भला बुरा कहने लगा। कहते हैं कि मूर्ख को कोई ज्ञान नहीं दे सकता, चाहे ज्ञान देने वाला ब्रम्हा के समान ही क्यूं न हो। वह अभिमानी सभा में आ गया।

यहाँ सुबेल पर्वत पर प्रातः श्री राम जागे और उन्होंने सब मंत्रियों को बुलाकर सलाह ली कि अब क्या करना चाहिए? तब जाम्बवान ने सर नवाकर कहा कि हे सर्वज्ञ! मेरी सलाह है कि अंगद को दूत बनाकर भेजा जाये। तब श्री राम ने अंगद को आज्ञा दी कि तुम मेरे काज के लिये लंका जाओ और उसे ऐसा समझाओ जिसमें उसका हित हो और मेरा कार्य भी हो जाये। अंगद ने सर नवाया और बोला- हे प्रभु, जिस पर आपकी कृपा हो वही गुणों का समुद्र हो जाता है। आपके सब कार्य स्वयं सिद्ध हैं आप ने तो मुझे आदर ही दिया है।

लंका में प्रवेश करते ही अंगद की भेंट रावण के पुत्र से हो गयी। वो वहाँ खेल रहा था। बातों ही बातों में झगड़ा हो गया। दोनों बलशाली थे और युवा थे। उसने अंगद पर लात उठायी जिसे उसने मरोड़ कर उसे धरती पर पटक दिया। मार गिराया। राक्षस डर कर भागने लगे। कोई कहता जिसने लंका जलायी थी वह वानर फिर से आ गया है। डर के मारे वे उसे बिना पूछे ही रावण के दरबार का पता दे रहे थे। रावण के पुत्र का बध सुनकर नगर में कोलाहल मच गया। अंगद राम का स्मरण करते हुये सभा के द्वार तक पहुँचे। राक्षसों ने रावण को उसके आगमन की सूचना दी। रावण बोला- बुला लाओ, मैं भी देखूँ कहाँ का बन्दर है? अंगद ने भीतर आकर देखा रावण ऐसे बैठा था जैसे कोई काजल का पहाड़ हो। भुजायें वृक्षों के समान और सिर पर्वतों के शिखरों के समान है। मुँह, नाक, नेत्र और कान पर्वत की कन्दराओं और खोहों के समान हैं। सभी सभासद अंगद को देखकर खडे हो गये। यह देख रावण क्रोधित हो उठा। अंगद निडर होकर सभा में बैठ गये।

रावण ने कहा- अरे बंदर तू कौन है? अंगद बोला- हे दसग्रीव! मैं रघुवीर का दूत हूँ। मेरे पिता से आपकी मित्रता थी इसलिये आपकी भलाई के लिए आया हूँ। तुम्हारा उत्तम कुल है, शिव और ब्रह्मा की आपने पूजा की और वर पाये हैं। लोकपालों और सब राजाओं को तुमने जीत लिया है। मगर मोहवश तुम जगत जननी सीता को हर लाये हो। अब तुम मेरी सलाह मानो और वैसा ही करो तो प्रभु श्री राम तुम्हें क्षमा कर देंगे। दाँतों में तिनका

दबाओ, गले में कुल्हाड़ी डालो और कुटुम्बियों सहित अपनी स्त्रियों को साथ लेकर आदरपूर्वक जानकी जी को आगे करके भय छोड़ कर चलो। वे शरणागत की रक्षा करने वाले तुम्हें निर्भय कर देंगे।

रावण बोला- अरे बंदर के बच्चे। सम्हालकर बोल अपना नाम और बाप का नाम बोल किस नाते से मित्रता मानता है?

अंगद नाम है मेरा, मैं बालि का बेटा हूँ उनसे आप कभी मिले हैं क्या? बालि का नाम सुनते ही रावण सकुचा गया और बोला- हाँ, बालि नाम का एक बंदर था। तू बालि का लड़का है? अरे बालि की कुशल तो बता? अंगद ने हँसकर कहा- कुछ दिन ठहर स्वयं जाकर उनसे पूछ लेना। श्री राम से विरोध करने पर कैसी कुशल होती है वह तुझे बतायेंगे। रावण बोला अरे कुल नाशक! तू अपने ही कुल का घातक निकला। अंगद बोला- आपके तो बीस नेत्र और बीस कान हैं आपकी बुद्धि कहाँ गयी है? रावण क्रोध करके बोला- अरे मूर्ख बक-बक मतकर तुम्हारी सेना में कोई भी नहीं है जो मुझसे युद्ध कर सके। अंगद ने कहा, सच कहा आपने- सेना में तुम से लड़ने में जो शोभा पाये ऐसा कोई भी नहीं है, जिन्हें तू मनुष्य और वानर समझ रहा है। प्रीति और शत्रुता बराबर वाले के साथ अच्छी लगती है।

रावण ने कहा- तू मुझे नहीं जानता क्या, तूने मेरा बल नहीं सुना?

अंगद बोला- यह तो बता जगत में कितने रावण हैं। मुझे जो पता हैं उनमें से एक रावण बली को जीतने पाताल गया था। तब बच्चों ने उसे घुड़साल में बांध दिया था। बालक खेलते थे और जा जा कर उसे मारते थे तब बली ने दया करके उसे छुड़ा दिया। एक रावण को सहस्रबाहु ने देखा और एक विचित्र जन्तु समझकर पकड़ लिया था। तमाशा के लिये वो उसे घर ले आया तब पुलस्त्य मुनि ने आकर छुड़ाया। एक रावण की बात करने में तो मुझे संकोच हो रहा है। वह बहुत दिनों तक बालि की कांख में रहा। तुम उनमें से कौन रावण हो?

रावण ने कहा- मैं वही जगत प्रसिद्ध प्रतापी रावण हूँ जिसे कैलाश पर्वत जानता है। जिसकी शूरता महादेव जानते है। मैंने उन्हें अपने सर चढ़ा-चढ़ा कर पूजा था। जिसके चलने से पृथ्वी हिलती है। तू मनुष्यों और वानरों की बड़ाई कर रहा है।

अंगद बोला- जिनके सामने परशुराम का गर्व भाग गया और जो तेरे पुत्र का वध कर गया, वो हनुमान क्या वानर है। अरे रावण चतुराई छोड़कर तू उनको भज। वरना तुझे ब्रम्हा, विष्णु और महेश भी नहीं बचा सकेंगे।

रावण बोला- कुम्भकर्ण जैसे सौ भाई हैं। इन्द्र को जीतने वाला मेघनाद मेरा पुत्र है और मैंने सम्पूर्ण जड़ चेतन जगत को जीत लिया है। यदि वह लड़ने में सक्षम हैं तो बार-बार दूत किसलिये भेजता है?

अंगद बोला- मूर्ख अब बस कर अपने मुँह से अपनी बड़ाई बहुत कर चुका। मैं दूत की तरह संधि करने नहीं आया हूँ। प्रभु के वचनों को पालकर ही मैं यह सब सह रहा हूँ अन्यथा तेरा मुँह तोड़कर मैं सीताजी को ले जाता। तेरा बल तो तभी समझ में आया गया था जब तू परायी स्त्री को चोरी से उठा लाया था। यदि मैं रामजी की अवमानना से न डरूँ तो तुझे जमीन पर पटक कर तेरी सेना का संहार करके तेरे नगर को नष्ट करके तेरी युवतियों और स्त्रियों समेत सीता जी को ले जाऊँ।

रावण बोला- रे नीच बंदर अब तू मरना ही चाहता है। जिसके दम पर तू बोल रहा है उसमें बल, प्रताप, बुद्धि या तेज कुछ भी नहीं है।

जब उसने राम की निंदा की तो अंगद बहुत जोर से कट कटाये और अपने दोनों भुजदण्डों को पृथ्वी पर दे मारा, पृथ्वी हिलने लगी, जिससे सभासद गिर पड़े और डरकर भाग चले। रावण गिरते गिरते सम्हलकर उठा उसके मुकुट धरती पर गिर पड़े, कुछ उसने उठाकर पहन लिये और कुछ को उठाकर अंगद ने श्री राम के पास फेंक दिया।

मुकुटों को आता देख वानर भागे व सोचने लगे कि दिन में ही तारे टूटने लगे। अथवा रावण ने चार बज्र चलाये हैं। जो बड़े वेग के साथ आ रहे हैं प्रभु ने हंसकर कहा- चिंता मत करो, ये न बज्र हैं ने उलका, न राहु है न केतू। ये रावण के मुकुट हैं जो अंगद ने फेंके हैं। हनुमान ने उछलकर उन्हें हाथों से पकड़ लिया और श्री राम के आगे रख दिया। सब उसे देखने लगे, वे सूर्य के समान चमक रहे थे।

वहाँ रावण क्रोधित होकर बोला- योद्धाओ तुरंत दौड़ो। पृथ्वी को वानरों से खाली कर दो। दोनों तपस्वियों को पकड़ लाओ।

अंगद बोला- मैं लंका को गूलर के फल के समान खा जाऊँ मगर मुझे प्रभु की आज्ञा नहीं है। फिर क्रोधित होकर उन्होंने श्री राम का स्मरण करके अपना एक पैर धरती पर रोप दिया और कहा- अरे मूर्ख! अगर तू मेरा चरण हटा सके तो श्री राम लौट जायेंगे, मैं सीता को हार गया। रावण ने वीरों को आज्ञा दी कि जाओ इस बन्दर का पैर पकड़कर धरती पर पटक दो। इन्द्रजीत (मेघनाद) जैसे योद्धा हर्षित होकर उठे। पूरे उपाय करने पर भी पैर हिल नहीं सका। सभी राक्षस हार गये। अन्त में रावण उठा तो अंगद बोला- मेरे पैर क्या

पकड़ता है श्री राम के पैर पकड़ तभी तेरा बचाव होगा। वह तेजहीन होकर बैठ गया मानो सारी सम्पत्ति हार गया हो।

फिर अंगद श्री राम के गुण गाते हुये श्री राम के पास चल दिये। हर्षित होकर उन्होंने श्री राम के पैर पकड़ लिये।

संध्या समय रावण महल चला गया। मंदोदरी ने रावण को फिर समझाया। कहा कि उनके छोटे भाई ने एक रेखा खींच दी थी वो आपसे लांघी न गयी। उनका दूत लंका जला गया। मारीच, सुबाहु, ताड़का, खर-दूषण, त्रिशिरा और बाली और कबंध जैसे वीर मार डाले। सूर्पणखा की ये हालत कर दी। अब भी आप अपने बल और पौरुष की डींग हाँक रहे हैं। लाख समझाने पर भी अभिमानी नहीं माना। मंदोदरी ने जान लिया कि यह काल के वश में है। सवेरा होते ही वह सभा में चला गया। अभिमान सहित सिंहासन पर जा बैठा।

वहाँ सुबेल पर्वत पर श्री राम अंगद से पूछ रहे हैं कि इतने बलशाली रावण के मुकुटों का तुमने कैसे पाया- अंगद ने कहा- हे नाथ! वे मुकुट नहीं हैं राजा के चार गुण हैं साम, दाम, दण्ड और भेद, किन्तु रावण में धर्म का अभाव है इसलिये ये आपके चरणों में आ गये हैं। रामजी हँसने लगे। शत्रु के सब समाचार उसने सुनाये। फिर श्री राम ने मंत्रियों को पास बुलाया और पूछा कि लंका के चार विकट दरवाजे हैं उन पर किस प्रकार आक्रमण किया जाये। इस पर विचार करें।

तब वानर राज सुग्रीव, रीछराज जाम्बवान और विभीषण ने वानरों के चार दल बनाये और उन्हीं के अनुसार इनके सेनापति निश्चित कर दिये। फिर सबको बुलाकर समझाया। इतना सुनते ही वानर सर नवाकर जय रघुवीर का घोष करके मुँह से डंके और रण भेरी बजाते हुये चल दिये। श्री राम की जय, लक्ष्मण जी की जय, वानरराज सुग्रीव की जय ध्वनि से आकाश गूँज गया।

लंका में कोहराम मच गया। रावण ने भी राक्षसों की सेना को बुलाया और कहा- जाओ वानर और भालुओं को खा जाओ। आज्ञा पाकर राक्षस, तरह-तरह के हथियार लेकर चल पड़े। वे परकोटों और दीवारों पर चढ़ गये। वहाँ से उन्होंने वानर और रीछ भयानक बलवान वीरों के झुंड देखे। वानर पर्वतों के टुकड़े कर किले पर डालते हैं राक्षसों के पैर पकड़कर धरती पर पटक देते हैं। फुर्ती से उछल उछल कर वो भी किले पर चढ़ गये। राक्षसों को लपेट कर वो धरती पर गिरते, नीचे राक्षस और ऊपर स्वयं। श्री राम के प्रताप से वानर राक्षसों को मसल रहे हैं। नगर में हा हा कार मच गया। सब

रावण को गाली दे रहे हैं कि इसने मृत्यु को बुला लिया। राक्षसों को परास्त होते और लौटते देख रावण चिल्लाया। जो भी पीठ दिखाकर भागा मैं उसे मार डालूँगा। राक्षस सोचते कि इसके हाथों मरने से अच्छा है वीरों के हाथ से मरो। वे पूरे जोश के साथ वानरों पर टूट पड़े। वानरों में भगदड़ मच गयी। वानर व्याकुल होकर चिल्लाने लगे, अंगद, हनुमान, नल-नील, द्विविद कहाँ हैं? कहाँ हैं? हनुमान जी ने यह सब सुना, इस समय वो पश्चिम द्वार पर मेघनाद ये युद्ध कर रहे थे। फिर वे भारी क्रोध में कूद कर लंका के किले पर आ गये और पहाड़ लेकर मेघनाद की ओर दौड़े। उसका रथ तोड़ डाला, सारथी को मार गिराया। मेघनाद की छाती में लात मारी। उसकी यह दशा देखकर दूसरा सारथी उसे रथ में डालकर ले गया।

इधर अंगद ने सुना कि हनुमान किले पर अकेले गये हैं तो वो भी किले पर चढ़ गये। फिर दोनों उछल कर रावण के महल पर जा चढ़े। उन्होंने कलश सहित महल को पकड़कर ढहा दिया। रावण डर गया। स्त्रियाँ छाती पीटने लगीं। फिर सोने के खंभों को पकड़कर हनुमान और अंगद ने उत्पात मचाना शुरू किया। वे गरज कर शत्रु की सेना के बीच कूद पड़े और भुजाओं से शत्रुओं का मर्दन करने लगे। एक दूसरे को रगड़कर वे मसल रहे हैं। बड़े योद्धा और सेनापतियों को वो पकड़कर श्री राम जी के पास फेंक देते हैं। विभीषण उनके नाम बतलाते हैं और रामजी उन्हें भी अपना धाम दे देते हैं। ये सोचकर कि वे बैर भाव रखते हैं मगर स्मरण तो करते ही हैं। फिर दिन का अंत होते देख दोनों कूद कर श्री राम के पास आ गये। श्री राम ने उन्हें कृपा पूर्वक देखा जिससे उनका श्रम मिट गया।

पुनः राक्षसों और वानरों का युद्ध शुरू हुआ। घनघोर युद्ध के कारण सेनापति अंकपन और अतिकाय ने अपनी राक्षस सेना को विचलित देख माया करना शुरू कर दिया। पल भर में अंधकार फैल गया और खून, पत्थर और राख की वर्षा होने लगी। यह देखकर वानरों की सेना में खलबली मच गयी। कुछ दिखाई नहीं दे रहा था। फिर श्री राम ने एक ही बाण से सब माया काट दी। चारों ओर प्रकाश फैल गया। वानर फिर दोहरी शक्ति से राक्षसों पर टूट पड़े। कुछ मारे गये, कुछ को समन्दर में फेंक दिया गया। रात हुई जानकर फिर सब श्री राम के पास आ गये। राम की कृपा दृष्टि से फिर वे सब श्रम रहित हो गये।

उधर रावण ने मंत्रियों को बुलाया और कहा आधी सेना का संहार हो चुका है अब बताओ क्या करना है? माल्यवंत, रावण का नाना, बूढ़ा राक्षस

और मंत्री था। उसने फिर समझाया कि राम से बैर त्याग दीजिये। इतना सुनकर रावण बोला- तू बूढ़ा हो गया है, नहीं तो मैं तुझे मार डालता। माल्यवंत समझ गया कि इसे श्री राम मारना ही चाहते हैं। वह चला गया। तब मेघनाद क्रोध भरे वचन बोला- सबेरे मेरी करामत देखना। अभी से क्या कहूँ। पुत्र मेघनाद के वचन सुनकर रावण को भरोसा आ गया।

सबेरे फिर वानर चारों दरवाजों पर आ गये। पूरे किले को घेर लिया। नगर में कोलाहल मच गया। राक्षसों ने भी बहुत प्रकार के अस्त्र शस्त्र छोड़े, पर्वत फेके और उत्पात मचाया। मेघनाद यह देखकर किले से उतरकर सामने आ गया और पुकारने लगा कहां है? राम लक्ष्मण, नल, नील, अंगद, हनुमान कहाँ है? विभीषण कहाँ है? वह बाणों के समूह छोड़ने लगा। जहाँ तहाँ वानर गिरने लगे। कोई उसके सामने न टिक सका। सब वानर भाग चले। युद्ध की इच्छा भी भूल गयी। फिर उसने सबको दस दस बाण मारे। सब वानर पृथ्वी पर गिर पड़े। सारी वानर सेना को बेहाल देखकर हनुमान क्रोध में एक पर्वत उठा कर दौड़े और मेघनाद पर दे मारा। वह तुरंत आकाश में उड़ गया। उसके रथ, सारथी, घोड़े नष्ट हो गये। बार-बार बाण काटने पर भी वह हनुमान के सामने नहीं आया। क्योंकि वह उनके बल को जानता था। फिर मेघनाद रघुनाथ जी के पास अपशब्द कहता हुआ अनेकों अस्त्र शस्त्र चलाने लगा। प्रभु ने खेल ही में सब काट दिये। फिर वह लज्जित होकर माया करने लगा। आकाश में चढ़कर अंगारे बरसाने लगा। पृथ्वी से जल की धारायें प्रकट होने लगीं। मारो-काटो की ध्वनियाँ आने लगीं। फिर उसने धूल बरसाकर अँधेरा कर दिया। वानर अकुलाने लगे। यह देखकर श्री राम ने एक ही बाण से सब माया काट डाली। फिर कृपा दृष्टि से सब को अभय कर दिया।

श्री राम से आज्ञा लेकर, अंगद आदि वानरों के साथ लक्ष्मण जी क्रोधित होकर चले। दोनों ओर से योद्धा भिड़ गये।

लक्ष्मण जी उस पर अनेक प्रकार से प्रहार करने लगे। प्राण संकट में देखकर मेघनाद ने वीरघातिनी शक्ति चलायी। वह तेजपूर्ण शक्ति लक्ष्मणजी की छाती में जा लगी। वे मूर्छित हो गये। मेघनाद भय त्यागकर उनके पास चला गया। मेघनाद समान अगनित योद्धा उन्हें उठा रहे हैं मगर शेष जी जगत के आधार उनसे कैसे उठते। तब वे लजाकर चले गये। शिवजी कहते हैं हे गिरिजे- सुनो प्रलयकाल में जिन (शेष नाग) के क्रोध की अग्नि-चौदह भुवनों को जला डालती है उन्हें संग्राम में कौन जीत सकता है। यह लीला तो

वही जान सकता है जिस पर श्री राम जी की कृपा हो। सेनायें अपने-अपने खेमों में लौट पड़ीं।

श्री राम ने पूछा- लक्ष्मण कहाँ है? तब तक हनुमान उन्हें उठा लाये थे। छोटे भाई को इस दशा में देखकर उन्होंने बहुत दु:ख माना। जाम्बवान ने कहा- लंका में सुषैन वैध रहता है, उसे कौन लायेगा? तब हनुमान जी छोटा रूप धर के गये और भुवन समेत उसे उठा लाये। सुषैन वैध ने श्री राम को सर नवाया। दवा का नाम पवनपुत्र को बताकर उन्होंने दवा लाने को हनुमान से कहा। हनुमान श्री राम को सर झुकाकर चल दिये बोले- अभी औषधि लेकर आता हूँ।

इधर रावण को हनुमान के जाने का समाचार मिला तो वह कालनेमि के पास पहुँचा और हनुमान को रोकने का कहा- तो कालनेमि बोला- वह तुम्हारे सामने तुम्हारी लंका जला गया, उसे कौन रोक सकता है। तुम बैर त्याग कर श्री राम का भजन करो इसी में तुम्हारा कल्याण है। रावण ने उसको बहुत बुरा भला कहा तो वह सोचने लगा इस दुष्ट के हाथों से मरने से अच्छा है राम के दूत के हाथ से मरूँ। उसने मार्ग में माया से एक सुन्दर आश्रम, तालाब, बाग आदि बनाये। हनुमान आश्रम देखकर श्रम मिटाने के लिए जल पीने की मंशा से वहाँ पहुँचे। कपट मुनि का भेष धारण किये कालनेमि को सर नवाया। वह राम नाम गुण गाने लगा। हनुमान ने उससे जल माँगा तो उसने कमंडल आगे कर दिया। हनुमान ने कहा- यह बहुत थोड़ा है तब उसने कहा- तुम सरोवर में स्नान करके आओ मेरे पास ज्ञान का भंडार है मैं तुम्हें दीक्षा दूँ जिससे तुम्हें ज्ञान प्राप्त हो।

तालाब में हनुमान के प्रवेश करते ही एक मगरी ने उनका पैर पकड़ा तो हनुमान ने उसे मार डाला। वह दिव्य देह धारण करके आकाश को चली और बोली- हे वानर! तुम्हारे दर्शन से मैं श्राप मुक्त हुई। हे कपि! वह मुनि नहीं हैं घोर निशाचर है। यह सुनकर हनुमान निशाचर के पास आये और बोले- हे मुनि! पहले गुरु दक्षिणा ले लीजिये फिर आप मुझे मंत्र ज्ञान देना। हनुमान से उसका सिर पूँछ में लपेट कर धरती पर पछाड़ दिया। राम-राम कहकर उसने प्राण छोड़े।

हनुमान पर्वत पर पहुँचे लेकिन उन्हें औषधि पहचान में नहीं आयी तो उन्होंने पर्वत ही उखाड़ लिया और राम-नाम रटते हुये आकाशमार्ग से अयोध्या के ऊपर पहुँचे। भरत जी ने आकाश में विशालरूप देखा तो उसे राक्षस समझकर बिना फर का बाण मारा। हनुमान जी राम राम कहते हुये मूर्छित हो

कर पृथ्वी पर आ गिरे। राम-नाम सुनकर भरत जी दौड़े। हनुमान को हृदय से लगा लिया, वे बहुत दुःखी हो गये। बोले- यदि श्री राम के चरणों में मेरा निष्कपट प्रेम है तो यह वानर पीड़ा रहित हो जाये। इतना सुनते ही हनुमान श्री राम जी की जय हो करते हुये उठ गये। भरत बोले- हे तात! लक्ष्मण तथा जानकी माता और प्रभु श्री राम का कुशल कहो! हनुमान ने संक्षिप्त में सब कथा सुनाई। भरत पछताने लगे हे राम! मैं आपके किसी काम न आ सका। फिर बोले- हे हनुमान! तुम्हें जाने में देर होगी अतः पर्वत सहित मेरे बाण पे चढ़ जाओ। मैं तुम्हें वहाँ भेज दूँ जहाँ श्री राम जी हैं। यह सुनकर पहले तो हनुमान को थोड़ा सा अभिमान आया कि मेरे बोझ से बाण कैसे चलेगा फिर रघुवीर प्रताप का स्मरण करते हुये विनम्र वाणी बोले- हे प्रभु! मैं आपका प्रताप हृदय में रखकर चला जाऊँगा।

वहाँ राम जी लक्ष्मण जी को देख-देख कर मनुष्यों की तरह कह रहे हैं। आधी-रात बीत गयी हनुमान नहीं आये। वो लक्ष्मण को हृदय से लगाकर बोले- मेरे हित के लिये तुमने माता पिता को छोड़ दिया, वन की यातनायें सहीं। तुम तो मुझे दुःखी नहीं देख सकते हो तो फिर क्यूँ नहीं उठते? यदि मैं जानता कि वन में तुमसे विछोह होगा तो पिता की आज्ञा ही न मानता। पुत्र, धन, स्त्री, घर और परिवार ये जगत में बार-बार होते हैं किन्तु सहोदर भाई बार-बार नहीं मिलता। स्त्री के लिये प्यारे भाई को खोकर मैं किसी को क्या मुँह दिखाऊँगा। स्त्री की हानि से विशेष क्षति नहीं थी। यह अपयश मैं सहन कर लेता। हे तात! तुम अपनी माता के एक ही पुत्र और प्राणाधार हो। उन्होंने सब प्रकार से सुरक्षित जानकर तुम्हें मुझे सौंपा था मैं अब जाकर उन्हें क्या उत्तर दूँगा। हे भाई! तुम उठकर मुझे समझाते क्यूँ नहीं? इस तरह उन्होंने मनुष्य की दशा दिखलाई है। यह लीला देखकर सभी बहुत दुःखी हो गये। इतने में हनुमान जी आ गये। वैध सुषैन ने तुरंत सब उपचार किया। लक्ष्मण जी उठकर बैठ गये। सभी प्रसन्न हो गये। हनुमान जी वैध को फिर जैसे लाये थे वैसे ही लंका छोड़ आये।

रावण ने जब यह सब सुना तो वह व्याकुल होकर कुम्भकर्ण के पास गया। बहुत सारे उपाय करके उसे जगाया। कुम्भकर्ण जैसे काल स्वयं रूप धारण किये हो, ऐसे लग रहा था। बोला- हे भाई! कहो किस लिये मुरझाये हुये हो। तब अभिमानी रावण ने सीता हरण की बात सुनाई और अब तक का सारा वृतांत कहा। इतने सारे वीरों के मारे जाने से वह दुःखी हो गया और बोला- अरे मूर्ख! तू जगदम्बा को हर लाया और अब अपना भला चाहता है? तूने

अच्छा नहीं किया। अब भी अभिमान छोड़कर उनको भजो तो कल्याण होगा। उनके हनुमान से सेवक हैं वो कोई मनुष्य हैं क्या? पहले ही आकर मुझे हाल क्यों नहीं सुनाया। अब समय बीत गया है आखिरी बार मुझसे गले मिल ले। मैं जाकर उनका दर्शन करूँ। फिर उसने रावण से करोड़ों घड़े मदिरा और अनेकों भैसे मँगवाये। सब खा पीकर वह भयंकर गरजा। वह किला छोड़कर अकेले ही चल दिया।

उसे देख विभीषण आगे आये। अपना नाम बताया और चरणों में गिर पड़े। उसने विभीषण को उठाकर गले से लगा लिया। राम भक्त जानकर वो उसे प्रिय लगा। विभीषण ने कहा– तात! रावण के हित की बात करने पर भी उसने मुझे लात मारी। इस ग्लानि से मैं यहाँ आ गया। प्रभु को मैं दीन भी प्यारा लगा। कुम्भकर्ण बोला– तू धन्य है, राक्षस कुल का भूषण हो गया तू। रावण काल के वश में है। तू मन क्रम वचन से उनका भजन करना। मैं भी काल के वश हो गया हूँ मुझे अपना पराया कुछ नहीं सूझ रहा इसलिये अब तू दूर हो जा।

विभीषण श्री राम जी के पास आकर बोले– हे नाथ! कुम्भकर्ण आया है।

यह सुनते ही वानरों ने वृक्ष और पर्वत उखाड़कर उस पर फेंकना शुरू कर दिये। पर उसके ऊपर कुछ भी असर न हुआ। तब हनुमान जी ने एक घूँसा मारा। वह व्याकुल होकर पृथ्वी पर गिर पड़ा। फिर उसने उठकर हनुमान जी को मारा वे चक्कर खा कर गिर पड़े। फिर उसने नल नील को पछाड़ दिया और अन्य योद्धाओं को भी जहाँ–तहाँ पटक दिया।

वानर सेना भागने लगी। कोई सामने नहीं आता। सुग्रीव समेत अंगद आदि वानरों को मूर्छित करके सुग्रीव को काँख में दबाकर वह चला। शिव जी पार्वती जी से कह रहे हैं रघुनाथ जी नर लीला कर रहे हैं। जो भौंह के इशारे भर से काल को भी खा जाता है, उसे ऐसी लड़ाई शोभा देती है? भगवान इसके द्वारा जगत को पवित्र करने वाली ऐसी कीर्ति फैलायेंगे, जिसे गा–गा कर मनुष्य भवसागर से तर जायेंगे।

सुग्रीव की मूर्छा टूटी तब वे काँख से सरक गये। कुम्भकर्ण उनको मरा हुआ जान रहा था। उन्होंने कुम्भकर्ण के कान–नाक काट दिये। जिससे वह और भी डरावना दिखने लगा। सुग्रीव आकाश की ओर चले तो उसने उनका पैर पकड़कर धरती पर पछाड़ दिया। सुग्रीव ने फिर उठकर उसे मारा। फिर वे श्री राम के पास आ गये।

कुम्भकर्ण करोड़ों वानरों को पकड़कर खाने लगा। वानर उसके मुँह में ऐसे घुस रहे थे जैसे टिड्डियाँ गुफा में समा रहीं हों। हाथों से वानरों को मसल भी रहा है। वानर भालू जो उसके पेट में गये थे, वे नाक कान से बाहर निकल रहे हैं। सब योद्धा भाग खड़े हुये, उसने वानर सेना को तितर बितर कर दिया, राक्षस भी उन पर टूट पड़े, सेना को व्याकुल देख श्री राम बोले- हे सुग्रीव, विभीषण, लक्ष्मण! सुनो, तुम सेना को सम्भालो मैं इस दुष्ट को देखता हूँ। प्रभु ने पहले तो टंकार दी जिससे शत्रु दल बहरा हो गया। फिर लाखों बाण छोड़े जिससे राक्षस योद्धा कटने लगे। हाथ, पाँव, छाती, सर आदि कट कर टुकड़ों में बंट रहे हैं और पृथ्वी पर गिर रहे हैं। प्रभु के बाणों ने क्षण भर में भयानक राक्षसों को काट कर रख दिया। फिर बाण लौट कर प्रभु के तरकस में आ घुसे। अपनी सेना का संहार होते देख कुम्भकर्ण ने भयंकर सिंहनाद किया। वह वानरों पर पर्वत और वृक्ष फेंकता, श्री राम उसे काट देते।

फिर श्री राम ने क्रोधकर धनुष को तान कर बहुत से भयानक बाण छोड़े जो उसके शरीर के आर-पार निकल जाते। वह बड़ी जोर से हँसा और वानरों को पृथ्वी पर पटकने लगा। सब वानर, रक्षा कीजिये, रक्षा कीजिये कहकर भागने लगे। तब श्री राम ने सेना को पीछे कर लिया और क्रोधपूर्वक आगे बढ़े। फिर उन्होंने बाण छोड़े जो उसके शरीर में समा गये। बाणों के लगते ही वह दौड़ा, पृथ्वी हिलने लगी। उसने पर्वत उठा लिया तो श्री राम ने उसकी भुजा काट दी फिर वह बांये हाथ से पर्वत लेकर दौड़ा। प्रभु ने वह भुजा भी काट दी। उसने क्रोध में ऐसे देखा जैसे निगल जायेगा। आकाश में देवता डर गये। यह देखकर श्री राम ने बाण मारे और उसका मुँह बाणों से भर दिया। फिर भी वह गिरा नहीं। वह सामने को दौड़ा। प्रभु ने एक तीक्ष्ण बाण से उसका सर धड़ से अलग कर दिया। वह सिर रावण के आगे जा गिरा। यह देख रावण भंयकर व्याकुल हो गया। कुम्भकर्ण का प्रचंड धड़ दौड़ा तो प्रभु ने उसके दो टुकड़े कर दिये। वह वानर, भालुओं को अपने नीचे दबाते हुये पृथ्वी पर गिर पड़ा। जैसे दो पहाड़ गिरे हों। देवता प्रसन्न हो गये- नगाड़े बजाने लगे- फूल बरसाने लगे।

उसी समय देवर्षि नारद आये। आकाश पर से ही उन्होंने प्रभु के सुन्दर वीर रस युक्त गुणों का गान किया। कुम्भकर्ण का तेज प्रभु के मुख में समा गया। उसे भी प्रभु ने अपना परम धाम दिया।

दिन का अंत होने पर कुम्भकर्ण की मृत्यु पर स्त्रियाँ विलाप कर रहीं हैं। उसी समय मेघनाद आया उसने पिता को समझाया और कहा- कल मेरा

पुरुषार्थ देखियेगा। हे तात! जो बल और रथ मैंने अपने इष्टदेव से पाया था वह बल और रथ अब तक आपको नहीं दिखाया था।

सबेरे लंका के चारों दरखाजों पर बहुत से वानर आ डटे। उधर से भयानक राक्षस आ जुटे। युद्ध शुरू हो गया। मेघनाद अपने रथ समेत आकाश में गया और भयानक अट्टहास करने लगा। वानर सेना डर गयी। वह नाना प्रकार के अस्त्र, शस्त्र आदि चलाने लगा। बाणों की वर्षा करने लगा। दशों दिशाओं में बाण छा गये। मेघनाद ने माया से घाटियों, रास्तों और पर्वत कन्दराओं को बाणों से भर दिया। अब कहाँ जायें? यह सोचकर वानर व्याकुल हो गये, हनुमान, अंगद, नल, नील आदि सभी व्याकुल हो गये। फिर उसने, लक्ष्मण, सुग्रीव और विभीषण को बाणों से मारकर उनके शरीरों को छलनी कर दिया। फिर वह रघुनाथ से लड़ने लगा। वह जो बाण छोड़ता वो साँप होकर लगते हैं। श्री राम नाग पाश के वश में हो गये।

शिवजी फिर कहते हैं कि जो स्वतंत्र है, अनन्त हैं, अखण्ड है वह कैसे नागपाश में बंध गये? ये सब अनेकों तरह के दिखावटी चरित्र हैं। अन्यथा उनका नाम जपकर लोग भवसागर से तर जाते हैं, उन्हें कौन बाँध सकता है? यहाँ तर्क से नहीं ज्ञान से काम लेना चाहिए।

प्रभु को नाग पाश में बंधा देख देवता डर गये। मेघनाद ने सेना को व्याकुल कर दिया। फिर वह प्रकट हो गया और अपशब्द कहने लगा। इस पर जाम्बवान बोले-रे दुष्ट! खड़ा रह। उसने कहा मैंने तुझे बूढ़ा जानकर छोड़ दिया था। उसने जाम्बवान पर त्रिशूल मारा। जाम्बवान त्रिशूल को हाथ से पकड़कर दौड़ा और उसने मेघनाद की छाती पर दे मारा। वह चक्कर खाकर पृथ्वी पर गिर पड़ा। फिर जाम्बवान ने उसे पैर पकड़कर उसे लंका पर फेंक दिया। वरदान के प्रताप से वो मरता ही नहीं।

इधर देवर्षि नारद ने गरुण को भेजा। वे तुरंत ही श्री राम के पास आये और प्रभु से लिपटे सब माया सर्पों को खा गये।

मेघनाद की मूर्छा टूटी तो सामने पिता रावण को देखकर बहुत लज्जित हुआ। फिर वह अजेय होने का यज्ञ करने की ठान कर पर्वत की गुफा में चला गया।

यहाँ विभीषण ने कहा- कि हे नाथ! मेघनाद जो अपवित्र यज्ञ कर रहा है अगर वह सिद्ध हो गया तो उसे जीता न जा सकेगा। श्री राम ने अंगदादि सभी वानरों को बुलाया और कहा- हे भाइयो! सब लोग लक्ष्मण के साथ जाओ और यज्ञ विध्वंस करो। हे लक्ष्मण! संग्राम में तुम उसे मारना। हे

जाम्बवान, सुग्रीव और विभीषण तुम इनके साथ रहना। प्रभु की आज्ञा पाकर लक्ष्मण बोले- यदि मैं आज बिना मारे आऊँ तो मैं आपका दास न कहाऊँ। यदि सैकड़ों शंकर भी उसकी सहायता करें तो भी आपकी दुहाई है आज मैं उसे मार डालूँगा। सर नवाकर लक्ष्मण जी चले उनके साथ अंगद, नल, नील और हनुमान आदि उत्तम योद्धा थे।

सबने जाकर देखा कि मेघनाद बैठा हुआ खून और भैसों की आहुति दे रहा है। वानरों ने सब यज्ञ विध्वंस कर दिया। वह फिर भी न उठा। सब उसकी प्रशंसा करने लगे। बहुत प्रकार से सताने पर भी वह नहीं उठा। तब उन्होंने बाल पकड़े और लातें मारने लगे। तब वह त्रिशूल लेकर दौड़ा। गरजता हुआ वह चला तो हनुमान और अंगद क्रोध करके दौड़े तो उसने छाती में त्रिशूल मारकर दोनों को गिरा दिया। फिर उसने लक्ष्मण जी पर प्रचण्ड त्रिशूल छोड़ा। लक्ष्मण जी ने बाण मारकर उसके दो टुकड़े कर दिये। हनुमान और अंगद फिर उठकर उसे मारने लगे पर उसे कोई असर न हुआ। उसे काल की तरह आता देख लक्ष्मण जी ने बाण छोड़े। वह बाण आते देख अंतर्ध्यान हो गया। और भांति-भांति के रूप धारण करके युद्ध करने लगा। कभी दिखता, कभी छुप जाता। लक्ष्मण जी ने सोचा कि इसको बहुत खेल खिला लिया अब इसे समाप्त कर देना चाहिए। श्री राम का स्मरण करके उन्होंने बाण का संधान किया। बाण छोड़ते ही उसकी छाती में लगा। मरते समय उसका सारा कपट जाता रहा, राम के छोटे भाई लक्ष्मण कहाँ है? राम कहाँ है? यह कहकर उसने प्राण त्याग दिये। अंगद और हनुमान कहने लगे- तेरी माता धन्य है तू लक्ष्मण के हाथों मरा और मरते समय राम-लक्ष्मण का नाम लिया। हनुमान ने उसे आसानी से उठा लिया और लंका के दरवाजे पर रख आये। देवता फूल बरसाने लगे। श्री राम जी की जय जयकार करने लगे। लक्ष्मण आदि सब राम के पास आ गये।

रावण पुत्र का वध सुनकर मूर्छित होकर पृथ्वी पर गिर पड़ा। मन्दोदरी छाती पीट पीट कर विलाप करने लगी। सारा नगर शोक में डूब गया, सब रावण को नीच कहने लगे। रावण ने स्त्रियों को बहुत प्रकार से समझाया। वह स्वयं तो नीच है पर उसके उपदेश शुभ और पवित्र हैं। पर उपदेश करने में तो सभी निपुण होते हैं पर जो स्वयं भी तदनुसार आचरण करें ऐसे लोग अधिक नहीं हैं।

रात बीत गई सवेरा हुआ- योद्धाओं को बुलाकर रावण उनसे बोला- लड़ाई में जिसका मन डावाँ डोल हो वह अभी भाग जाये। युद्ध से भागना

ठीक नहीं। मैंने अपने बल पर बैर लिया है मैं ही उसका उत्तर दूँगा। उसने पवन के समान चलने वाला रथ सजवाया। उस समय बहुत से अपशकुन होने लगे। पर अभिमानी उन्हें एक नहीं गिनता। वह द्रोही है, मोह के वश में है, राम विमुख है, उसे सपने में भी शांति नहीं मिल सकती। चतुरंगी सेना की बहुत सी टुकड़ियाँ हैं अनेकों वाहन, रथ घोड़े, हाथी आदि सवारियां हैं, छत्र पताकायें फहरा रही हैं।

सेना के चलने से दिशायें डगमगाने लगीं। समुद्र क्षुभित हो गया। पर्वत डगमगाने लगे। इतनी धूल उड़ी कि सूर्य ढक गया। पवन रुक गयी और धरती अकुला उठी। ढोल नगाड़े भयानक ध्वनि से बज रहे हैं।

रावण ने कहा- हे योद्धाओं, तुम रीछ-वानरों के झुण्ड को मसल डालो। मैं दोनों भाइयों को देखता हूँ। वानर भालू विशाल और काल के समान दौड़ पड़े। निडर होकर जयकारा लगाते हुये दोनों ओर के योद्धा परस्पर भिड़ गये।

रावण रथ पर था और राम बिना रथ के। यह देखकर विभीषण अधीर हो गये। वे प्रेमवश होकर शंका करने लगे। बोले- हे नाथ! आपके पास न रथ है, न तन की रक्षा के लिए कवच है, न जूते ही हैं। इतना बलवान रावण किस तरह जीता जायेगा? श्री राम ने कहा- हे सखे, सुनो- जिससे जय होती है वह रथ दूसरा ही है। शौर्य और धैर्य उसके दो पहिये हैं। सत्य और सदाचार उसकी मजबूत ध्वजा और पताका है। बल, विवेक और दम और परोपकार ये चार उसके घोड़े हैं जो क्षमा, दया और समतारूपी डोरी से रथ में जुड़े हुये हैं। ईश्वर का भजन ही चतुर सारथी है, वैराग्य ढाल है और संतोष तलवार है, दान फरसा है, बुद्धि प्रचण्ड शक्ति है, श्रेष्ठ विज्ञान कठिन धनुष है। निर्मल और अचल मन तरकस के समान है। शम (मन का वश में होना), यम और नियम ये बहुत से बाण हैं। ब्राम्हणों और गुरु का पूजन अभेद कवच है। इसके समान विजय का दूसरा कोई उपाय नहीं है। हे सखे- ऐसा रथ जिसके पास हो उसके लिये जीतने को कहीं शत्रु नहीं है, जो जीता न जा सके। जिसके पास ऐसा दृढ़ रथ हो वही वीर संसार रूपी महान शत्रु को भी जीत सकता है। रावण की तो बात ही क्या है? विभीषण ने प्रभु के पैर पकड़ लिये- प्रभु! इसी बहाने आपने मुझे महान उपदेश दिया।

उधर रावण ललकार रहा है इधर अंगद और हनुमान। राक्षस और वानर अपने अपने स्वामी की जयजयकार करते हुये लड़ रहे हैं। देवता आकाश से विमानों पर चढ़े चढ़े सब देख रहे हैं। शिव जी कहते हैं कि हे- उमा! उनमें मैं भी था। सब लीलायें देख रहा था। एक दूसरे के मार, काट, पछाड़ आदि

दांव-पेच चल रहे हैं। बलवान राक्षस और वीर वानर क्रोधित होकर जुट गये हैं।

अपनी सेना को विचलित देख रावण रथ पर चढ़कर गर्व के साथ लौटो-लौटो कहता हुआ चला। वानरों ने एक साथ वृक्ष, पहाड़ और पत्थर उस पर डाले मगर उस पर तनिक भी असर न हुआ। वह वानरों और भालुओं को मसलने लगा। हे अंगद! रक्षा करो। हे हुनमान! रक्षा करो, कहकर चीखते हुये वानर भाग रहे हैं। हे राम! रक्षा कीजिए। उसने देखा कि सब वानर भाग रहे हैं तो दसों धनुषों पर बाण संधान किये वे बाणों के समूह सर्प के समान जा लगते। दसों दिशायें बाणों से भर गयीं। कोलाहल मच गया।

अपनी सेना को व्याकुल देख लक्ष्मण जी ने उसके पास जाकर कहा- अरे दुष्ट, वानर, भालुओं को क्या मारता है, मुझे देख, मैं तेरा काल हूँ। रावण ने फिर उन पर प्रचण्ड बाण छोड़े। लक्ष्मण जी ने उन सब को टुकड़े-टुकड़े कर डाला। रावण ने सैकड़ों अस्त्र-शस्त्र चलाये, लक्ष्मण ने उन सभी को काट डाला। फिर लक्ष्मण जी ने अपने बाणों से प्रहार करके उसका रथ तोड़ डाला। सारथी को मार गिराया। रावण के दसों मस्तकों में सौ-सौ बाण मारे। फिर सौ बाण उसकी छाती में मारे, वह बेहोश होकर पृथ्वी पर गिरा पड़ा। मूर्छा टूटने पर वह उठा और उसने वह शक्ति चलायी जो ब्रम्हा जी ने उसे दी थी। वह शक्ति लक्ष्मण जी की बीच छाती में लगी, वे व्याकुल हो गिर पड़े।

रावण लक्ष्मण जी को उठाना चाहता था पर उससे नहीं उठे। यह देखकर हनुमान दौड़े। रावण ने उन पर जोर का घूँसा मारा। हनुमान घुटने टेककर रह गये। फिर क्रोधित होकर उठे और रावण को एक घूँसा मारा। वह गिर पड़ा। वह फिर उठा और हनुमान के बल को सराहने लगा। हनुमान लक्ष्मण जी को उठाकर श्री राम के पास ले आये। यह देखकर तो रावण को घोर आश्चर्य हुआ। श्री राम ने लक्ष्मण जी से कहा- हे भाई, समझो, तुम काल के भी भक्षक हो। सुनते ही लक्ष्मण जी उठ बैठे। वह शक्ति आकाश को चली गयी। लक्ष्मण जी शीघ्रता से धनुष बाण लेकर शत्रु के सामने जा पहुँचे। फिर उन्होंने रावण के रथ को तोड़ डाला और सारथी को मार डाला। तब दूसरा सारथी उन्हें अपने रथ में डालकर लंका ले गया।

लंका में रावण मूर्छा से जागकर कुछ यज्ञ करने लगा। विभीषण जी ने यह समाचार श्री राम को दिया और कहा- रावण यज्ञ कर रहा है। यदि यह सिद्ध हो गया तो यह अजेय हो जायेगा। श्री राम ने प्रात:काल होते ही हनुमान, अंगदादि वानरों को यज्ञ विध्वंस करने के लिये भेजा।

वे सब लंका पर चढ़ गये। रावण के महल में जा पहुँचे। और बोले-

युद्ध से भागकर यहाँ बगुले की तरह क्या ध्यान लगा रहा है? अंगद ने उसे एक लात मारी पर उसने देखा तक नहीं। फिर वानर उसे काटने और मारने लगे। यज्ञ विध्वंस करके सब वानर रामजी के पास आ गये।

निराश रावण ने फिर कहा- युद्ध का डंका बजाओ। निशाचरों की अपार सेना चली। इधर श्री राम धनुष बाण लेकर तैयार हो गये। ज्यों ही श्री राम ने धनुष पर हाथ फिराया त्यों ही ब्रम्हाण्ड, दिशाओं के हाथी, कश्यप, शेष जी, पृथ्वी, समुद्र और पर्वत डगमगा उठे।

भगवान की शोभा देखकर देवता हर्षित होकर फूलों की वर्षा करने लगे। जय जयकार करने लगे। वानरों और राक्षसों में भयंकर युद्ध छिड़ गया। श्री राम ने क्रोध करके बाणों की झड़ी लगा दी जिससे राक्षसों की सेना घायल हो गयी। रक्त की नदी वह चली। वीर पथ्वी पर गिर रहे हैं भूत, पिशाच और बैताल, बड़े-बड़े शिवगण उस नदी में स्नान करते हैं, कौए और चील भुजायें लेकर उड़ते हैं और एक दूसरे से छीनकर खा रहे हैं। गीध आँते खींच रहे हैं। बहुत से योद्धा बहे जा रहे हैं। योगनियाँ खप्परों में भर-भर कर खून जमा कर रही हैं, भूत पिशाचों की स्त्रियाँ आकाश में नाच रही हैं। चामुण्डायें खोपड़ियों का ताल बजा रही हैं। करोड़ों धड़ बिना सर के घूम रहे हैं। श्री राम जी के बाणों से मरे योद्धा मैदान में सो रहे हैं।

रावण स्वयं को अकेला पड़ता देख माया रचने लगा।

देवताओं ने प्रभु को बिना रथ के पैदल युद्ध करते देखा तो उन्हें बहुत दु:ख हुआ। इन्द्र ने तुरंत अपना रथ भेज दिया। उसका सारथी मातलि उसे ले आया।

उस दिव्य, अनुपम और तेजोमय रथ पर श्री राम चढ़ गये। उस रथ में मन की गति के समान तेज चाल वाले चार घोड़े जुते थे। यह देख वानरों को विशेष बल मिला। तब रावण ने माया फैलायी। श्री रघुवीर को वह माया नहीं लगी जबकि सब वानरों ने और लक्ष्मण जी ने भी उसे सत्य मान लिया। वानरों ने राक्षसी सेना में भाई लक्ष्मण जी सहित बहुत से रामों को देखा। वानर भालू यह देखकर डर गये। अपनी सेना को आश्चर्य चकित देखकर श्री राम ने एक ही बाण से सब माया हर ली। वानर हर्षित हो गये। श्री राम ने रथ आगे बढ़ाया तब रावण क्रोधित होकर बोला- तपस्वियो तुमने जिन योद्धाओं को मारा है मैं उनके समान नहीं हूँ, मेरा नाम रावण है। मेरा यश सारा जगत जानता है। तुमने खर, दूषण, त्रिशिरा, बालि, कुम्भकर्ण, मेघनाद आदि को मारा है आज मैं उन सबका बैर निकाल लूँगा।

राम ने कहा- जो तुम कह रहे हो सब सच है अब व्यर्थ बकवास न करो। अपना पुरुषार्थ दिखाओ।

संसार में तीन प्रकार के पुरुष होते हैं। पाटल (गुलाब), आम और कटहल के समान। एक फूल देते हैं, एक फल और फूल दोनों देते हैं। और एक फल ही देते हैं। इसी प्रकार पुरुषों में एक कहते हैं, करते नहीं, दूसरे कहते और करते भी हैं, तीसरे केवल करते हैं कहते कुछ नहीं।

रावण हँसा- मुझे ज्ञान सिखाता है। अब डरके मारे तुझे प्राण प्यारे लग रहे हैं। इतना कहकर वह प्रचण्ड बाण छोड़ने लगा। तब रघुवीर ने अग्नि बाण छोड़ा जिससे उसके सब बाण भस्म हो गये। फिर उसने एक प्रचण्ड शक्ति छोड़ी जिसे भगवान ने अपने बाण के साथ वापस भेज दिया। तब उसने रामजी के सारथी को बाण मारे। वह रामजी की जय कहता और पृथ्वी पर गिर पड़ा। प्रभु ने सारथी को उठाया। क्रोधित होकर बाणों की वर्षा की। रावण के रथ के टुकड़े-टुकड़े हो गये, सारथी मर गया, ध्वज पताका नष्ट हो गये। वह तुरंत दूसरे रथ पर चढ़ गया। तब रावण ने दस बाण चलाये और रामजी के रथ के चारों घोड़ों को पृथ्वी पर गिरा दिया। रामजी ने घोड़ों को उठाया।

फिर रामजी ने तीस बाण मारे और उसकी बीसों भुजायें और सर काट डाले। रुधिर के नाले बह निकले। सर और भुजायें कटते ही फिर नये हो गये। उन्होंने फिर उन्हें काटा परन्तु वे फिर नये हो गये। आकाश में सर और भुजायें उड़ रही हैं जैसे सैकड़ों राहु फिर रहे हों। जैसे-जैसे प्रभु सरों को काटते वैसे वैसे वो अपार होते जाते। रावण ने बाणों से रामजी के रथ को ढक दिया।

फिर रावण ने प्रचण्ड शक्ति छोड़ी वह विभीषण की ओर चली। श्री राम ने यह देखा तो विभीषण को पीछे कर लिया और स्वयं वह शक्ति सहन कर ली। उन्हें मूर्छा सी हो गयी। यह देखकर विभीषण क्रोधित होकर हाथ में गदा लेकर दौड़ा। उसने उसकी छाती के बीचों बीच गदा मारी वह पृथ्वी पर गिर पड़ा। फिर उठकर दोनों योद्धा भिड़ गये। फिर हनुमान जी पर्वत लेकर दौड़े और उस पर्वत से रावण के रथ, सारथी और घोड़े का संहार कर दिया। उसके सीने पर लात मारी। और आकाश में चले गये। सभी वानर उस पर टूट पड़े तब वह अदृश्य हो गया और उसने माया से जितने रीछ-वानर थे उतने ही रावण प्रकट कर दिये। वानर-भालू इधर उधर भाग चले। यह देख रामजी हँसे और उन्होंने एक ही बाण से समस्त रावणों का मार डाला। देवता फूल बरसाने लगे तो वह देवताओं की तरफ आकाश में दौड़ा। पीछे से अंगद ने पैर

पकड़कर उसे धरती पर पटका। फिर श्री राम ने उसके शीश, भुजा, धनुष और बाण काट डाले पर वह फिर बढ़ गये। अंगद-नल नील आदि सब उसके ऊपर चढ़कर मार रहे हैं फिर रावण ने बाण मार कर सबको घायल कर दिया। जाम्बवान ने उसे ललकारा। उसकी छाती में लात मारी। वह मूर्छित हो गया। रात्रि होते देख रावण का सारथी उसे रथ में डालकर ले गया। वानर रामजी के साथ आ गये।

उसी रात त्रिजटा ने सीता के पास जाकर उन्हें सब कथा सुनाई। शत्रु के सर और भुजाओं के बढ़ते जाने का सुनकर सीता जी को भय हुआ। वे बोली- अब क्या होगा? यह दुष्ट कैसे मरेगा। विधाता आज भी मेरे विपरीत ही कार्य कर रहा है। वे विलाप करने लगीं। फिर त्रिजटा ने उन्हें समझाया कि राम उसके हृदय में बाण नहीं मार रहे हैं क्योंकि उसके हृदय में आप बसती हैं। जैसे ही उसका ध्यान सर और भुजायें कटने से हटेगा श्री राम उसे मार देंगे। आप संदेह का त्याग कर दीजिये।

यहाँ आधी रात को रावण मूर्छा से जागा- वह सारथी से बोला- अरे मूर्ख तू रणभूमि से मुझे यहाँ क्यूँ ले आया। सारथी ने चरण पकड़े क्षमा माँगी और समझाया।

सवेरा होते ही वह रथ पर चढ़कर फिर दौड़ा। वानरों की सेना में खलबली मच गयी। वे सब राक्षसों पर प्रबल रूप से टूट पड़े। राक्षस भाग चले। वानरों ने रावण को घेर लिया। यह देख रावण अंतर्ध्यान हो गया। उसने माया रची तो अत्यंत भयंकर बेताल, भूत, पिशाच, हाथों में धनुष बाण लिये प्रकट हो गये। वानर जहां भी भाग कर जाते आग जलती देखते। फिर उसने बालू की वर्षा कर दी। वानरों को शिथिल करके वह गरजा लक्ष्मण जी, सुग्रीव आदि सभी वीर अचेत हो गये फिर उसने दूसरी माया रची। उसने बहुत से हनुमान प्रकट किये जो पर्वत लेकर दौड़े उन्होंने चारों ओर से श्री राम को जा घेरा। श्री राम ने क्रोध करके एक ही बाण से सब माया हर ली। फिर रामजी ने बाणों के समूह छोड़े। जिससे रावण के सर और भुजायें कट कर पृथ्वी पर गिर पड़े। अनेक बार काटने पर भी रावण मरता नहीं और प्रभु यह खेल बार बार कर रहे हैं फिर उन्होंने विभीषण की तरफ देखा, विभीषण ने कहा- हे प्रभु। इसकी नाभिकुण्ड में अमृत है उसी के बल पर यह जी रहा है। तब श्री राम ने बाणों को संधान किया। उसी समय अनेकों अपशगुन होने लगे। श्री राम ने खींचकर इकतीस बाण छोड़े। वे काल सर्प की तरह चले। एक बाण ने नाभिकुण्ड का अमृत सोख लिया और बाकी दसों सर और बीस

भुजाओं को काटकर ले चले। रावण का धड़ बिना सर और भुजाओं के पृथ्वी पर नाचने लगा। वह प्रचंड वेग से दौड़ता है जिससे पृथ्वी धँसने लगी। तब प्रभु ने बाण मारकर उसके दो टुकड़े कर दिये। मरते समय रावण बड़े जोर से गरजा- राम कहाँ है? मैं उसको युद्ध में मारूँ। रावण के धड़ के दोनों टुकड़े भालू और वानरों को दबाते हुये पृथ्वी पर गिरे। रावण के सर और भुजाओं को मन्दोदरी के सामने रखकर प्रभु के बाण वापस प्रभु के तरकस में लौट आये। देवताओं ने नगाड़े बजाये। पुष्पों की वर्षा की। ब्रम्हाण्ड में जय-जय की ध्वनि भर गयी। श्री राम जी की शोभा इस समय देखते ही बन रही थी, जिसका वर्णन नहीं किया जा सकता।

पति के सर देखते ही मन्दोदरी व्याकुल और मूर्छित होकर पृथ्वी पर गिर पड़ी। स्त्रियाँ दौड़ीं और उसको उठाकर रावण के पास ले आयीं। वह अत्यंत विलाप करने लगी। वह रावण के बल का बखान करती हुई बोली तुम्हारे बल से पृथ्वी कांपती थी। सूर्य चन्द्रमा और अग्नि तुम्हारे सामने तेजहीन थे। आज तुम्हारा शरीर पृथ्वी पर पड़ा है। सारी सृष्टि तुम्हारे बस में थी, वहीं आज तुम अनाथ की तरह पड़े हो। श्री राम से विमुख होने पर तुम्हारी यह दशा हुई है। आज कुल में कोई रोने वाला नहीं बचा। श्री राम को तुमने मनुष्य करके जाना। इतने पर भी उन्होंने तुम्हें परमधाम दिया। मैं उनको नमस्कार करती हूँ। अपने घर की सभी स्त्रियों को रोते देख विभीषण उनके पास गये। भाई की दशा देखकर उन्होंने दु:ख किया। लक्ष्मण ने उन्हें समझाया। तब श्री राम ने कहा- शोक त्यागकर अपने भाई की अंतिम क्रिया करो। प्रभु की आज्ञा मानकर विभीषण ने विधिपूर्वक सब क्रिया की। मन्दोदरी आदि उसे तिलाँजलि देकर श्री राम के गुण गाती हुई महल को चली गयीं।

तत्पश्चात श्री राम ने लक्ष्मण को बुलाकर कहा कि तुम सुग्रीव, अंगद, नल, नील, हनुमान आदि के साथ जाकर विभीषण का राजतिलक करो। मैं नगर में नहीं जा सकता इसलिये तुम सबको भेज रहा हूँ।

उन्होंने आदर के साथ विभीषण को सिंहासन पर बैठाकर समस्त तैयारियों के साथ उसका विधिवत राजतिलक किया। फिर विभीषण सहित सब लोग श्री राम के पास आये। श्री राम ने कहा- तुम्हारे ही बल से यह प्रबल शत्रु मारा गया और विभीषण ने राज्य पाया। सभी बार बार श्री राम को सर नवा रहे हैं।

फिर श्री राम ने हनुमान से कहा तुम लंका जाकर जानकी को सब समाचार सुनाओ और उसका कुशल समाचार लेकर आओ।

हनुमान लंका गये, जानकी जी ने उन्हें दूर से ही पहचान लिया। अनेकों आशीष दिये। सबकी कुशल पूछी। हनुमान ने कहा- वे सब प्रकार से कुशल हैं और दसानन को जीत लिया है। विभीषण ने अचल राज्य प्राप्त कर लिया है। जानकी जी यह सुनकर हर्षित हो गई।

हनुमान ने रामजी के पास जाकर सीता के कुशल समाचार सुनाये। फिर श्री राम ने कहा, विभीषण, अंगद तुम सब हनुमान के साथ जाओ और जानकी को आदर के साथ ले आओ।

वे सब सीता जी के पास पहुँचे। विभीषण ने सेवा कर रही राक्षसियों को सब समझा दिया- उन्होंने जानकी जी को स्नान कराया, विभिन्न प्रकार के आभूषण पहनाये और एक सुन्दर पालकी पर जानकी को चढ़ा लिया। रीछ-वानर उनके दर्शन के लिये उमड़ पड़े। रक्षक उन्हें रोक रहे हैं तब श्री राम ने कहा कि सीता को पैदल ही लाओ जिससे सब उन्हें मातृरूप में देख सकें।

सीता के असली रूप को प्रभु ने अग्नि में रक्खा था अब वह उसे प्रकट करना चाहते थे सो उन्होंने कुछ कड़े शब्द कहे। सब सोच में पड़ गये लेकिन कोई कुछ न बोला प्रभु के वचनों को सर चढ़ाकर सीता जी बोली- हे लक्ष्मण! तुम मेरे धर्म के नेगी बनो और तुरंत आग तैयार करो। सीता जी के विरह, विवेक, धर्म और नीति में सनी बात सुनकर लक्ष्मण जी के नेत्रों में जल भर आया। लक्ष्मण जी तुरंत बहुत सी लकड़ी ले आये। अग्नि लगायी। अग्नि को खूब बढ़ता देख सीता जी भय रहित होकर बोलीं- यदि मन क्रम और वचन से मेरे हृदय में श्री रघुवीर को छोड़कर किसी की गति नहीं है तो अग्नि देव, जो सबके मन की गति जानते हैं मेरे लिये चन्दन के समान शीतल हो जायें। यह कहकर उन्होंने अग्नि में प्रवेश किया। उनका प्रतिबिम्ब और उनका लौकिक कलंक सब अग्नि में जल गये। प्रभु के इस चरित्र को किसी ने नहीं जाना। तब अग्निदेव ने शरीर धारण करके वास्तविक सीताजी का हाथ पकड़कर उन्हें श्री राम को सौंपा। सीता जी श्री राम के बायें विराजमान हुई, देवता फूल वर्षा रहे हैं, अपसरायें नाच रही हैं। रघुनाथ की जय-जयकार हो रही है।

फिर इन्द्र का सारथी मातलि श्री राम से आज्ञा लेकर रथ सहित चला गया।

फिर स्वार्थी देवता आये और अनेक प्रकार से प्रभु के गुणगान और स्तुति करने लगे। ब्रम्हा जी ने भी स्तुति की। फिर देवराज इन्द्र ने प्रभु की

स्तुति की और पूछा- प्रभु अब मेरे लिए क्या आज्ञा है, तब प्रभु बोले- हे देवराज, हमारे वानर, भालू जिन्हें राक्षसों ने मार डाला है इन्होंने हमारे हित के लिए अपने प्राण त्यागे हैं, इन सब को जिलाओ। देवराज बोले- आप सब को जिला सकते हैं परन्तु यह बड़ाई आप मुझे देना चाहते हैं। इन्द्र ने अमृत बरसाकर उनको जिला दिया। अमृत की वर्षा, वानर, भालू और राक्षसों पर हुई लेकिन रीछ वानर ही जीवित हुये, राक्षस नहीं। क्योंकि राक्षस मरते समय रामाकार हो गये थे अतः वे मुक्त हो गये। उनके भव बन्धन छूट गये। किन्तु वानर और भालू तो देवाँश थे, अतः वे जीवित हो गये। फिर भगवान शंकर ने प्रभु की स्तुति की। और कहा कि जब अयोध्या में आपका राजतिलक होगा तब हम भी दर्शन लाभ के लिये आयेंगे।

फिर विभीषण बोले। प्रभु आपने रावण का वध किया और मुझ पर असीम कृपा की अब कृपा करके दास के घर को पवित्र कीजिये। राज्य और सम्पत्ति का निरीक्षण कर प्रसन्नतापूर्वक वानरों को दीजिये। मुझे सब प्रकार अपना लीजिये और अपने साथ अयोध्यापुरी ले चलिये।

प्रभु द्रवित होकर बोले- हे भाई! मुझे भरत की याद में एक एक पल काल के समान बीता रहा है वह तपस्वी के भेष में निरंतर मेरा जाप कर रहे हैं। अवधि बीत जाने पर भाई को जीता न पाऊँगा। तुम कल्प भर राज्य करना। मेरा स्मरण करते रहना फिर तुम मेरे धाम को पा जाओगे जहाँ सब जाते हैं। फिर विभीषण महल पधारे और मणियों और रत्नों से विमान भर दिया और पुष्पक विमान प्रभु के सामने लाकर खड़ा कर दिया। श्री राम ने हंसकर कहा- आकाश में विमान ले जाकर वस्त्रों और गहनों को बरसा दो। उसने ऐसा ही किया। वानरों ने जिसको जो अच्छा लगा वह ले लिया। मणियों को खाने की चीज समझ कर वो खाते और फेंक देते। यह देख राम, लक्ष्मण, सीता सहित सब हँस दिये। रघुनाथ ने कहा- आपके बल पर ही मैंने रावण को मारा फिर विभीषण का राजतिलक किया, अब तुम लोग अपने अपने घर जाओ। यह सुनकर सब हाथ जोड़कर बोले। आपने हमें सनाथ किया। उनका प्रेम देखकर राम समझ गये कि उनकी घर जाने की इच्छा नहीं है पर प्रभु की प्रेरणा से सब सर नवाकर अपने अपने घर को चले। सुग्रीव, नील, नल, अंगद, हनुमान, जामवान, विभीषण एकटक श्री राम को देख रहे हैं। श्री राम ने उनका प्रेम देखकर विमान पर चढ़ा लिया। शोर के साथ विमान उत्तर दिशा को चल दिया, ऊँचे मनोहर सिंहासन पर श्री राम जानकी सहित विराजमान हैं।

ऊपर से श्री राम सीता जी को रणभूमि दिखा रहे हैं। वहाँ राक्षस मरे

पड़े हैं। फिर पुल दिखाया, शिवजी की स्थापना स्थल दिखाया। दोनों ने प्रणाम किया। प्रभु ने वन में जहाँ तहाँ निवास किया वो स्थान सीता को दिखलाये। सबके नाम बताये। विमान दण्डकवन पहुँच गया। श्री राम सब स्थानों में गये। सम्पूर्ण ऋषियों का आशीर्वाद लिया। फिर चित्रकूट आये। मुनियों को संतुष्ट करके आगे विमान चला। गंगा, यमुना के दर्शन किये। फिर प्रयागराज के दर्शन कर प्रणाम किया। फिर अवधपुरी को प्रणाम किया। त्रिवेणी में आकर प्रभु ने स्नान किया। फिर हनुमान से कहा। तुम ब्रम्हचारी का रूप धरके अयोध्या जाओ। भरत को हमारी कुशल सुनाकर उनका समाचार लेकर आओ।

फिर प्रभु भरद्वाज जी के पास गये। पूजा कर आशीर्वाद लिया। विमान आगे चला और गंगा के किनारे उतरा। सीता जी ने गंगाजी का पूजन कर आशीर्वाद लिया।

श्री राम के अयोध्या लौटने की अवधि का एक दिन ही शेष रह गया है। सब नर नारी विकल हो रहे हैं। इतने में सुन्दर शकुन होने लगे, सब मातायें भी प्रसन्न दिख रही हैं। भरतजी की दाहिनी आँख और दाहिनी भुजा फड़क रही है शकुन जानकर वो भी खुश हैं। वे मन ही मन सोच रहे हैं कि एक दिन रह गया है। इतने में हनुमान जी ब्राम्हण का रूप धरके आ गये। हनुमान बोले- जिनके विरह में आप घुट रहे हैं वे श्री राम जी सकुशल आ गये हैं। शत्रु को रण में जीतकर, सीता को सकुशल लेकर लक्ष्मण जी के साथ प्रभु आ रहे हैं। भरत बोले इससे सुन्दर समाचार कोई दूसरा नहीं हो सकता। उन्होंने पूछा आप कौन हैं?- तब उन्होंने परिचय दिया। भरत ने उन्हें हृदय से लगा लिया। फिर भरत जी को सब कथा सुनाकर, विदा लेकर राम के पास लौट गये। भरत जी ने यह समाचार गुरुओं और माताओं को सुनाया। सारे नगर में बात फैल गयी। मंगलगान होने लगे।

उधर श्री राम विमान से ही सब वानरों को नगर दिखला रहे हैं। फिर नगर के समीप भगवान ने विमान को उतारने की प्रेरणा की। विमान पृथ्वी पर उतर गया। विमान से उतरकर प्रभु ने पुष्पक विमान से कहा कि तुम अब कुबेर के पास जाओ।

यहाँ सब भरत के साथ दौड़े-दौड़े आ रहे हैं। छोटे भाई सहित श्री राम ने धनुष बाण नीचे रखकर दौड़कर गुरुजी के चरण कमल पकड़ लिये। ब्राम्हणों को सर नवाया। भरत ने प्रभु के चरण पकड़ लिये। राम ने उन्हें उठाकर हृदय से लगाया। फिर शत्रुघ्न से मिले, लक्ष्मण और भरत का मिलन

हुआ। फिर शत्रुघ्न लक्ष्मण का मिलन हुआ। सारे नगरवासी प्रसन्न हो गये। तब रघुनाथ ने एक चमत्कार किया और अनेक रूपों में प्रकट हो गये और सबसे एक साथ यथा योग्य मिले।

कौशल्या आदि मातायें दौड़ी आयीं सबसे मिलन हआ। सीता ने भी सबसे भेंट की। विभीषण, हनुमान, सुग्रीव, नल, नील, अंगद और जाम्बवान आदि सब ब्राम्हण के भेष में सबसे मिल रहे हैं। भगवान ने गुरु वशिष्ट से सबका परिचय करवाया। सारा नगर सज गया। घर-घर में ध्वज, पताका, बन्दनवारे आदि सज गये। अनेकों शुभ शकुन हो रहे हैं। फिर भगवान महल को चले सबसे पहले वे माता कैकेयी के महल में गये उन्हें संतुष्ट करके फिर सबसे मिले।

फिर गुरु वशिष्ठ ने सभी को बुलाकर कहा- आज शुभ योग है आप सब प्रसन्न हों तो आज्ञा दीजिये जिससे श्री राम सिंहासन पर विराजमान हों। सबने कहा अब विलम्ब नहीं किया जाना चाहिये। दूतों को भेजकर समस्त सामग्री मँगा ली गयी। सबको स्नान कराकर सुन्दर वस्त्र आभूषण आदि धाारण कराये गये। जानकी जी को भी सासुओं ने सजा दिया। वशिष्ठ जी ने दिव्य सिंहासन मँगाया ब्राम्हणों को सर नवाकर श्री राम उस पर बैठे। सबसे पहले गुरु वशिष्ठ ने उनका तिलक किया। फिर सब ब्राम्हणों को तिलक करने की आज्ञा दी। वेदमंत्रोपचार के साथ सबने तिलक किया। आकाश में देवता जय-जयकार करने लगे। माताओं ने आरती उतारी।

उसी समय चारों वेद भाटों का रूप धरकर आये। उन्होंने स्तुति की और चले गये। फिर शिव जी आये उन्होंने भी भगवान की स्तुति की और अपने धाम को चले गये।

फिर भगवान ने बड़े ही प्रेम से अपने सखाओं को बुलाया और कहा- आप सबने मेरी बहुत सेवा की। मैं क्या बडाई करूँ? हे सखागण अब आप अपने-अपने घर को जायें। अंगद बोला- मुझे तो मेरे पिता बाली आपके हाथों में सौंप गये थे मैं कहाँ जाऊँ आपको छोड़कर? फिर भगवान ने उसे बहुत समझाया। फिर विदा किया। हनुमान ने सुग्रीव से कुछ दिन और राम की सेवा करने की अनुमति ले ली।

फिर अत्यंत आदर के साथ सबको विदा करके भाइयों सहित प्रभु लौट आये। श्री राम के राजतिलक के पश्चात तीनों लोक हर्षित हो गये। सबके सब शोक जाते रहे। सब बैर भूलकर रहने लगे। रामराज्य में किसी को भी दैहिक, दैविक या भौतिक ताप नहीं व्यापता। सब अपने धर्म का पालन करते हैं।

किसी तरह का कोई कलेश नहीं होता किसी को। सब मनुष्य आपस में प्रेम करते हैं और अपने-अपने धर्म का पालन करते हैं। स्वप्न में भी कहीं पाप नहीं है। सभी राम भक्त हैं। अल्प अवस्था में किसी की मृत्यु नहीं होती। किसी को कोई पीड़ा नहीं होती, सब निरोगी और सुन्दर हैं। न कोई दरिद्र है न दु:खी। सभी कृतज्ञ और दम्भ रहित हैं। गुणों का आदर करने वाले हैं, परोपकारी हैं। सभी पुरुष एक पत्नीव्रत हैं और इसी प्रकार स्त्रियाँ भी मन वचन और कर्म से पति का हित करने वाली हैं। राम राज की महिमा अपार है इसका वर्णन शब्दों में नहीं किया जा सकता। क्योंकि जहाँ भगवान स्वयं राजा के रूप में विराजमान हों उस अवध पुरी के निवासियों की सुख सम्पत्ति का वर्णन हजारों शेष भी नहीं कर सकते।

□□□